信頼と共感を生む

語り方のメソッド

パーフェクト・ストーリー

THE PERFECT STORY

How to Tell Stories That Inform, Influence, and Inspire

カレン・エバー KAREN EBER

大野晶子 訳

日本能率協会マネジメントセンター

THE PERFECT STORY
How to Tell Stories That Inform, Influence, and Inspire
by Karen Eber.

ディーンとマディソンへ
あなた方のストーリーを完璧なものにしてほしい

目次

Contents

イントロダクション――クレヨンは食べちゃダメ 007

PART 1
ストーリーテリングの技を活用する 021

1 ストーリーテリングが助け船に 022
2 ストーリーを語るとき、何が起きている？ 040
3 望みの結果を引き出す 060

PART 2
文脈――ストーリーのアイデアを見つける 079

4 アイデアを無限に集めるツールキットを作る 080
5 聴衆からはじめる 105
6 アイデアを選ぶ 120
7 個人的なストーリーを語るべき？ 139

PART 3
葛藤――ストーリーを構築する 163
8 ストーリーの概要を決める 164
9 重要な細部を加える 175
10 五感を引き込む 192
11 ストーリーを順序立てる 207
12 すべての要素を大切に扱う 226
13 データを伴うストーリーテリング 241

PART 4
結果――優れたストーリーを語る 265
14 ストーリーの語り方 266
15 ストーリーへの反響は、どうしたらわかる？ 283
16 ストーリーが道を誤るところは？ 299
17 ストーリーが人を操るときは？ 315
18 心のもろさとストーリーテリング 323

PART 5

収穫――アイデアを着地させる

収穫――アイデアを着地させる　339
チェックリスト集　344
■ストーリーテリングのアプローチを決めるチェックリスト　345
■ストーリーテリングへの取っかかりチェックリスト　346
■ストーリーテリングのチェックリスト　353
■データを伴うストーリーテリングのチェックリスト　360
謝辞　364
参考文献　374
著者・訳者紹介　375

イントロダクション

クレヨンは食べちゃダメ

わたしの目は片方が茶色で、もう片方が緑色をしている。生まれたときはどちらも青だったのが、生後5か月のとき、それぞれの色に変わりはじめたのだ。これは医学用語で「異色症」と呼ばれるもので、明るいところにいると目立ちやすい。たいていの人が、この目に気づくとはたと動きを止め、まじまじと見つめてくる。いま自分が見ているものはいったい何なのか、と必死に頭をめぐらせるのだ。おかげでわたしは、その場に凍りついたまま口をあんぐりと開け、目を皿のようにしてこちらの目をのぞきこんでくる人と、突っ立ったまま顔をつき合わせるはめになる。

この目のことは、昔から大好きだった。この目のおかげで、特別な存在になった気分を味わえるのだから。物心ついたときから、わたしは〝左右の目の色が違う女の子〟として知られていた。わたしの名前より、左右の目の色が違うことの方が、記憶に残りやすいようだった。一度、その目だとすぐにあなただとバレてしまうからスパイにはなれないね、といわれたことがある。この目だと正体をごまかすのはむずかしいというわけだ。わたしはそれをポジティブに捉えた——この目のおかげで人に覚えてもらえるなんて、すてき。

小学校では、毎年恒例の行事として、学年のはじめに自画像を描くことになっていた。低学年のころは、どちらの目がどちらの色をしているのか、自分でもよくわかっていなかった。だから隣の席の子に、茶色い目の方を指さしてもらうことにしていた。そのあと体をねじって用紙の上に仰向けになり、頭のうしろに手を伸ばして正しい方の目に茶色のクレヨンを塗るのだ。どれほどピカソ風の自画像に仕上がろうとも、わたしの描いた絵は必ず見分けがついた。保護者懇談会の日、両親がいつもわたしの自画像を見つけ出してくれることが、誇らしくてならなかった。

歳を重ねると、わたしの目の色に気づいた人たちが、対応に戸惑うことがわかってきた。皆、必ず何かの反応を見せる。驚く人、愉快な顔をする人、好奇心をそそられる人と、さまざまだ。なかには、問題視する人もいた。一度、眼科医にこういわれたことがある。「カラーコンタクトをはめて目の色を調節しますか?」わたしはむっとして眼科医をにらみつけ、こう切り返した。「どうしてそんなことを? 先生は患者さん1人ひとりに、カラーコンタクトで目の色を調節しますか、なんて尋ねるんですか?」わたしのアイデンティティの核ともいえるものを、なぜあえて変えろと?

ティーンエイジャーになるころには、人がわたしの特徴的な目に気づいた瞬間を察知できるようになった。相手の話す言葉がゆっくりになり、やがて途切れるのだ。相手の視線が、わたしの左右の目から目へと何度もすばやく行き来する。そうなると、わたしはそのあとにくる言葉に身構えることになる。

「ねえ、自分の左右の目の色が違うってこと、気がついてた⁉」

からかいたい気分のときは、そこではっと息を吸いこみ、胸に手を当て、こう叫んでみせた。「まさか! ほんとに⁉」

そのあとに続くコメントは、たいていこうだ――「そういう犬(もしくは猫)なら知ってる!」

それはどうも、ご親切に。

そして、こう続く――「知ってる? デビッド・ボウイも左右の目の色が違うんだよ」

「いいえ、同じ色よ。彼の場合、事故で片方の瞳が大きくなっただけ」

たいていはこのあたりで、相手が近くにいる人に呼びかける。「ちょっと、来てみなよ！　彼女の目、見てごらん！」そして即座にこうくるのだ。「どうしてこうなったのかな？」

その瞬間、周囲が気まずい空気に包まれる。皆すわったまま押し黙り、こちらを向いてわたしの左右の目から目へとすばやく視線を動かしはじめるのだ。まるで、ラリー中のテニスボールを追いかけるかのように。そうなると、こちらはサーカスの出し物になった気分だ。何か芸を披露しろ、とせっつかれているような気がしてならない。そのときのわたしは、すばらしくユニークな存在ではなく、他の人とは違う奇妙な生き物に見られていた。続いて、容赦ない質問が浴びせかけられる。「ご両親の目の色は？　どちらの目からも見える色は同じなの？　その目のおかげで、何か特別なパワーがあったりする？」

これが、いやでたまらなかった。相反する気持ちを抱いているだけに、いっそういらだちが募った——大好きな目なのに、そのせいで見世物になった気分を味わうなんて。人とのそうしたやりとりにはげんなりさせられたし、見下されているような気がした。目の色を調節しようとした眼科医と話したときのように、わたしは自分の大好きな部分によって、人とは違う奇妙な存在として扱われているような気がしてならなかった。やがてわたしは、そうした人との交流をひどく恐れるようになり、人に凝視されると落ち着きを失うようになった。わたしはもう、1人の人間としては見てもらえない——見世物のようなもので、芸を披露することを期待されている。

そんなある日のこと、またしても質問の嵐を受けていらだったわたしは、エネルギーの矛先を変えて、こんなストーリーを語ってみることにした。

生まれたときは、どちらの目も茶色だったの。4歳のとき、夜、部屋で塗り絵をしていたのね。夕食ま

ではまだ数時間もあったのに、お腹がぺこぺこだった。目の前の古びたシガーボックスには、紙の剥がれたぼろぼろのクレヨンが山のように入っていた。ふと、その山の中から緑のクレヨンを引っ張り出したの。試しにちょっとかじってみたら、びっくりするくらいおいしかった。だからむしゃむしゃ食べちゃって、そのうち箱にあった緑のクレヨンを全部たいらげちゃったの。で、次の日、目を覚ましたら、左目が緑色になっていたというわけ。

そこまで語ると、しばし押し黙るのだ。

すると、すわって話を聴いている子どももおとなも、あ然とした表情で、わたしの話がほんとうなのかどうか、しばらく考えあぐねることになる。静寂のあと、たいていの人が疑り深そうにこちらに横目を向け、眉を吊りあげてこう尋ねてくる。「それ、ほんとの話?」そこでわたしは場の緊張を解き、こう応じるのだ。「まさか、もちろん嘘よ。クレヨンなんて食べたりしない」――その瞬間、わたしも相手もいっせいに笑い声を上げることになる。なかには、嘘だと思ったけれど確信できなかったと認める人もいた。

はじめてこのストーリーを語ったとき、それまでとはまるで気分が違うことに、自分でも非常に驚いた。わたしに向けられていた注目が、ストーリーの方に移ったのだ。おかげでさほど気まずさを感じることもなく、げんなりさせられることもなかった。もはや、サーカスで芸を見せろとせっつかれている気もしなかった。場の空気が軽くなったのだ。そして、この目のおかげで自分がすばらしく特別な存在だという気持ちを、再び味わえるようになったのだった。

もっと興味深かったのは、人々の反応が変化したことだ。こちらを凝視したり、根掘り葉掘り訊いたりするのではなく、笑い声を上げ、笑顔を見せてくれるようになった。このストーリーのおかげで、自分たちがあれこれくだらない質問を投げかけていたことに気づき、謝罪してくる人も増えた。会話から、つねに有意義なつながりが生まれるようになったのだ――このストーリーがなければ、そうはならなかっただろう。わたしはこのストーリーを語った人間として知られ、人の記憶に刻まれることになった。この話をしてから何十年もたったいまでも、クレヨンを見るとあなたを思い出す、といわれることがあるくらいだ。

　つまりわたしの目は、ほんとうにわたしに特別なパワーを与えてくれたことになる――ストーリーテリングというパワーを。この目のおかげで、ストーリーを使って人を楽しませ、魅了し、情報を与え、焦点を変えさせることすらできるようになったのだ。人の行動に影響やインスピレーションを与え、その結果、人が変わってくれることも多くなった。

　子どものころ、就寝前やキャンプファイヤーを囲んでいるとき、ストーリーが語られることがよくあったはずだ。ストーリーで友人を楽しませることもあるだろう。会議がはじまるまでの待ち時間にストーリーを語ることもある。出世階段を上がるなら、チームを率いるなら、乾杯の音頭を取るなら、投資会社を説得するなら、ソーシャルメディアに投稿するなら、製品やサービスを売り込むなら、ストーリーテリングは学ぶことのできる、いや、学ぶべきスキルだ。ストーリーを語ることで、聴衆の信頼を勝ち得たり、新たな着想を得たり、強い印象を残したり、決定に影響を及ぼしたりすることができるようになる。ＡＩがしきりに活用されるようになった昨今でも、ストーリーを通じて人とつながり、体験を共有することは重要だ。ストーリーテリングは、キャリアを成長させ、成功をつかむために有効なスキルなのである。

　わたしは、全キャリアを通じてストーリーテリングを活用してきた。自身の会社を立ち上げる前は、ゼネラル・エレクトリックやデロイトといった企業で、リーダーシップ開発や企業文化部門の責任者として、そして最高教育責任者（ＣＬＯ）として勤めていた。どの役割においても、社員のために日々のポジティブな企業文化を生み出すべく、リーダーを育てる責任を担っていた。その際、リーダーシップ開発プログラムやテクノロジー投資に対する承認を得なければならないことがよくあった。それに対して「イエス」と答える権限を持つ人間が非常に限られる一方、「ノー」といい放つことのできる人間はたくさんいた。ストーリーテリングは人と心をつなげるための方法であり、「ノー」という答えを押しとどめ、さらには承認の権限を持つ人たちを説得することすら可能にしてくれる。

ゼネラル・エレクトリックの企業文化部門長として働いていたときは、150か国に及ぶ社員9万人を抱えていた。わたしはその1人ひとりと個人レベルで心をつなげることを目標に、ストーリーテリングを活用した。ストーリーは、拡張性を備えた原初的なテクノロジーであり、無数の人々を同時に深く感動させることができる。たとえわたしが語るストーリーの内容を体験したことのない社員でも、こんなふうに考えるようになる――**この話、自分にとってどういう意味があるのだろう？** そして、同じような状況に直面したとき、自分ならどうするだろう、と考えるようになるのだ。

ストーリーは波及効果も生む。パリで開催された会議の場に足を踏み入れたときのことだ。まったく面識のない人が、わたしのストーリーの1つを部屋にいる人たちに語っていたのだ。そうかと思えば、わたしに向かって、わたしの話を引用した人もいる。わたしこそが、その話の発信源だということには気づかずに。ゼネラル・エレクトリックを離れて何年も経つが、いまだに当時の社員から、わたしのストーリーを聴いて考え方が変わったというメールが届いている。

自身の会社では、フォーチュン500企業の経営幹部やリーダーシップ・チームと仕事をしている。基調講演、リーダーシップ・プログラム、そしてチームのリトリート研修を通じて、リーダー、チーム、企業文化を育てているのだ。その中心を占めるのが、ストーリーテリングである。リーダーシップ・チームの信頼度を高めたいとき、対立をうまく切り抜けようとするとき、会社合併ののちに企業文化を統合するとき、記憶に残る魅力的なコミュニケーターになるよう経営幹部に助言するとき、思いやりのあるリーダーになるべく管理職を訓練するとき、そのいずれのときもストーリーを使えば人の心の防御壁を低くし、考えを広げ、つながりを生むことができる。わたしはよく、その都度1つのストーリーを語ることで、退屈な会議から世界を救おうとしているのよ、と冗談を飛ばす。コミュニケーションとストーリーテリングは、インスピレーションと影響力にあふれるリーダーシップの核となるものなのだ。

リーダーは、ストーリーテリングにアレルギー反応を見せることが多い。リーダーの多くが、会議のために完璧なスライドを揃えることに何時間も費やす一方で、語るべき内容を吟味することには5分もかけようとしない。彼らは聴衆に向かって話をするという点にばかり気を取られ、聴衆と心をつなげる準備を怠っている。そして多くが、こんなことを口にするのだ。「ＴＥＤみたいな話し方をしたいんです」彼らが意味するのは、15分間にわたって誰に邪魔されることなく演説をぶち、聴衆にインスピレーションを与えたい、ということ。ストーリーを用いれば、インスピレーションに満ちたアイデアを打ち立て、人々の心を捉える——これぞＴＥＤトークの核心——ことができるというのに、彼らはわざわざそれを避けて通ろうとする。

ストーリーテリングは、仕事でもそれ以外の場でも重要だ。ここ何年にもわたり、せっぱ詰まった電話を数多く受けてきた。就職面接にどうストーリーを盛り込めばいいのか、と悩む人。弔辞を述べたり結婚式で乾杯の音頭を取ったりするとき、心温まる話をしたいのだけれど、それが重荷だ、と訴える友人。自社製品を売り込みたい起業家。職場でのプレゼンテーションを準備する社員。誰もがストーリーを利用したいと思いながらも、どこから手をつけたらいいのかわからずにいる。

すばらしいストーリーというのは、とてもさりげなく聞こえることがある。まるで、天賦の才によって語られているかのように。自分にはストーリーテラー遺伝子が欠けているから、とストーリーを語ることをあきらめてしまう人が多い。そこでわたしは、ストーリーテリングに取り組む人1人ひとりに、次のことを伝えるようにしている。

①ストーリーテリングは誰にでもできる。あなたはすでにストーリーを語っている。

②ストーリーテラーとして学び、成長するためには、練習が何より大切。ステップを踏むごとにスキルが上達し、肩の力が抜けていく。

③優れたストーリーテリングには、聴衆に望む結果、すなわち聴衆に知ってもらいたいこと、考えてもらいたいこと、感じてもらいたいこと、行動してもらいたいことが、きちんとふくまれている。それを達成するには、アイデアのツールキットを作り、それぞれの聴衆に合ったストーリーを選ぶことだ。

④ストーリーを語ることは、優れたストーリーを語ることと同じではない。

⑤完璧なストーリーができあがるのを待っていてもダメ。ストーリーの語り方をいったん学べば、あなた自身がもともと持っているストーリーを、完璧なものに仕上げることができる。

わたしの目標は、自分にもストーリーテリングができる、と人に感じてもらうことだ。科学に基づくコツを活用すれば、優れたストーリーを語る技を習得することができる。

数年前、ＴＥＤトークで「**脳はストーリーにどう反応するのか——そしてなぜストーリーはリーダーに必須なのか**」というテーマでスピーチを行った。その中で、ストーリーテリングがリーダーにとって、とりわけデータを提示している際には欠かせないコミュニケーション・ツールであることを、詳細に語っている。スピーチの核は、学べば誰でもすばらしいストーリーテラーになることができる、というアイデアだった。ストーリーを用いて神経科学のデモを行い、優れたストーリーの要素を指摘し、ストーリーテリングとデータを巧みに組み合わせる方法を説明した。そのスピーチの冒頭に紹介したのが、次の**マリアとウォルトのストーリー**である。

マリアは、片手にスマートフォンを握り、もう片方の手にファイルの束を抱えた状態で、会社のエレベーターに乗り込んだ。ところがエレベーターのボタンを押そうとしたとき、うっかりスマホを落としてしまう。スマホは床で跳ねたあと、エレベーターの箱と床の狭い隙間から、ひゅーっ、と落ちていった。

スマホはゴトッとうつろな音を響かせて、3階下の地面に着地した。マリアははっと両手で顔を覆ったあと、それがたんなる電話ではないことに思い当たると、うめき声を上げた。そのスマホはウォレット機能も備えており、運転免許証、クレジットカード、そして社員証も兼ねていたのだ。マリアはエレベーターの入口に立ちつくし、閉まろうとするドアに何度もぶつかりながら、スマートウォッチのアプリを使ってスマホに信号を送ってみた。スマホがまだ機能していることに驚いたマリアは、受付に行って警備員のレイに相談してみることにした。願わくば、彼がスマホを取り戻す簡単な方法を知っていますように、と。

デスクに近づいていくと、マリアに気づいたレイが大きな笑みを浮かべた。たいていの人が、毎朝、彼のデスクの前をそそくさと通り過ぎながら、めったにうなずきかけることすらしないなか、マリアはいつも足を止めて彼と言葉を交わしていた。彼女は、人の誕生日やお気に入りのレストラン、最近過ごした休暇、コーヒーの好み、そして最近観た映画を、きちんと覚えているタイプの人だった。詮索好きな変人、ないというわけではない。心から人のことを気にかける女性なのだ。マリアにとって、自分は見過ごされていない、自分は尊重されている、と人に感じてもらうことが重要だった。

マリアの話を聞くうち、レイの顔からゆっくりと笑みが消えていった。「そりゃ高くつくだろうな。このビルのエレベーターをすべて止めて、シャフトを下りてきみのスマホを拾うとなると。どれくらいかかるのか、はっきりとはわからないが、おそらく500ドルくらいじゃないかな」

マリアはがっくりと肩を落とし、重いため息をもらした。「見積もりを取ってもらえるかしら？　もし250ドルしないようだったら、お願いしたいの」

わたしはちょうどそのとき、たまたまロビーを横切るところだったので、わたしの社員証を使ってマリアをオフィス内に入れることができた。マリアの胸に、運転免許証、クレジットカード、社員証を登録し直さなければ、何よりスマホそのものを買い換えなければ、という重荷がじわじわと押しよせてきた。彼女は沈み込むように椅子に腰を下ろすと、デスクの上に頭をコツンと倒した。

10分後、彼女のデスクにレイから電話が入った。「いい知らせだぞ！　エレベーター内の検査証明書を確認してみたんだ。そうしたら、来月が年に一度の点検時期になっていた。だから今日、点検してもらうことにする。そうすれば、点検中にきみのスマホを拾ってもらえるし、費用はまったくかからない」

マリアは口をあんぐりと開けた。「ほんとうに？」

「もちろんだ」とレイ。「きみの役に立てて、うれしいよ」

数週間後、わたしはニューヨーク・タイムズ紙に掲載されたチャールズ・シュワブ社のCEO、ウォルト・ベッティンガーの記事を読んでいた。彼はキャリアの中でもっとも大きな教訓を学んだときのことについて、詳しく語っていた。それは、大学の最終試験を受けたときのことだったという。

4・0という完璧な成績平均点を維持していたウォルトは、あと1つ、ビジネスに関する授業の試験を残すのみになっていた。彼は何日も準備を重ね、公式を頭に叩き込んでいった。

試験当日、教授は1枚の紙を配ると、表に返すよう告げた。紙の表も裏も、真っ白だった。

教授はこういった。「この10週間、きみたちに教えられることはすべて教えてきた。しかしいちばん大切なメッセージはこれだ——このビルの清掃を担当している女性の名前は？」

ウォルトは、胸がずしんと沈むのを感じた。

その女性を見かけたことはあっても、名前を尋ねたことはなかったのだ。

結局、彼はその試験を落としてしまった。「ショックでした。僕が落とした試験は、それだけだったんです。当然ながら、評価は〝B〟。彼女の名前はドティといって、僕はドティのことを何ひとつ知りませんでした。以来、一緒に働くあらゆるドティのことを知ろうと努めてきました」

ウォルトもマリアも、自分は見過ごされていない、自分は尊重されている、と人に感じてほしいと願っている。周囲の人たちに時間と注意を注ぐのは、リーダーとしてもっとも力を発揮できることの1つだ。人はつい、日々の要求にとらわれたり、自分にとって直接的に役立ちそうな人にだけ時間を割いたりしがちだ。しかし最良のリーダーは、誰もが重要であることを認識している。

人生の中にいるドティを、あなたはちゃんと知っているだろうか？

＊＊＊

いま紹介したストーリーは、生き生きと鮮やかで、意外性がある。あなた自身、エレベーターの中に立ちつくし、シャフトを落ちていくスマホを思って、胃がずしりと重くなったことだろう。この先どうなるのか、と考えるうちに、緊張が高まってくる。このストーリーの中では、わたしたち全員がマリアとウォルトになる。こう思わずにはいられないはずだ。**わたしならどうするだろう？　わたしだったとしたら、レイは助けてくれただろうか？　自分はドティを知っているだろうか？　わたしが知っておくべきドティは、誰？**

このストーリーは、人とのつながりも生み出した。わたしのもとには、世界中からメッセージが届いている。その13分間の動画が、人を赤の他人に連絡する気にさせたということだ。ただし彼らにとって、わたしは赤の他人とはいえない。自分の知人に対するような親しみをもって、わたしに連絡してくれるのだから。彼らはこんなことを教えてくれる。「わたしにとってのドティはアンドルーといって、郵便物を届けてくれる人です」あるいは、「この話を聞いて、わたしも人生におけるドティと知り合わなければ、と気づきました。ありがとうございます」と。

ウォルトとマリアのストーリーについては、本書を通じて、ストーリーテリングのプロセスを解説するなかでさらに細かく見ていくことにする。ほんのひとかけらのアイデアを1つのストーリーに仕立て上げ、テストを重ねたのち、いよいよTEDの舞台で語るまでのプロセスを、追ってみてほしい。これは最初から優れたストーリーだったわけではない。もともと2つの独立したアイデアであり、それぞれ興味深いものではあるものの、当初は両者のつながりはさほど明確ではなかった。そこでわたしは、この2つの話を本書で詳述するステップにかけてみた。だから読者は、映画監督の作品解説を聴くときのように、わたしのストーリーテリング・プロセスの舞台裏をのぞくことになる。このストーリーを組み立てる過程を目撃できるだけでなく、同じストーリーでも、文字になったものを読むときと、TEDの動画サイトで耳で聴くのとでは、経験としてどう違うのかを比較することもできる。

優秀な語り手になる最善の方法は、他者を観察し、他者から学ぶことだ。本書のほとんどの章の最後には、さまざまなストーリーテラーの短いインタビュー記事が掲載されている。登場するのは、ストーリーテリングを促進するアメリカの非営利団体ザ・モスのエグゼクティブ・プロデューサー、サンダンス・インスティテュートのファウンディング・ディレクター、広告担当幹部、ピクサー・アニメーション・スタジオの元クリエイティブ・ディレクター、テレビ局のレポーター、CEO、医師、即興コメディアン、美術館長、ジャーナリスト、「TEDラジオアワー・ポッドキャスト」のホスト、神経科学者、ビデオゲーム作家、そしてデータ・アナリストといった面々である。

各人が独自のアプローチとスタイルを持っているとはいえ、皆、学ぶことで優秀なストーリーテラーになった点は同じだ。ディナー・パーティで隣の席にすわったら、それぞれがどんな話をしてくれるのか、インタビューを読めばわかるだろう。その多くが、仕事を通じて学んだストーリーテリングを語ってくれた。インタビューの中にストーリーを盛り込んだ人もいる。なかには、あなたがとりわけ共感する話もあるだろう。それぞれのストーリーテラーの立場になってみて、そこから有意義だと感じられるものを取り入れてみてほしい。神経科学の記事やビデオゲームのストーリーを書くことなんて生涯ないかもしれないけれど、さまざまなストーリーテラーの形を知ることで、あなたなりのアプローチが見えてくるかもしれない。

本書の使い方

本書を読めば、ストーリーの見つけ方、ストーリーの語り方、そしてアイデアを打ち立てて意思決定に影響を与え、行動を促すための完璧なストーリーの仕上げ方が飲み込めるはずだ。本書は映画の脚本やオリジナル小説の書き方を手引きするものではない。しかし会議でプレゼンテーションを行うとき、顧客と話をするとき、就職面接の準備をするとき、製品を売り込むとき、ソーシャルメディアに投稿するとき、あるいは乾杯の音頭を取るときの、効果的な方法とアプローチを学べるはずだ。本書で紹介するアプローチは、特定の聴衆もしくは状況に限定されるものではない。ビジネスの場であれ、プライベートな場であれ、完璧なストーリーを語る方法を知ってもらうためのものである。

本書では「ストーリーの4構造」というストーリーテリング・メソッドを紹介しているが、本書自体もその4構造に沿って構成されている――文脈、葛藤、結果、そして収穫だ。ストーリーテリング未経験者なら、最初から最後までに目を通してほしい。優れたストーリーを生み出すためのステップを、系統的に踏み進めることができるだろう。ストーリーテリング経験者なら、PART1でストーリーテリングを支える科学を活用する方法を学んだあと、もっとも関連がありそうな箇所を選んでほしい。乾杯の音頭を取るとき、弔辞を述べるとき、就職面接を受けるときのストーリーをお探しだろうか？　それなら、いっきにPART2の**7　個人的なストーリーを語るべき？――**に進もう。巻末にはチェックリストを用意した。これは各章のステップを補強するためのリストであり、これを利用すれば、ストーリーのアイデアを見つけるとき、データを伴うストーリーを語るとき、そしてストーリーを発展させて語るとき、手早い助けになるだろう。

ストーリーテリングは科学に基づく技術だ。このあとに続く3つの章で、アイデアを打ち立て、あなたが聴衆に望む結果を達成させるために、ストーリーが演じる役割について探究していこう。ストーリーテリングのプロセス紹介と、ストーリーを聴いているときに脳内で起きていることの解説、そしてストーリーテリングの技を効率的に磨く方法について語っていく。

PART 1

ストーリーテリングの技を活用する

Hacking The Art Of Storytelling

1 ストーリーテリングが助け船に

キャリアをスタートさせたばかりのまだ経験浅いころ、わたしはあるビジネスディナーに出席した。そこには、一緒にビジネスをするために数社から8名が集まっていた。幸か不幸か、集まったのは社交的にシャイな面々で、わたしたちのテーブルには痛々しいまでの静寂が舞い降りることになった。ビジネスの話をしなければ、という重圧から、皆どうしても堅苦しい口調になってしまうのだった。

会話をはじめようという試みは、ことごとく萎んでいった――末期を迎えたヘリウム風船が、地面にゆっくり沈んでいくかのように。話し声や笑い声でにぎやかな他のテーブルに、羨望のまなざしを向けずにはいられなかった。テーブル上に気まずい沈黙が垂れ込めるなか、わたしたちは飲み物に口をつけては、前菜を突いてばかりいた。誰も人と目を合わせようとせず、目の前の料理にだけ意識を集中させていた。口を開くより、食べている方が楽だから。ぎこちないビジネスディナーを宣伝するポスターを作るなら、素材として、まさにぴったりの食事風景だった。

何か話さなければと必死に考えながらも、わたしの頭の中ではにぎやかなおしゃべりが続いていた――**このディナー、最悪。みんなぎこちなくて不自然だし、こんなことなら家で本でも読んでいるか、タンスの中の靴下を色分けしている方がましだった。**

そんな居心地の悪さをストーリーでみごと打破してみせた、とお伝えできるなら、どんなにいいだろう。でもそのころのわたしは、仕事の席でストーリーを語るべきだとは考えていなかった。ビジネスの場でも、ストーリーが人と人をつなぎ、共通の土台を築いてくれることが、まだわかっていなかったのだ。だから必死になって話題を探したものの、何も頭に浮かんでこなかった。もうこれで7回くらい水のグラスを弄んでいるわよね、と思いつつ、ひたすらナプキンに目を落としていた。

もうこれ以上は耐えられない、というところまで緊張が高まったまさにそのとき、同じテーブルについていたアーロンが咳払いをした。「実は、家の裏手にデッキを作っているところなんです」彼はそう切り出した。

全員がテーブルに身を乗り出し、安堵のため息をもらした。ようやく、誰かが口を開いてくれた！　ビジネスディナーの席で切り出すような話題ではなかったが、わたしたち全員、彼が口火を切ってくれたことに心から感謝していた。もはや、静まり返っているくらいなら処方箋に書かれた副作用の注意書きを読んでいるほうがましだ、というレベルに達していたのだから。

「デッキの骨組みを作る前に、薪の山を移動させなければならなくて」と彼は続けた。

「だから、その山から薪を運んでは、手押し車に積み上げていったんです。そのあと、手押し車を庭の隅まで押していって、そこに新たな山を積み上げていきました。そんな作業を3回くり返したときのことです。薪を1本引っ張り出したと思ったら、アライグマと顔を突き合わせていたんです。どちらも、ぎょっとしました。アライグマの方が僕を怖がっていたのか、僕の方がアライグマを怖がっていたのか、よくわかりません。とにかく僕はその場に凍りついてしまって。こいつ、どうするつもりだろう、こちらに飛びかかってくるつもりだろうか、と」

アーロンは立ち上がり、互いにショックを受けたときの状況を身振りで演じてみせた。銃を突きつけられたときのように両手を掲げ、目を大きく見開き、口をあんぐりと開けて。アライグマは目のまわりに黒いお面をつけているように見えるので、状況はさらに皮肉だった、と彼は冗談を飛ばした。

アーロンによれば、その状態が1分以上続いたという。どちらも、恐怖でその場に固まってしまったのだ。先に屈したのはアーロンだった。ゆっくりと後ずさり、薪の山から離れていった。彼が数フィートほど下がったところで、アライグマは逆方向にあわてて逃げていったという。

アーロンが話しているあいだ、テーブルが活気づいてきた。緊張が解けて笑い声が上がり、静寂がエネルギーに取って代わられた。他のテーブルにいた人たちが、何ごとかとこちらに目を向けてきたくらいだ。それぞれが、アーロンにいろいろな質問を投げかけた。やがて別の参加者が、自分の家に現れた意外な動物について話しはじめた。アーロンのストーリーは、場の空気を変えただけでなく、人と人とのつながりも生み出したのだ。

その場にいた全員が、アライグマと顔を突き合わせ、どうすべきか戸惑うアーロンの姿を思い浮かべていた。その話を楽しんだだけでなく、皆、アーロンに親近感を抱くようになった。ディナーのそもそもの目的は、わたしの会社がアーロンの会社に販売を委託するプロジェクトについて話し合うことだった。だからわたしは、しっかり売り込みをしなければ、と気を引き締めていた。ところがそこにいたのは、交流を深めたいという、ただそれだけの理由で、進んでみずからをさらけ出してくれる人だった。その気まずい状況を打破してくれたアーロンは、わたしのヒーローになった。

そのディナー以来、わたしは、彼から電話がかかってきたときは必ず時間を割いて、つながりを築こうとした——彼があのストーリーを語っていなかったら、そうはしなかっただろう。あのストーリーのおかげで、彼の人間味が感じられるようになり、彼と心おきなく仕事の話ができるようになったのだ。個人的な話を共有したことで、彼はわたしの信頼を勝ち得たのだった。わたしは彼に親しみを感じ、彼と一緒に仕事を進めることを、すんなり受け入れられるようになった。話すたびに、まるで友人と話しているような気がしたものだ。

これまでたびたび、あの日のディナーを思い出しては、こう考えてきた——**アーロンはあのストーリーを隠し持っていたのだろうか？　あの静寂を破ろうとしていたのだろうか？**　おそらくアライグマの話は、ぎこちないビジネスディナーの席を和ませるための、アーロンの切り札だったのだろう。そうだとしても、参加者の心をつなげてグループのエネルギーの流れを変えるため、彼が自分をさらけ出してくれたことには感謝している。あのとき、もしビジネスについての議論からはじめていたら、皆、さっさとディナーを終えることに必死になっていただろう。ところが実際は、彼の話のおかげで、参加者は肩の力を抜き、皆との時間を楽しむことができたのだ。

あのディナーがきっかけとなり、わたしはストーリーテリングがビジネスの場で大きな力を発揮することに気づいたのだった。ストーリーがあれば、人に親近感を抱かせ、人とつながることができる。あの夜、ストーリーがわたしたちを救ってくれた——非常に味気ないセッティングだったにも関わらず、見知らぬ者同士の集まりに共通の土台を築きあげる助け船となってくれたのだ。ポジティブな印象を生むには、仕事と関連したストーリーである必要もない。優れたストーリーは、日々の退屈なビジネス議論を打破してくれる。ストーリーテリングが、耐えがたいディナーを楽しいものに変えることができるのであれば、会議や人との交流の場において、できることに限りはないはずだ。

優れたストーリーは、日々の退屈なビジネス議論を打破する。

ストーリーを語るというのは、自身をさらけ出すことでもあるが、その見返りは大きい。アーロンは、わたしたちのマネジャーという立場ではなかった。ところがあの瞬間、彼はわたしたちの関係と会話を別の次元に導く立場になった――わたしたちも、よろこんで彼についていった。ストーリーは、思わぬところでリーダーを生む。あれから20年がたったいまでも、薪の山の中でアライグマがぎょっとしていたという、あの何の変哲もないストーリーを思い出すことがある。それだけ、アーロンの話が身近に感じられたのだ――もっとも、わたし自身はアライグマと顔を突き合わせた経験はないけれど。

ストーリーテリングの技と科学

ストーリーは、人にダイナミックな影響を与えることができる。ストーリーテリングには、語り手と聴き手の両者に共通の結果をもたらす技と科学があるのだ。

1〉ストーリーテリングはアイデアを打ち立て、共通の理解とつながりを生む

わたしが一緒に働いていたある経営幹部チームは、1つのパターンにはまり込んでいた。彼らは毎月、財務状況を確認しては、同じ問題にぶち当たっていた――1億ドル以上の損失に相当する、品質問題だ。彼らが議論することといえば、実行すべき方策と手順ばかりだった。問題の原因ではなく、解決策にばかり焦点を当てようとしていたのだ。

根本的な問題は、オペレーションではなかった――信頼とコミュニケーションの問題だった。組織内の人たちは、品質問題があるとわかっていながら、問題提起をためらっていた。何かいえば責められるので

はないか、もっと上のリーダーたちが声を上げてくれるのではないか、と思っていたのだ。必要なのはさらなる方策ではなく、問題に気づいたらすぐに声を上げられるような、安心できる環境づくりのために考え方を変えることだった。

そこで、チーム会議に参加したとき、ＮＡＳＡのストーリーを持ち出すことにした。宇宙飛行士が犠牲になった、アポロ1号、チャレンジャー号、そしてコロンビア号の悲劇について語ったのだ。ＮＡＳＡはそれぞれの事後検討会で、問題に気づきながらもそれを口にするのをためらっていた職員がいることを知った。問題点を指摘しても、無視されたり、阻止されたりしたケースもあった。安全文化を確立すべく意を決したＮＡＳＡは、発射を制止しても誰からも反撃されることのないよう、組織構造を変えることとなった。

その話に耳を傾けるうち、チームメンバーの心の防御壁が下がっていった。他の組織も同じような問題に直面していることを知ったおかげで、羞恥心が取り払われたのだ。結果、なぜそうした問題が起きているのかについて、腹を割って話し合えるようになった。いつものように討論に終始するのではなく、社員の話に、あるいは互いの話に耳を傾けるための新たな方法を模索しようということになったのだ。ストーリーが、それまでとは異なる理解、つながり、そして会話へと、流れを変えた結果である。

優れたストーリーは、ロードマップの役割を果たす。情報を通じて聴衆を導き、アイデアや感情を築き上げたり、行動を促したりする。開かれた扉となり、そこを抜けるよう、人々を誘うのだ。ストーリーは、聴く者に共感と認識と強化を可能にするコンセプトを示すことで、理解を生むのである。

ストーリーには、語り手が聴衆に望む結果、つまり聴衆に知ってもらいたいこと、考えてもらいたいこと、行ってもらいたいこと、あるいは感じてもらいたいことが盛り込まれている。すべての聴衆がつねに賛同してくれるとは限らないが、たとえ直接的に経験したことのないストーリーだとしても、共通の理解を生むことはできる。ストーリーテリングは、人々の分断を超越する究極のまとめ役であり、調停役なのだ。

2〉ストーリーは人を変える

わたしと同僚のセバスチャンは、それほど頻繁に交流する間柄ではなかった。わたしたちを疎遠にする出来事が何かあったわけではないのだが、仕事に関する哲学と価値観が異なることから、意見を異にすることが多かったのは事実だ。違う大陸に暮らしていたおかげで、口を利かずにいるのも簡単だった——あるビジネスディナーの席で、彼の隣の席しか空いていないという状況に陥るまでは。

最初の数分間は、どちらもビジネスディナーにふさわしく、礼儀正しい会話を交わしていた。プロジェクトや差し迫った出張の話、そしてバカンスの計画について。わたしは彼に、リーダーシップ開発の仕事を選んだいきさつを尋ねてみた。するとセバスチャンは、キャリアを積む中でさまざまな障害——一時解雇や数々の病気——をくぐり抜けてきたことを話してくれた。彼の話を聞けば聞くほど、彼とわたしの共通点が明らかになっていった。わたしは、心に築き上げていた防御壁が徐々に下がっていくのを感じた。いつしか、彼への共感が高まっていったのだ。共感が高まれば高まるほど、今度は好奇心がむくむくと頭をもたげてきた。ディナーが終わるころには、わたしたちはともにプロジェクトを立ち上げる計画を立てていた。いまでもわたしは、彼に今後の見通しやアドバイスを求めている。何もかも、彼のストーリーを聴いて、わたしが変わったからだった。

あなたも、映画を観ているときに目が潤んできたり、胸を詰まらせたりすることがあるのではないだろうか？　耳の垂れた捨て犬を救う動物保護団体のストーリーを聴いたときは、動物救済のために寄付をする気になるのでは？　あるいは同僚の話を聴いて、その人との絆を感じることがあるのでは？　そうしたことは、ストーリーがあなたの神経化学物質と感情に影響を及ぼした結果なのだ。

ストーリーを聴くと、脳内の化学成分が変化する。優れたストーリーを聴く前とあとで、絆を深めるホルモンであるオキシトシンのレベルがどう変化するのかについては、これから先の章で探究していく。優れたストーリーは、語り手に対する信頼と共感を高め、聴き手の考えや感情、そして行動に影響を及ぼすことが多いのだ。

3〉ストーリーは記憶に残る

小学校のキャリア・デイ（職業人が子どもに話をするプログラム）に、ある犯罪学者がクラスに話をしに来てくれたときのことだ。あて逃げ事件の捜査で、車に残されたペンキの薄片を手がかりに事件を解決した話を、わたしは夢中になって聴いていた。その薄片から、彼は現場を去った車のメーカー、モデル、製造年を割り出したという。そして警察は、まさにその車とドライバーを突き止めることができたのだ。

その犯罪学者は、たびたび法廷で証言しなければならないことも語ってくれた。それを聞いて、わたしは背筋をしゃんと伸ばし、質問してみた。「訊かれた質問の答えがわからなかったときは、どうするんですか？」わたしは規則を守る内気な人間だ。だからそんな状況になったら、不安がピークに達してしまいそうだ――答えがわからないがゆえに、廷吏に逮捕されてしまうのではないか、とすら思えてくる。

彼はにこりとすると、答えを思いつかなかったときの対処法を教えてくれた。「まずは水を飲んで、時間稼ぎをする」と彼はいった。「考える時間が必要になったときのために、必ず証言台には水を用意しておくんだ」

わたしはそのときの話を、25年以上も忘れずにいる。彼の仕事に魅力を感じたからというだけでなく、彼の話から、シンプルな新しい戦術を学ぶことができたからだ。話し合いが難航しそうなとき、わたしはつねに水を用意しておく。友人が就職面接を受けるときも、水を持参するよう勧めている。あの犯罪学者の話のおかげで、わたしの不安が安堵に変わり、新たなアイデアと記憶が生まれたのだった。

人は感じたことを覚えている。

ストーリーは、脳に張りめぐらされた神経を活性化させることで、五感を強く引き込むことができる。五感と感情が引き込まれれば引き込まれるほど、人はそれを記憶と結びつけて保存していく。わたしたち人間は、感じたことを記憶に留めるものなのだ。心理学者のジェローム・ブルーナーは、著書『Actual Minds, Possible World』（邦訳『可能世界の心理』みすず書房）の中で、考え抜かれた形でストーリーに埋め込まれた事実は、あとでそれを思い出す確率を22％も高めると述べている。

4〉ストーリーは価値観を強化する

世界規模で事業を展開する優良企業のCEO、ジェイクは、2週間ごとに全社員にメールを送る実験を行うことにした。メールには、顧客との最近の会話や交流にまつわる短いストーリーも盛り込んだ。英語で350ワードほどの長さなので、スクロール回数は最小限に抑えられる。どのメールにも、ジェイクの仕事の進捗状況、直面した苦境、そして結果もしくは気づきについて詳述されていた。

これはリーダーシップにおいて最上級レベルに相当するストーリーだ。何しろジェイクは、自身が犯したミスや、学んだことに対する反省点もふくめていたのだから。顧客と交流した際に覚えた好奇心についても、しっかり伝えている。賞賛や評価もしかり。そのすべてが、彼が考えるリーダーとしての価値観を強化することにつながった。それは、ウェブサイトに示される企業の価値観とは別物だ。反省し、学びを継続し、そして全社員を平等に扱うという、リーダーシップの日々の態度をはっきり示したことになる。

各チームの中で、会議でそのストーリーを取り上げ、取り組むべきものについてじっくり考えようとする動きが自然とはじまった。ジェイクは、ストーリーテリングの文化を作りあげたのだ。ジェイクに倣い、他のリーダーたちも直面した苦境について共有するようになった。どのチームも、ミスや学んだ教訓について、以前よりも気楽に話し合うことができるようになった。数通目のメールを送るころには、ジェイクの目にも、各メールが生む波及効果が見えてきた。そこで彼はそれを永久的な慣習にすることにして、それから5年にわたって数週間ごとにメールを送信し続けたのである。

ストーリーは、歓迎されることと歓迎されないことの両方を表現することで、価値観を示すことができる。リーダーにとって、アイデアを共有して人々を同じ理解へと導くための、強力な武器となるのだ。

5〉ストーリーは相互に作用する

TEDトークから2週間後、わたしのもとに聴衆から1本のメールが届いた。送り主の女性は、こう綴っていた。「マリアがスマホをエレベーター・シャフトに落としてしまったというくだりを聴いたときは、つい不安になって、ポケットの中のスマホを確かめてしまいました。わたしは何もせずそこにすわっていただけだとわかってはいても、あの話を聴いて、スマホをなくしてしまったのではないかと怖くなったのです」

どのストーリーにも、2つのバージョンがある。1つは、語り手によって語られるバージョン。もう1つは、聴衆が自身の経験と理解というフィルターを通して、独自に解釈するバージョンである。優れたストーリーは、事実を語るというよりも、アイデアを示すものだ。そして聴き手にそのストーリーを自分なりに経験させようとする。友人にストーリーを語ったら、友人からも似たような経験を語り返されたことはないだろうか？　人はそれぞれのストーリーを、自身の経験を通して耳にする。そこから、他のストーリーや記憶が呼び起こされるのだ。

優れたストーリーは事実を語るというよりも、アイデアを示すもの。

「ストーリーを語れ！」という言葉は、アドバイスとして毎日のようにあちらこちらで投げつけられている。でもたいていの人は、生まれながらにして優れたストーリーテラーというわけではない。わたし自身、そうではなかった。ストーリーテリングは1つのスキルとして習得するものであり、スムーズに語るためにはストーリーのためのツールボックスを装備しなければならない。人を覚醒させ、その行動に影響を及ぼし、さらにはデータを参考に意思決定させるための優れたストーリーを作るには、プロセスと科学を踏まえる必要があるのだ。

ストーリーテリング・モデル

優れたストーリーは、数多くのピースが組み合わされてできあがる。体系的なプロセスに基づいて明快なストーリーを作成し、そこに有意義な細部を肉づけしていくのだ。各ステップで該当するパートに取り組んだあと、次のステップに進もう。下の図で示すのが、優れたストーリーを作りあげるためのステップとモデルである。

スタート地点は、モデル図の中心だ。「ストーリーのアイデアを集める&選ぶ」は、継続的に進めるべきパートである。ストーリーを語る機会を得たら、「聴衆のペルソナを作る&結果を定義する」に移る。そこから、中心の「ストーリーのアイデアを選ぶ」に戻ると、聴衆に望む結果をいちばん効果的に強化できるはずだ。そこで選択したアイデアを、「ストーリーを構築する」の枠組みに通す。そのあとは、「細部を加え、五感&感情を引き込む」で肉づけする。「ストーリーを順序立てる」では、ストーリーが展開する順序をあ

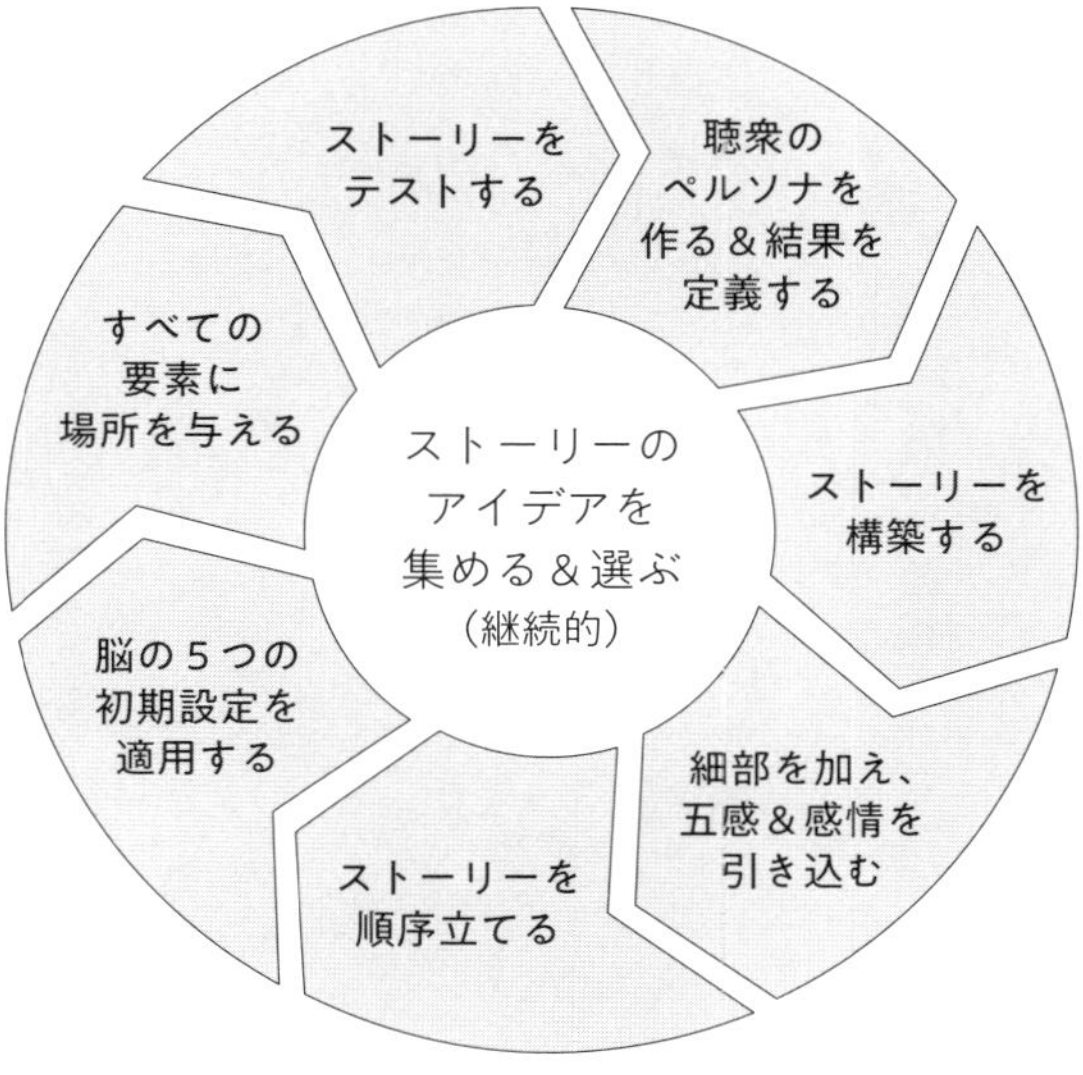

れこれ試してみる。次章で紹介する「脳の5つの初期設定を適用する」では、聴衆の脳を効率的に引き込めるかどうかを検証する。「すべての要素に場所を与える」では、とりとめのないストーリーになるのを防ぐ。「ストーリーをテストする」で、微調整が必要な箇所がないかどうかを確かめる。

パンケーキを焼いたことはあるだろうか？ ひっくり返すとき、最初の数枚はうまくいかずに棄てるはめになったのでは？ でも3枚目か4枚目になれば、たいていは完璧にひっくり返せるようになる。ストーリーもそれと同じだ。このモデル図は意図して円形をしている。プロセスを複数回くり返したり、1ステップもしくは2ステップ逆戻りしてストーリーを微調整したりできるようになっている。なかには、期待通りに運ばないアイデアもあるだろう。その場合は違うアイデアを選び、プロセスを最初からやり直そう。これから先の章で、それぞれの聴衆と舞台設定に合わせたストーリーを作って語ることができるよう、このモデルの各ステップを詳細にわたって解説していく。

脳は情報よりもストーリーテリングの方にダイナミックに反応する。

ストーリーテリングは1つの技術ではあるが、科学に基づくものでもある。脳は、情報よりもストーリーテリングの方にダイナミックに反応するものだ。ここ20年の神経科学研究により、人間の理解、情報保存、意思決定の下し方について、たくさんのことがわかってきた。次の2つの章でそうした研究について探究し、聴衆を惹きつけて放さないよう、脳を有効活用する方法を学ぼう。

まとめ

ストーリーテリングが助け船に

（巻末のチェックリストも参照のこと）

- **ストーリーテリングは、アイデアを打ち立て、共通の理解とつながりを生む。**ストーリーはロードマップとなり、聴衆を望みの結果へと導いてくれる。
- **人はストーリーで変わる。**いいストーリーを聴くと、その反応として神経化学物質が放出され、聴き手と語り手のあいだに共感と信頼が生まれる。
- **ストーリーは記憶に残る。**人は五感と感情を、思い出とストーリーに結びつけて保存する。
- **ストーリーは価値観を強化する。**ストーリーは、歓迎されることと歓迎されないことを明確に示す。
- **ストーリーは相互に作用する。**聴衆は、自身の経験と記憶に基づき、ストーリーを自分なりに経験する。
- **優れたストーリーはたいていひとかけらのアイデアからはじまり、**それが体系的なプロセスを通じて組み立てられていく。
- **ストーリーテリング・モデルは以下の通り：**
  - ○ストーリーのアイデアを集める＆選ぶ（継続的）。
  - ○聴衆のペルソナを作る＆結果を定義する。
  - ○ストーリーを構築する。
  - ○細部を加え、五感＆感情を引き込む。

○ストーリーを順序立てる。
○脳の5つの初期設定を適用する。
○すべての要素に場所を与える。
○ストーリーをテストする。

ストーリーテラーへのインタビュー

サラ・オースティン・ジェネス

ザ・モス※　エグゼクティブ・プロデューサー、ベストセラー作家

※訳注　ストーリーテリングのショーやワークショップを開催し、ストーリーを語ることを推奨するアメリカの非営利団体。

ザ・モスのストーリーは、リスニングを奨励しているのですね？

ザ・モスの使命は、ストーリーテリングを奨励し、人々の経験の多様性と共通性に敬意を払うことです。創立25年になるザ・モスは、ストーリーテリングを促進する組織に見えるかもしれませんが、実のところ、人の話を聴くこと、すなわちリスニングを促進し、復活させることに尽力する組織なのです。

ザ・モスで語られるストーリーを聴けば、何が可能なのか、どんな人生を送ることができるのか、世界はどう機能しているのか、ということについて考えが広がります。先入観を打ち破り、孤独感を和らげてくれるのです。コミュニティとしてストーリーに耳を傾ければ、そうでなければ生まれなかったであろう対話が生まれます。個人的なストーリーは、可能性への扉を開け放ってくれるのです。

これは、ザ・モスのステージ上だけの話ではありません。ディナーの席で、電話で、リキシャの上で、バスで……ストーリーを語る人さえいれば、世界中のどこであれ起きることです。ストーリーを語る人だけでなく、それを耳にする人にも、必ず影響があります。あなたのストーリーを誰が聴いて、聴いた人がどんな気持ちになるのかは、予想もつきません。ストーリーを語る行為と聴く行為は、人に信じられないほどの変化をもたらすものなのです。

ストーリーテラーと、どのように作業を進めていくのですか？

わたしはいわば、ストーリーの助産師です。あなたのストーリーであっても、あなた自身はそれをど

う構築したらいいのかわからないかもしれません。あなたが特定の角度からストーリーにアプローチする一方、わたしは他の人も共感できるような具体的要素を見つけるお手伝いをします。それは、あなたが自分と対峙するストーリーなのか？　それとも、あなたと妹さんとの関係と、その変化が中心のストーリーなのか？　あなたと、あなたの信仰がテーマのストーリー？　あなたにとって、ストーリーの核となるものは、などと質問しながら。

同じ人生経験でも、語り方は50通りあるかもしれません。有望な新人ストーリーテラーと作業するときは、まず、あらゆる素材を掘り起こすお手伝いをします。たとえば、こんなふうに訊くんです。「これまで、お母さんとはどんな関係でしたか？　わたしが隣にいるときに、あなたが過去にお母さんにいわれた忘れられない言葉をまた聞かされたとしましょう。いまあなたは、何を見て、何を考え、何を匂って、何を感じていますか？」そうやってあれこれ探りながら、ストーリーを発掘していきます。

そのあとは、わくわくするような、やりがいのあるパートに移ります。ストーリーは、一連の出来事をただ並べればいいというものではありません。聴く人を、ストーリーの中に招き入れなければならないのですから。あなたと一緒に、聴き手もそのストーリーを生きているも同然になるのです。ストーリーの語り手と聴き手が変化するのは、まさにこの段階ですね。

ストーリーは指紋と似ています。このストーリーは、なぜあなたにしか語れないのか？　わたしにとって、そこが何より興味深い点です。あなたにしか語ることのできない細部、要素、アングルは？——こんなふうに語れるのはこの世であなたしかいない、というところまで持っていくのです。

ストーリーテラーが感じる心のもろさに対しては、どんなアドバイスを？

ストーリーテリングは、あなたから聴衆への贈りものです。ストーリーがあなたに人間味を与え、人々の理解を促し、あなたのことを記憶に刻みつけます。ストーリーは、あなたの心を、あなたが大切に思っているものを、人に垣間見させることになります。個人的なストーリーは生きものです――ですから、語るたびに少しずつ違ってきます。

効果的なストーリーテリングのためには、少しばかり自分のことを話す必要があります。この「自分のことをうっかりさらしてしまう」ところに、人は感情的なもろさを感じてしまうのです。

ですから、まずはあなた自身をあまりさらけ出さずにすむストーリーからはじめて、たゆまぬ努力を続けましょう。そうすれば聴衆は、あなたに気遣いとやさしさで報い、もっと話を聴きたいと思ってくれるはずです。

2 ストーリーを語るとき、何が起きている？

オリンピックはいつも楽しみにしている——冬も夏も。とはいえ、わたしの目当ては、開会式やメダルの獲得数でも、大人気のアスリートたちでもない。開催都市にスポットライトを当てたストーリーの数々でもない。わたしのお気に入りは、あまり活躍を期待されていない人たちのストーリーだ。バイアスロンや7人制ラグビー——オリンピックを見るまではほとんど知らなかったスポーツ競技——の取材で紹介される競技者たちのことである。

そうしたストーリーでは、オリンピックに至るまでの道のりで、その人が直面してきた数々の障壁にハイライトが当てられる。いつしか、わたしはその話にすっかりのめり込んでいる。学校をドロップアウトし、職を3つも点々とした話。コーチの交代、借金、愛する人の死、怪我の克服。オリンピック出場という夢を叶えるため、そうしたことをくぐり抜けてきた彼らの苦悩が、ひしひしと感じられる。そのアスリートを誇りに思う、と語りながら目元を拭う家族のインタビューを見るうち、わたしの目にも涙があふれてくる。

そんな特集番組が終わるころには、わたしはそのアスリートの名前入りのジャージを買う気満々になり、いましがた知ったばかりの競技の公認ファンになっている。彼らの出場する試合は、何があっても見逃さない。彼らの応援団の一員となり、ともに勝利への道を一歩ずつ進むのだ。彼らが勝てば宙に拳を突き上げ、思うような結果が出なかったときにはがっくり肩を落とす。

そして競技が終わりに近づくと、こう思うのだ。どうして、また
こうなったの？　あの手のストーリーを聴くと、どうして赤の他人や知りもしないスポーツのことが、ここまで気になるの？　たった5分のストーリーを聴いただけで、なぜ彼らの競技を見ずにはいられなくなるのだろう？　なぜなら、そうしたストーリー1つひとつが、わたしの脳を引き込み、没頭させ、共感を引き出すよう、巧みに語られているからなのだ。

脳の5つの初期設定

ストーリーテリングの技そのものについては以前から大いに関心を抱いていたものの、最近はその科学的な一面にも魅力を感じている。ノースイースタン大学のリサ・フェルドマン・バレット博士や、南カリフォルニア大学のアントニオ・ダマシオ博士、そしてクレアモント大学院大学のポール・ザック博士といった神経科学者による研究を、わたしは何年もかけて学んできた。彼らの研究を通じて、人間の脳には情報と相互に作用し、それを処理するための基本的な方法が備わっていることを知った。それぞれの方法が、生存、理解、コミュニケーション、そして意思決定において、1つの役割を演じているのだ。それゆえ、人とストーリーの相互作用にも影響を及ぼすことになる。わたしはそれを、「脳の5つの初期設定」と呼んでいる。それぞれがストーリーテリングのメソッド全体に浸透しており、脳を意図的に引き込み、優れたストーリーの展開を伝達するために役立っている。

1〉脳はすぐに怠けたがる――脳を引き込み、集中させよう

脳の目標はただ1つ――その日1日あなたを無事に生存させること。それを成し遂げると、脳はあなたとハイタッチを交し、こう告げるのだ。**よくやった。明日も、まったく同じことを、同じようにこなそう。**

あなたが新たなスキルを学んだり、新しいスポーツに挑戦したりと、何か新しいことやそれまでとは違うことをするたび、脳はカロリーを消費せざるをえなくなる。利き手ではない方の手で署名の練習をするというシンプルなことですら、注意と集中力が要求される。ポール・ザック博士は、２０１５年に脳が怠け者であることをはじめて解説した人物だ。論文のタイトルは、「Why Inspiring Stories Make Us React: The Neuroscience of Narrative.」（心を活気づけるストーリーに人が反応する理由　ナラティブの神経科学）である。

脳はひどくしみったれた銀行員のようなもので、あなたがカロリーを使いすぎて破産するのを何とか押しとどめようとする。と同時に、脳は未来主義者でもあり、あなたがそれなりに反応できるよう、次に起きることを予測しようとする。あなたに危険を回避させるだけではない。動きやジェスチャーは予測されているものなのだ――階段を下りるときの、足の踏み出し方のように。まちがった場所に足を踏み出したときは、脳が即座に未来予測を調整し、訂正する（Feldman Barrett 2021）。生まれてはじめて階段を下りるときは、試行錯誤をくり返しつつ数分はかかるものだ。でもいまは、とくに意識することなく階段をすたすた下りることができるはず。その神経経路が何年もかけてあなたの動きの予測を強化してきたので、動きが効率化されたのだ。そして正確に予測できたときは、新しい経験もしくはリスクが予測されたときのために、脳はカロリーを節約し、貯めておくことができる。

脳は人間の全カロリーの約20％を使用している。臓器の中でいちばんの使用率だ。そのうちの60から

80％が、予測し、体を準備させるために費やされている（Feldman Barrett 2018）。たとえば目の隅で何か思わぬものを捉えたとき、ドキッとしてアドレナリンの急上昇を感じたあとで、それが鏡に映った自分の姿であることに気づいた経験はないだろうか？　脳があなたの心拍数を上昇させ、体内にコルチゾールとアドレナリンを放出し、危険な状況を回避できるよう準備させた結果である。

脳はどうにかしてカロリーを節約し、蓄えを維持しようとする。ピンク色のスイカの浮き具に寝そべって、ピニャコラーダを飲みながらプールにぷかぷか浮いている怠け者でいたいのだ。そのうえ、脳はくり返しが大好き。以前も観たテレビ番組や映画につい夢中になってしまうのは、そのせいだ。脳はカロリーを貯めるため、馴染みのあるものや居心地のよさや、それを感じさせてくれる機会を探してばかりいる。ストレスを感じているときは、なおさらだ。何か新しいものを目にしたとき、脳はそれを理解してその先を予測しようと稼働しはじめる。以前も見たことのあるものなら、脳は次に何が来るかをすでに理解している。もともと怠け者の脳は、心が引き込まれないものには注意を向けようとしない。だから、とりとめのないストーリー（語り手も！）や、展開が読めるストーリー、感情的な起伏がないストーリー、あるいは自分との関連性が見出せないストーリーだと、ぷいとそっぽを向いてしまう。

しかしそれがパワフルなストーリーになると、脳はピニャコラーダを下に置き、怠けモードから脱さざるをえなくなる。問題提起、緊張、あるいは意外な要素をふくむストーリーの場合、脳はいやでも注意を傾け、カロリーを消費せざるをえなくなるのだ。ストーリーに登場する人物が遭遇することを見て、聞いて、感じて、匂って、味わって、経験するよう聴衆を導けば、脳を積極的に引き込み、ストーリーを記憶に刻みつけることができる。

2〉脳は仮定したがる――仮定するスピードを遅らせ、理解を生もう

映画を観たり、本を読んでいたりするとき、途中で結末がわかってしまうことはないだろうか？ あるいは会議に出席していて、発言者がいわんとしていることがすぐにわかってしまい、つい注意散漫になってしまったことは？ 脳は不完全なものが大嫌いなので、仮定することでその隙間を埋めようとする。人類が進化し、生き残るには、脳の予測と仮定の能力が頼りだった。そのおかげで選択肢が与えられ、災難を避けたり、カロリー節約のために怠けモードに入ったりすることができるようになったのだ。

イントロダクションで述べたマリアのストーリーの中で、スマートフォンがエレベーター・シャフトを落ちていくくだりで、ついこう思ったのではないだろうか。**そのスマホ、取り戻せるの？ わたしならどうするだろう？** その思考プロセスを意識的に選択せずとも、脳は、何が起きたのか、あなたならその状況でどうするかを考えようとする。

人は知識と経験に基づく仮定を通じて、何かを理解する――その理解が正しいかどうかは関係なく。たとえば友人がしかめ面をしたとする。そのしかめ面を見て、きっと自分に腹を立てているのだ、と思い込んだあとで、実は友人は来る前に車の窓を閉めたかどうかを思い出そうとしているだけだった、というパターンだ。

優れたストーリーは、人に考えさせ、態度に影響を与え、行動を促す、という望みの結果に人々を導くことができる。ストーリーで仮定のスピードを遅らせたり、逆にそれを利用したりすることができるのだ。意外な場面転換や、「まさかそう来るとは思わなかった！」という瞬間は、仮定を中断させ、脳を怠けモードから叩き出す。ストーリーの緊張を高めたり、問題を際立たせたりしたときも、同じだ。

3〉脳は情報をライブラリに保存する――ファイリング先を助言しよう

　脳には巨大な神経網が張りめぐらされており、五感を通じて感知された情報は、そこを通じて処理される。かつては、そうした神経は特定の仕事（たとえば視覚、味覚、聴覚）を担当していると考えられていた。ところが最近、五感のあいだには境界線がないことがわかってきた（Feldman Barrett 2022）。ほとんどの神経が、複数の感覚の情報を神経経路に運ぶことができるのだ。脳が予測を立てるたび、そうした神経がつねに活性化することになる。

　五感が何かを感知すると、それらは各感覚領に送り込まれて処理される。脅威の可能性が感知されると、体がアドレナリンとコルチゾールを放出し、集中力を高め、危険を回避する準備を整える。

　五感による経験は、それぞれ感情のスタンプを押されたうえで、記憶に刻みつけられるべく準備が整えられる――スマホ内の写真に、設定値、日付、時間、場所がタグづけされるのと同じだ。それらは整理され、長期記憶としてファイリングされる。脳はそうした記憶、経験、そして感情をいちいち参照することで、未来における反応を予測しているのだ。それが、人類の進化と生き残りにおいて、きわめて重要な役割を演じてきた（Feldman Barrett 2018）。

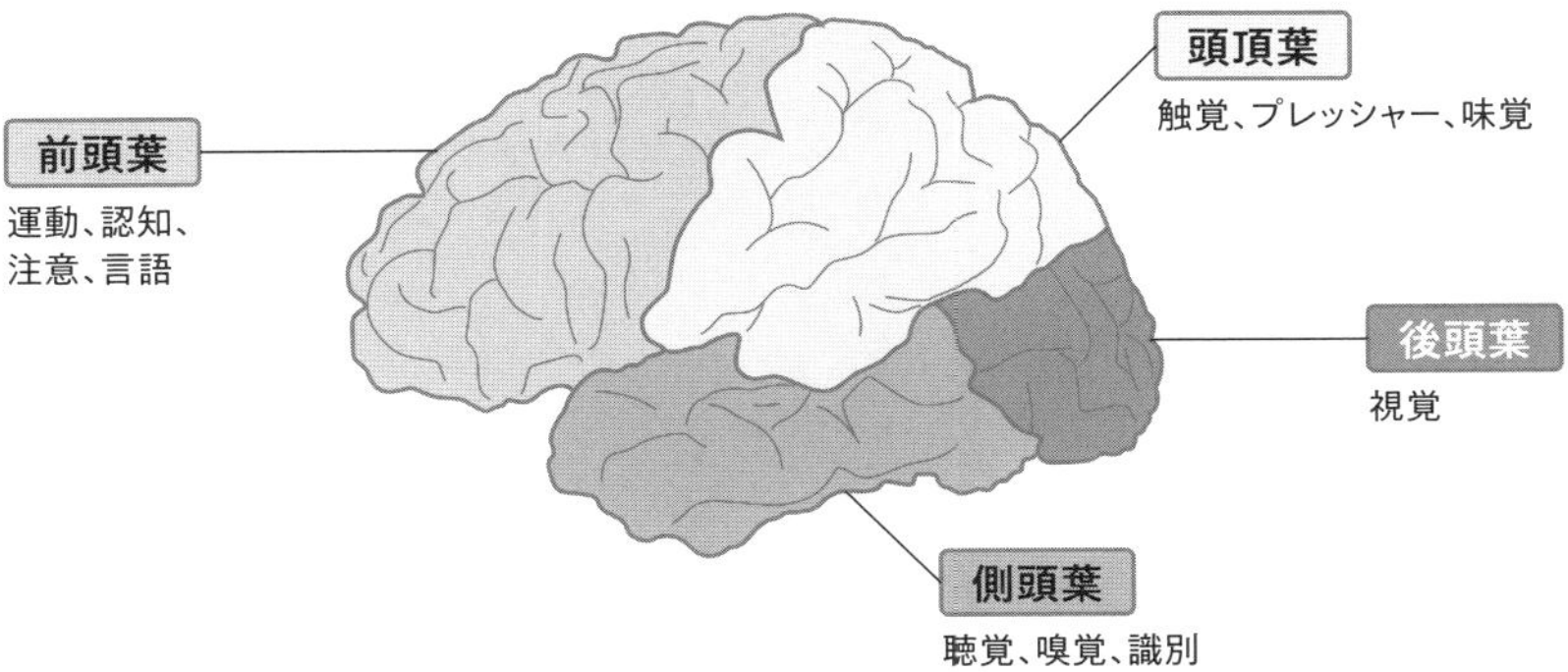

人の五感は、経験、識別、ファイリング、そして経験の想起に、なくてはならない役割を演じている。刈りたての草の匂いをかぐと、裸足で走り回っていた子ども時代を思い出すのはなぜだろう、と思ったことはないだろうか? それは、嗅覚が記憶と強力に結びついているからなのだ。人間には、触覚に対する受容器官が4種類、視覚に対する受容器官が3種類ある——そして嗅覚に対する受容器官は1000以上もある(Hamer 2019)。

五感は、感情と記憶を結びつける。友人のキャスリンは、子どものときに交通事故に遭った。そのとき、車内や彼女の服に、テイクアウトした料理が散乱したという。20年後、彼女はまたしても自動車事故に遭遇した。すると、車内にはないはずのコールスローの匂いを即座に感知したのである。五感は、経験、知識、記憶、そして感情が収められたファイルの脳内ライブラリ、そして脳そのものと、積極的に関与しているのだ。

人間の脳は、34ギガバイトに及ぶ情報量を、ほぼ無意識のうちに毎日五感を通じて処理している(Bohn 2009)。その情報は、本人がすでに知っていることや理解していることと突き合わされる。脳がこう考えるのだ。**これは以前も経験したことだろうか? それとも新しい情報か? 過去の経験に何か関連しているだろうか?** そのうえで、それぞれの記憶「ファイル」に情報を保存していくのである。

人は各自の知識と経験に基づいて情報を処理、理解し、ファイリングする。そのため、人によって理解と仮定が異なってくる。同じデータや情報を目にしても、人によって違う解釈をしてしまうのだ。

ストーリーは、脳に対してファイリング先を助言することができる。優れたストーリーなら、本人がすでに理解し、経験しているものが収められたファイルに、アンカーを下ろすことができるのだ。それに、聴き手の感覚と感情を積極的に引き込むことができる。だからこそ、記憶に残りやすい。スマホをエレベーター・シャフトに落としてしまったマリアのいらだちを、わたしたちは感じ取ることができる。今度エレベーターに乗り込むときは、ついスマホを強く握りしめてしまうかもしれない。何らかのストーリーや情報に全員が賛同するとは限らないが、共通の理解と議論の出発点を与えてくれることはまちがいない。

4〉脳は信頼の輪の内側にいたがる――つながりと共感を生もう

脳の優先事項はその日を生きのびることであり、人は、それを可能にしてくれそうな人たちに囲まれていたいと思うものだ。人は集団でいることで危険を鋭く察知し、互いを守り、より短い時間でものごとを達成できる。そうした「内集団」が、人類を生き残らせ、進化させてきた。

人は、正体が明らかで、心がつながり、類似点のある人たちと集団を形成しようとする。内集団は所属意識を生む。それに対して「外集団」は、自分は違う、部外者だ、と感じさせる（Agarwal 2020）。同じ会社で働く人たちは全員、内集団の一員だ。ただし同じ社内でも、人事部に所属する人とエンジニアリング部に所属する人は、仕事の違いから互いに外集団となる。自分が集団の一員と感じるか、集団外だと感じるかによって、人の仮定と情報の処理の仕方が異なってくる。

聴衆に「それいいね！」と感じさせるとき、ストーリーは内集団を生む。

人は、信念や経験、あるいは願望が自分と重なるストーリーを聴いたとき、内集団の一員だと感じる。すると共感とつながりが生まれ、オキシトシンと信頼度が高まっていく。こうした所属意識は、人に居心地のよさを感じさせたり、リラックスさせたり、あるいは逆に興奮させたりすることができる。聴衆に「それいいね！」と感じさせるとき、ストーリーは内集団を生むのだ。

一方、外集団を生むストーリーは、自分とは対照的な経験や視点を認識させる。自分は部外者だと感じたとき、人は自意識を高め、居心地の悪さや違和感を覚えることが多い。チャリティイベントで、清潔な水が簡単には手に入らないエチオピアの人たちのストーリーを聴くと、彼らの家に屋内トイレがあったらどんなに生活が変わるだろう、とすんなり認識できるようになる。そうしたストーリーは、自動的に環境の比較を促し、違いや新たな考えを認識するよう、背中を押してくれる。内集団と同様、外集団も共感と支援の気持ちを高めることにつながりやすく、違いの認識に動機づけされた行動を促すことになる。合併計画を進める企業、もしくは新たな戦略を進めようとする企業は、新しい方針や、会社が現状のままではいられない理由を詳しく説明するストーリーを語るのもいいだろう。

優れたストーリーは、聴衆に内集団もしくは外集団、もしくはその両方の一員であると感じさせるよう、意図的に設計されている。エレベーター・シャフトにスマホを落としたことはないかもしれないが、自分にも十分ありえる事態であることはわかるはずだ。内集団と外集団という概念は、聴衆をストーリーと望みの結果につなげるために役立つ要素である。

5〉脳は快感を求め、苦痛を避けようとする——神経化学物質を指揮して経験を増幅させよう

脳内の神経化学物質は、たいてい人を2つのことに駆り立てる——快感を求めること（ときにはふんだんに）、そして苦痛や危険を避けることだ（Thomson 2021）。つながりを感じたとき、もしくは魅力を感じたとき、体内にドーパミン、エンドルフィン、そしてセロトニンが放出される。オキシトシンが放出されるのは、人との絆や誰かへの信頼を感じたときだ。それらの物質はどれも人をいい気分にさせ、快感と

つながりを求める気持ちを増強させる。コルチゾールとアドレナリンは、注意力や集中力を高めるために放出される物質だ。それが苦痛や不快感を避け、脅威が感知されたときは危険から脱するための準備をさせる。

不快感は、危険や否定的なものごとを意味するとは限らない。ジェットコースターに乗ったり、ホラー映画を観たり、プレゼンテーションを行ったり、言語を学んだり、あるいはバンジージャンプをしたりするときも、不快な刺激が強まることがある。安全地帯《コンフォートゾーン》の外に出た瞬間、体が警戒態勢に入るのだ。神経化学物質の混合物とさまざまな感情によって、その経験が増幅されることになる。

優れたストーリーは、意図して聴衆に快感もしくは不快感を与えるよう、考えられている。わたしたちは、ドティの名前を知らないと気づいたときのウォルトの不快感を、肌で感じることができる。スマホを無料で取り戻せると知ったときのマリアの驚きも、感じられる。快感もしくは不快感を覚えるような場面と聴衆をつなげることで、ストーリーに引き込み、行動に影響を与える感情を経験させられるようになる。

ストーリーテリングは、神経化学物質の指揮者のようなものだ。優れたストーリーなら、快感の神経化学物質を高めることができる。あるいは、不快感を増幅させたり、逆に苦痛を避けるために不快感を減らし、黙らせたりすることもできる。それによって、人が情報をどう処理し、どんな意思決定を行うかということに、直接的な影響を与えることができる。居心地の悪さを感じさせるストーリーを聴けば、その状況をうまく切り抜けたり、避けたりするために何ができるのかを考えさせられることになる。よろこびと温もりの波に浸らせてくれるストーリーなら、そこにふくまれる選択肢、行動、そして価値を強調することができる。

情報を聴いたときとストーリーを聴いたとき、脳内では何が起きているのか？

コーヒーショップにいると、皿やグラスが当たるかちゃかちゃという音が聞こえてくる。椅子が床をこすり、エスプレッソ・マシンがシューッ、ボコボコと音を立てたあと、カップにコーヒーをポタポタと落としはじめる。他の客が会話するくぐもった声が肩のあたりに漂ってくる。クロワッサンを食べるたび、サクッという心地よい音がする。脳は無意識レベルでそうした音を認識して処理している。そして数秒もすれば、そんな音のことは記憶から抹消してしまう。

では、コーヒーショップの音を音楽と入れ替えてみよう。すると脳は、雑音と処理して記憶から抹消するのではなく、音と積極的に相互作用し、それを記憶に刻みつけようとする。それがモーツァルトのソナタだろうが、ジョン・レノンの『イマジン』だろうが、たんなる音を処理しているときよりも神経の活動が活発になり、脳が活性化する。メロディやハーモニーに意識が行く。つま先でリズムを取ったり、その日1日、その歌を口ずさんだりすることもあるだろう。雑音と音楽に対する脳の処理の違いは、情報とストーリーを耳にしたときの脳の処理の違いに似ている。

ウェルニッケ野は、クルミくらいの大きさをした脳内部位で、言語と情報の処理を司っている。言葉の意味を解読し、理解力を生み出す役割だ。言葉を読んだり聞いたりするとき、体内辞書と突き合わせて理解を生むのである。

このウェルニッケ野は、本を読んでいるとき、講義を受けているとき、会議でデータや細かい情報に耳を傾けているとき、活性化する。言葉が処理され、理解される――ただしそれに取り組んでいるのは、脳内のこの小さな部位のみだ。心理学者のヘルマン・エビングハウスは、相互作用しない場合、情報の50％近くは1時間以内に忘れ去られることを発見している。

ストーリーを聴いた場合、脳はダイナミックに活性化する。先ほどコーヒーショップ内の音について書いたが、そのとき、エスプレッソ・マシンのシューッ、ボコボコという音があたかも実際に聴こえているかのように、あなたの側頭葉近くの神経が活性化しはじめたはずだ。さらにわたしが、木製の椅子、明るい黄色のマグカップが並ぶ壁、そしてバリスタが身につける絞り染めのエプロンについて描写すれば、それらのアイテムが目に浮かび、後頭葉の神経が活性化しはじめる。ペストリーやコーヒーの豊かな香りを想像する人もいるかもしれない。その場合、側頭葉が活性化する。コーヒーの味と手にしたマグカップの感触と重みを想像すれば、頭頂葉が活性化する。バリスタがコーヒーを注ぎながら体を揺らしている光景を描写すれば、その動きに応じてあなたの前頭葉が活性化する。

ストーリーは五感それぞれを有意義に引き込み、脳全体を活性化させる。見えるもの、聞こえるもの、匂うもの、触れるもの、味わうもの、そして感情が、脳内のそれぞれの葉を超えた神経活動に現れ出るのだ。脳の第3の初期設定であるファイルのライブラリから、これらの五感には思い出と感情のスタンプがしっかり押されて保存されている例が多いことがわかっている。とりわけ嗅覚にその傾向が強い。香水がふっと鼻孔をくすぐっただけで、祖母と過ごした特別な午後に引き戻されることがある。

どの街であれ、わたしはWホテル（マリオット・インターナショナル系列のデザイナーズホテル）のロビーに足を踏み入れるたびに、キッチンのシンクで髪を洗ってもらった4歳のときのことを思い出す。Wホテルのロビーで使われているフレグランスが何なのかは知らないが、その香りがあのときのシャンプーの香りを思い出させ、数々のすてきな思い出を引き出してくれるのだ。五感をしっかり引き込んだストーリーは、脳内でより多くの領地を陣取り、わたしたちをストーリーの前面に、そして中心に押し出すことになる。まるでそのストーリーを、直接体験しているかのように。

ストーリーテリング――脳が経験する人工的な現実感

海で泳いでいるとき、鮫に襲われた。海面を泳いでいたら、いきなり下から突かれたのだ。はじめて突かれたとき、心臓が早鐘を打ちはじめた。2回目の突きは、もっと荒々しかった。鮫の餌食にされてしまう！　わたしは海面でもがきはじめた。安全な岸にたどり着こうと、必死になった――。

安心してほしい。実際に襲われたわけではない。でも映画『ジョーズ』を観ているとき、脳がわたしに告げたのは、そうではなかった。まるでわたし自身がスクリーンの中で泳いでいるかのように、脳内の各葉が活性化しはじめたのだ。アドレナリンが体内に勢いよく放出され、泳ぐ俳優を見つめながら、脳が叫んでいた――「逃げろ！」わたし自身、海流の渦に巻かれ、海中を上下している気分だった。カーペットの下から鮫が噛みついてくるのではとばかりに、つい両足を持ちあげてしまったくらいだ。

海で鮫に襲われたことは一度もない。でも『ジョーズ』を観ていると、それがどんなものなのか、脳がイメージさせてくれる。自宅のソファにゆったりすわっていても、まるでわたし自身がスクリーンの中の俳優になったかのように、脳が活性化し、心臓がバクバクいいはじめる。五感が活動を開始し、その経験が脳裏にまざまざと浮かんでくる。場所が海だろうがプールだろうが、そのあと泳ぐたびに、脳がわたしにこんな警告を送ってくるほどに――**「鮫に気をつけろ！」**ストーリーは、脳にこのような人工的現実感を経験させる効果があるのだ。

プリンストン大学の神経科学者ウリ・ハッソン博士は、話し手と聴き手の神経活動の類似と相違を調べるための実験を行っている。実験の手順はこうだ。被験者の脳内活動をｆＭＲＩで測定しながら、彼らにＢＢＣ放送のテレビ番組を観せる。そのあと再びｆＭＲＩで測定を行いながら、彼らに記憶したテレビ番組の内容を詳しく語ってもらい、それを録音する。次に別の被験者たちの脳内活動をｆＭＲＩで測定しつつ、彼らにその録音内容を聴かせてみる。

ハッソンは、この3つの異なるパターンにおいて、脳内活動が類似していることを発見した。テレビ番組の内容を語る録音に耳を傾けていた被験者も、その番組について語っていた被験者も、脳内活動に変わりはなかったのだ。彼はこの実験をさまざまな番組や映画を使ってくり返してみた。いずれの場合も、結果は同じだった――語り手と聴き手の脳内活動は、同期していたのである。

これは**神経結合**《ニューラル・カップリング》と呼ばれるもので、ストーリーテリングのもっとも注目すべき特質の1つといえるだろう。ストーリーに耳を傾けているとき、その人の脳が活性化し、ストーリーテラーの脳内活動と同じものを映し出すのである。そのストーリーが五感と感情を強く引き込むものであれば、その現象がとりわけ如実になる。悲しい映画を観ているとき、胸にこみ上げるものを感じることがあるが、それがまさにそうした瞬間といえるだろう。ニューラル・カップリングは、共感を生む要素としてもっとも強力なものだといえる――原初的な人工的現実感である。聴き手の五感と感情が強く引き込まれればそれだけ、その経験は強烈なものとなる。

誰かに、一度も経験したことのないことを経験させたいと思ったら、ストーリーを語ることだ。相手の脳が、あたかもストーリーの主人公であるかのように引き込まれていくだろう。パリ脳研究所は、ストーリーを聴いているときの被験者の心拍数を調査している。結果、ストーリーを聴く者の心拍数は、語り手の心拍数と同期していることがわかった。その人物がストーリーに没頭すればするほど、彼らの心拍が同期する確率が高くなる。被験者が語り手とは違う街で、もしくは違う時間にストーリーを聴いている場合も、結果は同じだった。彼らの脳がストーリーに引き込まれるにしたがい、心拍が同期していったのだ。

脳の5つの初期設定は、ストーリーテリングが人を惹きつける理由の説明になるだけではない。優れたストーリーを作るための、案内役にもなってくれる。ストーリーの中に脳の初期設定を巧みに取り込み、活用できるかどうかが、聴衆にどれだけ強烈にストーリーを経験させ、そこに没頭させることができるかどうかを決めるのだ。その5つの初期設定すべてをあらゆるストーリーに盛り込まないにしても、それを念頭に置くだけで、優れたストーリーを確実に語るために役立つことはまちがいない。これから先の各章で、その初期設定をストーリーテリング・モデルを通じて取り込むに当たり、考慮すべき点について述べていく。

人がストーリーを語るのは、そこに何らかの理由があり、何らかの結果を望んでいるからだ。ストーリーを語る方法を工夫すれば、聴衆の経験と結果に影響を与えることができる。ストーリーテリングの技をマスターするには、人が意思決定を行う際の科学を理解しておく必要がある。次の章でその点について探究していこう。

まとめ

ストーリーを語るとき、何が起きている？

（巻末のチェックリストも参照のこと）

わたしたちの脳には5つの初期設定があり、それがわたしたちと情報――とりわけストーリー――がどう関わり、それをどう解釈するかに影響を与えている。

1 すぐに怠けたがる――脳は怠け者だ。あなたを毎日生かしておくために、カロリーを節約しようとする。優れたストーリーは、五感を引き込み、緊張を生み出すことで、いやでも脳にカロリーを消費させようとする。

2 仮定したがる――脳は過去の経験に基づき、絶えず予測と仮定を行っている。優れたストーリーは、葛藤や意外な出来事を盛り込むことにより、仮定に走ろうとする脳をスローダウンさせたり、押しとどめたりすることができる。

3 情報をライブラリに保存する――脳は34ギガバイトに上る情報を、経験、記憶、感情がファイリングされたライブラリに分類・保存し、予測する際に呼び起こしている。優れたストーリーなら、具体的な細部とメタファーを通じて、それまでの知識と結びつけることができる。

4 信頼の輪の内側にいたがる（内集団と外集団）――ストーリーは、人に内集団もしくは外集団の一員だと感じさせることができる。内集団の場合、親近感、居心地のよさ、そして所属意識の感覚を生む。外集団の場合は、個人間もしくは経験間の相違を際立たせる。

5 快感を求め、苦痛を避けようとする――脳の神経化学物質には、快感を求めたり、不快感を避けたりする役目がある。ストーリーテリングにおいても、ストーリーによって気分をよくしたり、不安にさせたりすることで、それを経験することができる。

ストーリーを聴いているときは、脳が語り手と同じパターンで活性化する。この「ニューラル・カップリング」という現象により、自分がストーリーの中に入り込んだように感じられ、脳が人工的現実感を経験することになる。

ミッシェル・ザッター

サンダンス・インスティテュート※　ファウンディング・シニア・ディレクター、アーティストプログラム

※訳注　アーティストや映像作家を育てる非営利団体。俳優・映画監督のロバート・レッドフォード主宰。

ストーリーに求めるものは？

わたしはストーリーの語り口の中に、作者の真の姿を探します――とても個人的な視点と、その人独自の声のことです。加えて、その人が個性と細部を用いて作りあげた世界観と、全体としてトーンが統一されているかどうかにも注目します。わたしが求めるのは、真摯に語って行動する、複雑さを備えた登場人物です。彼らには、明確な願望と欲求を持って、感情に満ちた旅路に出てもらいたいですね。

わたしは、何かを発見したいんです――ストーリーと心のもろさとユニークな視点をシェアしてくれる作者とともにいる、という気持ちで心を開いたときに。本や脚本を開くときも、何かを発見することを期待しています。

作者には、どうやって自分なりの声を見つけさせるのですか？

誰にでも、それぞれの信条によって定義された声、視点、そして現実体験があると思います。聴衆にこちらの話に引き込まれてほしい、気づいてほしい、そして登場人物とその後に起きることに強い関心を持ってほしい、と思うものですが、こんなふうに考えるのはだめです――市場が必要とするものは？とか、わたしに求められているものは？とか。そうではなく、こう考えてもらいたい――自分は世の中のために何ができるだろう？　自分にしか語れないストーリーは？　聴衆に何を与え、伝えることができるだろう？　どうしたら聴衆を引き込み、驚かせることができるだろう？

ストーリーを展開させるのは登場人物です。だか

ら登場人物を、課題とともに感情の旅路へ送り出しましょう。そしてその旅路のあらゆる場面でストーリーを前進させるか、登場人物の新たな一面を露わにするのです。

作者にはどのようにフィードバックしていますか？

わたしはまず、耳を傾け、質問することからはじめます。彼らの意図するものと、彼らがストーリーを通じて何を伝えたいと思っているのかを知るために。大切なのは、「このストーリーのテーマは？」と問いかけることです。ストーリーを作りあげたあと、見返してみるまで、それがわかっていない作者もいますから。

こんなことも訊きます。「あなたが語ろうとしているストーリーと、あなた個人の関係は？　登場人物にはどう踏み込む？　あなたが作りあげようとしているのはどんな世界？　その世界のイメージや音は？」

フィードバックに耳を傾けるのは大切なことだけれど、それを批判と捉えないことも大切です。戸惑うことがあっても、それもプロセスの一部として受け入れましょう。それが有意義な発見につながることもよくあるんです。自分自身と登場人物には、厳しく疑問をぶつけることですね。ふさわしい疑問をぶつけることで、もっとも想像力に富んだ驚くような解決につながることがありますから。

ストーリーテリング初心者には、どんなアドバイスを？

ストーリーテリングは、誰にでもできる本質的なコミュニケーション手段です。人のすることなすこと、すべてに影響を与えます。まずは日記を書くことと観察することからはじめましょう。毎日書くんです。周囲のことや、人々の行動や人間性に目を向け、好奇心を持ちましょう。脚本を読む、映画を観る、作家の創作プロセスに耳を傾ける。没頭する。わたしはあらゆる人から学んできました。わたしの人生は、与え、受け取り、そして学ぶ旅路だと思っています。

人にぜひ語りたいと思うようなストーリーを見つけてください。ものを書くのには時間がかかります。

書き直す必要もあります。一度書いただけでは、自分でも理解しきれないことがありますから。新たなアイデアを見つけて深掘りし、試行錯誤をくり返しましょう。ストーリーの核、テーマ、そして聴衆に収穫として持ち帰ってもらいたいものに、真剣に取り組んでほしいと思います。ストーリーテリングには、世の中を変えるだけの力があるはずですから。

自分の作品を、声を、信じることです。誰しも、声にするだけの意味のある何かを持っているはずです。それが自分自身を、お互いを、そして世の中を見る目を養うことにつながります。

3 望みの結果を引き出す

黄色いラブラドールレトリバーの子犬が、長い砂利道に沿って設置された白木の柵の下を掘っている。子犬はからだをくねらせ、柵の下に潜り込む。柵の反対側に出ると、原っぱを駆け抜け、赤い納屋に飛び込む。耳をはためかせた子犬は、ある馬房の前で急停止する。

額に白い斑点のある背の高い茶色のクライズデール（スコットランド産の馬の品種）が、身をかがめる。子犬と馬は鼻をすりよせ合う。すると、納屋の反対側で、ドンと音を立ててドアが開く。入ってきた農場主は、笑い声を上げると子犬を抱き上げ、隣家に連れて戻る。家の前には、「子犬の里親求む」の看板。農場主が子犬をその家の主に手渡し、2人して頭を振る。これがはじめてのことではないのだ。

子犬は再び柵の前にいて、その下にからだを潜り込ませる。泥の中を這って進み、雨の中を駆け抜け、草の中を転げるようにして進み、友だちを訪ねては一緒に遊ぼうとする。そのたびに、農場主が通い慣れた道をてくてく歩いて子犬を家に戻すはめになる。

ある日、子犬がすくい上げられ、車の後部座席に乗せられる。子犬はうしろの窓によじ登り、きゃんきゃん鳴きながらガラスを引っ掻く。するとクライズデールが地面を踏み鳴らしていななきを上げ、車に向かって駈け出し、柵を跳び越える。仲間の馬たちもその激しい追跡劇に加わる。馬たちが車を取り囲み、無理やり停止させる。

自由の身となった子犬が、小走りのクライズデールを先導しながら、砂利道を農場へと戻っていく。無事再会した子犬とクライズデールは、野原でともに遊び回る。画面がブラックアウトすると、〈#BestBuds（親友）〉という文字とともに、バドワイザーのロゴが浮かび上がる。

「子犬の愛《パピー・ラブ》」と銘打たれたこのCMは、2014年のスーパーボウル中継中に初公開され、瞬く間に人気を博した。USAトゥデイ紙のアドメーター賞（スーパーボウル中継中のCMの中で高い評価を得た作品に授与される）を複数受賞し、エミー賞では2部門にノミネートされている。記憶に残るCMであり、観る者の心を和ませ、ネットで何百万回も再生されてきた。とはいえ、このCMは失敗作だった。聴衆の脳を引き込むのに失敗し、その後の売上につなげることができなかったのだ。

子犬がクライズデールのもとに駆けよると、すぐに脳の最初の3つの初期設定が作動しはじめる。脳がこう仮定するのだ。**「この手のストーリーなら知っている。子犬と馬は友だちなのだ。このあと両者はいったん引き離され、互いのもとへ戻る方法を見つけなければならなくなる」**脳内のファイル・ライブラリに保存された知識と感情に基づいてなされた仮定だ。そう仮定したあと、脳はカロリーを節約するために怠けモードに入る。ここまで、ほんの数秒間。

このCMは記憶に残るし、観る者の感情を刺激する細部が盛り込まれている。そもそも、子犬や馬を愛さずにいられる人なんて、いるだろうか？　子犬と馬がはしゃぐ姿をながめるうち、ドーパミンが放出され、観る者は心地よさを覚える。子犬と馬に対する愛情があるからこそ、親しみを覚え、記憶に刻まれることになる。ところが、ストーリー展開の予測がつきやすいがゆえに、観る者の心に十分な緊張が生まれない。新しいアイデアを打ち立てることもなければ、それまでとは違う考えを生む助けにもなっていない。映画の予告編がネット鑑賞やチケットの購入を促すように、観る者の脳にその先を見たいという気にさせないのだ。このCMには、観る者に選択や行動を促す要素がない――商品そのものは、取り上げられてすらいない。子どもを寝かしつけるときに聴かせるストーリーとしてはすばらしいし、心和ませられるものではあるが。

緊張は、葛藤や問題提起によって高められる——このCMの場合、子犬が車に乗せられる中盤あたりまで、それを感じることはない。冒頭にクライズデールが車を追いかけるシーンを持ってきて、フラッシュバックで子犬との友情を明らかにするパターンであれば、観る者を即座に夢中にさせただろう。あるいは、車で連れ去られた子犬が、のちに意外な方法でクライズデールと再会するパターンなら。しかし放映されたパターンは、先が読みやすく、盛り上がりに欠けていた。

このCMは大好評だったし、賞にも輝いた。ただし、商品の売れ行きにはつながらなかった——売上への貢献こそが、スーパーボウル中継中の高額なCMにとって、望ましい結果だったというのに。バドワイザー社は、商品の売上につながらないことがわかると、このCMを流さなくなった。

ストーリーを語れば、それで十分というわけではない。ストーリーの語り方こそが、人とのつながりを生み、人を引き込むことができるかどうかの違いを生むのだ。ストーリー1つひとつに、望みの結果——聴く人に知ってもらいたいこと、考えてもらいたいこと、感じてもらいたいこと、あるいは行動してもらいたいこと——がある。友人にストーリーを語るときでも、彼らを楽しませたい、彼らを笑わせたい、と望むものだ。ここで紹介したバドワイザーのCMは、いくら好感度が高くとも脳を引き込んで意思決定に影響を及ぼすとは限らないことを示す、いい例である。

ストーリーテリング――共感と信頼を築くもの

会議や社外のリトリート研修、もしくは何かの会話に参加したあとで、誰かを――あるいはチーム全体を――より身近に感じたり、相手との絆をより深めたりしたことはないだろうか？　そうした機会には、趣味、週末の冒険、人生経験、そして休暇について、コーヒーを飲んだり、食事したりしながら、話をシェアしたのではないだろうか。その結果、相手のことをより包括的に理解できたのでは？　相手との交流がポジティブなものに変化していくと、互いへの信頼と共感が高まっていく。

これは単に運がよかったということではない。ストーリーに耳を傾けているとき、あなたはストーリーテラーに対して共感を覚えている。語り手が自身をさらけ出していると感じたときはなおさらだ。共感が高まるにつれ、信頼も高まっていく。そうなると、脳内にオキシトシンがさらに放出される。ときに「愛のホルモン」もしくは「信頼のホルモン」と称されるオキシトシンは、母親と赤ん坊の関係から、社会的な交流に至るまで、人との絆に影響を与える物質である。脳に対し、安心して知り合っていい人や側にいてもいい人、そして避けるべき人を指示している（Zak 2015）。つながりと所属意識を感じたとき、「内集団」の一員だと感じられるよう、背中を押してくれるのである。

オキシトシンは、ストーリーのような刺激に反応して放出されるものだ。放出するよう命じたり、意識して行おうとしたり、コントロールしたりすることはできない。ストレスを感じるとオキシトシンの生成が阻止され、つながり、信頼、そして共感が築きにくくなる。

ストーリーは、共感とオキシトシンと信頼を混ぜ合わせ、それをビジネスやリーダーたちのための重要なツールに仕立てあげることができる。優れたストーリーを語るという行為そのものが、聴衆からの共感と信頼を高めてくれるのだ。ストーリーテリングはストレスや雑音を切り捨て、精神的、肉体的、そして感情的な面であなたを変えてくれる。そのうえ、わたしたちの意思決定にも影響を与えることができるのだ。

データは行動を変えられない、感情こそが変えられる

あなたには、お気に入りのファクトやデータ・ポイントがあるだろうか？　もし1つでも思い起こせるなら、それはストーリーに盛り込まれていたものである可能性が高い。「プレゼンテーションの中に、もっとデータやグラフや数字が盛り込まれていたらよかったのに」、なんて口にする人はいない。それにも関わらず、データこそが人の行動を変えるものだと固く信じられている。もしデータが行動を変えられるなら、わたしたちは皆、毎日8時間眠り、水を8杯飲み、運動して歯にフロスをかけるはずでは？

それに、データを示されると、人はその信頼度に疑問を持つものだ。誰かからデータを提示されたとき、人はついこんなことを考えてしまう。**このデータの信憑性は？　データを提示している人の信憑性は？**　あなたが強い信念を抱いているトピックで、議論の的になりそうなもの、たとえば政治問題のようなものを思い浮かべてみてほしい。正反対の信念を持つ人間が統計を持ち出しても、あなたはその数値もしくはその人のことをなかなか信じられないのではないだろうか。語り手の意見を支持するためにデータに手が加えられたに違いない、と思い込むだろう。つまり意思決定を行う際の核心は、論理ではなく感情にあるのだ。

意思決定の心と理性

自分はファクト、データ、そして論理に基づいて意思を決定している、と誰もが思いたがる。ところが神経科学研究によって、人は感情で意思を決定していることが立証されているのだ。神経学者のアントニオ・ダマシオ博士は、脳の前頭葉前部皮質を損傷した患者を研究することで、それを明らかにしている。彼らが脳にダメージを負っていることは、見た目ではわからない。彼らは歩くことも、話すことも、食べることも、考えることもできるし、専門職に就くこともできるのだから。かつては活力にあふれた、表現力豊かな人たちだった。ところが脳にダメージを負ったあとの彼らには、感情的な起伏というものがない。事故、負傷、火事といった、ふつうなら心が乱されるような映像を見せられても、彼らは何も感じず、神経的な反応をいっさい見せないのだ。

感情を経験する能力の欠如は、ごくシンプルな決断を下す能力にも影響を与える。たとえば、ＰＣ内のファイルを日付で整理すべきかファイル名で整理すべきかを決めるのは、ものの2秒もあればできるだろう。ところが彼らの場合、そこで立ち往生したまま、決めることができずにいる。

ダマシオと彼の同僚は、意思決定と感情の関係をさらに理解するための実験を行った。アイオワ・ギャンブル課題と呼ばれる実験だ。被験者に、A、B、C、Dのラベルをつけた4組のカードを与える。被験者は、一度につき1枚のカードを選ぶことで、お金を得たり失ったりする。彼らの目標は、できるだけ多くのお金を手に入れること。被験者には知らされていないのだが、4組のうち2組のカードは「悪い」カードで、罰金額が高い。あとの2組は「いい」カードで、長い目で見れば報酬が得られる。被験者には遠隔測定装置を取りつけ、発汗や心拍数の変化といったストレス反応を測定した。彼らの脳が「悪い」組を認識した瞬間を捉えるためだ。

脳に損傷のない被験者は、40回から50回ほど選択をくり返したあとで、「いい」組を認識し、つねにそちらを選ぶようになった。10回選択したあたりで、遠隔測定装置がストレス反応を感知している。彼らの脳が無意識のうちに、何かがよくないと察知したのだ。そのあと30回から40回選択をくり返すうち、被験者は「悪い」組を意識するようになった。

一方、脳を損傷している被験者の場合、「悪い」組を感知することは一度もなかった――意識的にも、無意識的にも。彼らの遠隔測定装置は、一度も身体的反応やストレス反応を感知しなかったのだ。感情を経験する能力が欠けていることが、彼らの意思決定能力に直接的な影響を与えていることになる。

ダマシオは著書『Descartes' Error』(邦訳『デカルトの誤り 情動、理性、人間の脳』筑摩書房)の中で、こう述べている。「情動と感情は贅沢品ではない。心の状態を他者に伝達する手段である。また、われわれの判断と意思決定を導く方法でもある。感情は身体を理性のループの中に持ち込むものなのだ」

ダマシオがはじめてこの身体的反応もしくはストレス反応を「ソマティック・マーカー仮説」として発表したのは、1994年のことだった。それによると、感情は生理学的指標を生み出すことにより、意思決定に影響を与えうるのだという。強い嫌悪感、不安、発汗、速い鼓動、さらには虫の知らせといったものまでが、感情と記憶のシグナルとなる。意思決定を行う必要に迫られたとき、人は過去の経験や感情によって導かれるのだ。無意識のうちにそうしていることが多い。したがって、感情を経験する能力を奪われれば、もっとも基本的な意思決定能力も奪われてしまうのだ。

ベルリンのジョン=ダイラン・ハイネス教授率いる研究グループが、人の脳が意思決定を意識する瞬間を明らかにするため、似たような実験を行っている。被験者はfMRIに入り、両手に選択するためのボタンを渡された。被験者は左右どちらかのボタンを押すことで、自身の選択と、その意思決定を認識した瞬間を伝えるよう求められた。すると、本人が意思決定を意識してボタンを押す7秒前には、神経が選択した方向に移動するのが確認されたのである。つまり選択は、被験者がそれを意識する前、無意識のうちに行われていたことになる。

あなたも、無意識に選択しているのだ。そして意思決定を意識した時点で、それを正当化し、そこに論理を加えているのである。色がとても気に入ったからという理由で車を買いながら、燃費のいい車だからと購入を正当化するのと似ている。自分では論理に基づいた意思決定を行っているつもりでも、実は無意識のうちにすでに決めていることに気づいていないだけなのだ。

ストーリーは、感情へのアクセスと意思決定をあと押ししてくれる。

感情は意思決定の要となる。自分では論理的に意思を決定しているつもりでも。感情的な決断はよくない、理性的な決断こそがいいものだ、という偏見がある。しかし感情と理性は絡み合っていて、切り離すことはできない。そしてストーリーは、感情へのアクセスと意思決定をあと押ししてくれる。

大切なのはストーリーの語り方

神経科学者のポール・ザック博士は、イマージョン・ニューロサイエンスの創設者であり、クレアモント大学院大学の教授である。彼の研究室は、神経科学に心理学と経済学を組み合わせ、人が情報をどう処理して意思を決定しているのかについて研究している。とりわけ、金銭にかかわる意思決定だ。そしてわたしにいわせれば、ザック博士はストーリーテリングの未来を変えつつある。人が他者に対する信頼を感じたときにオキシトシンが放出されることをはじめて明らかにしたのは、彼の研究室だった。彼らは、ストーリーを語ることによる影響をオキシトシン・レベルで測定している。それを土台に、人を没頭させるストーリーの要素をリアルタイムで測定する研究を築きあげてきた。

ザック博士は世界中を旅して回り、人とのつながりに基づくオキシトシンの変化を調べていった。結婚式や葬式や交流会等、感情的なイベントの前後に血液を採取し、オキシトシンのレベルがどう変化するのかを確認したのだ。パプアニューギニアにまで足を延ばして先住民を対象にした研究も行っており、そのときのことを2011年のTEDトークで語っている。

人のつながりと信頼とオキシトシンの関係を明らかにしようと考えたザック博士と研究室は、手はじめに、ストーリーの利用がオキシトシンの反応に影響を与えるかどうかを調べる実験に着手した。ストーリーを聴く前後に被験者の血液を採取し、さまざまな実験を行ったのだ。実験に使ったストーリーは、細部や緊張感の面でバラエティに富んでいた。それぞれの実験の目的や焦点は異なっていたものの、そこから浮かび上がってきたものは一貫していた。

被験者の1グループは、ベンという男の子が遊んでいるビデオを見せられた。ベンの父親がカメラに向かって、いま2歳になるベンは脳腫瘍で余命幾ばくもないことを告げる。父親は、息子と一緒に楽しいひとときを過ごしたいと思う一方で、息子がまもなく死ぬことに苦悩していると語る。被験者はそれを見ながら、男の子と父親への共感を高めていく。彼らのオキシトシン量は跳ね上がり、ストーリーの最後まで高い注目度が保たれた。被験者の多くが、小児癌のチャリティに収入の一部をみずから寄付するまでに至っている。

別の被験者グループは、ベンと父親のまた違うビデオを見せられた。こちらのビデオでは、ベンが癌でまもなく亡くなることは触れられていない。父親はベンのことを「奇跡の少年」と呼んでいる。2人は動物園で1日を過ごし、ぶらぶらと動物を見て回る。わざと起伏のない筋書きにしているため、なぜこの父子を見せられているのか、被験者にはその意図がよくわからない。こちらを視聴した被験者は、登場人物に共感することなく、途中から注意散漫になった。彼らの興味を引き留めておくような緊張も感情もなかったからだ。結果、彼らのオキシトシン量が上昇することもなく、チャリティへの寄付もなかった。

20年におよぶ研究ののち、ザック博士と彼の研究チームは、個人の脳反応を測定することで行動を予測する方法を解明した。彼らは「イマージョン」と呼ばれるソフトウエアを開発し、ストーリーに対する神経学的な没入度を、血液を採取することなく、誰でもリアルタイムで測定できるようにしたのだ。イマージョン・ソフトは、ドーパミンによって注目反応を、オキシトシンの放出によって感情的なつながりを感知することができる。スマートウォッチもしくはフィットネス・トラッカーから引き出されたデータにアルゴリズムを適用することで、ストーリー、情報、さらには音楽に対して、脳の没入度すなわち引き込まれ度を秒単位で測定するのだ。心臓が鼓動を打つたびにその微妙な変化を捉え、脳内活動を推察する。聴衆が強く引き込まれた箇所がどこなのか、その瞬間を特定できる。その測定により、聴衆の行動反応を正確に予測することができるようになった。

イマージョン・ソフトは、CM、映画の予告編、マーケティング資料、コミュニケーション、トレーニング、スピーチ、顧客満足体験等において、聴衆の没入度を測定するのに利用されてきた——そしてもちろん、ストーリーにも。相手の反応が、80%以上の割合で正確に予測できるのだ。これはつまり、1つの

ＣＭが期待通りの売上につながるかどうか――あるいはつながらないかどうか――をあらかじめ試せるということだ。ザック博士の研究チームが、バドワイザーの「子犬の愛」ＣＭをはじめて見るボランティアに独自の実験を行ったところ、まさしく売上につながらないという結果が出た。

被験者の腕にウエアラブル・デバイスを取りつけて測定したのだが、皆、「子犬の愛」ＣＭが気に入ったといいながらも、測定値から、彼らの脳が魅了されていなかったことが判明したのである（Zak 2015）。ザック博士の研究チームが、その日、スーパーボウル中継で流れたあらゆるＣＭを被験者で試してみたところ、「子犬の愛」ＣＭは製品の売上に変化をもたらす可能性が最下位にランクづけされることになった。あのストーリーは、あまりに先が読みやすかった。おかげで被験者の脳は、怠けモードに入ってしまったというわけだ。ザック博士と彼の研究チームは、あのＣＭは効果的ではなく、バドワイザー社が実際にキャンペーンを取りやめる前から、売上にはつながらないだろうと予測していたのである。

イマージョン・ソフトを使えば、わたしたちが感じていると思うものと、わたしたちがリアルタイムで経験していることのズレが明らかになる。オキシトシンが放出されるのは刺激への反応に限られるので、それを偽ることはできない。人の行動を予測できるだけでなく、何かの広告が人を強く惹きつけるか、あるいは完全な失敗に終わるかを、マーケティング担当者のために明らかにしてくれるのだ。つまりストーリーテリングの技を科学的な視点で見るということであり、脳が何にいちばん価値を置いているのかを示してくれる技術なのである。

わたしもＴＥＤトークでのスピーチを、イマージョン・ソフトで実験してみた。わたし自身は、ストーリーの冒頭と最後の箇所で、没入度とオキシトシンの放出量がもっとも高まるだろうと予測していた。ところが実際は、まるで違う結果が出た。視聴者の没入度が高い位置をキープしたのは、脳に損傷のある人が意思決定できないことを発見したアントニオ・ダマシオの研究について語った箇所だった。そのときわたしは、神経科学をストーリー仕立てにして説明していた。ストーリーと意外な要素、そして意思決定の問題を組み合わせたことが、没入度を押し上げる結果となったのだ。それが目新しく、意外な情報であるがゆえに、聴衆の脳が仮定のスピードを落としたのである。

ストーリーを語るだけでは十分ではない。脳の注目と没入度が最大限になるようにストーリーを組み立てることが、聴衆がストーリーを経験し、望みの結果を達成する可能性に直接的な影響を与えるのだ。聴衆に、知り、考え、行い、感じてもらいたいことを達成するためには、感情に訴えるストーリーを語らなければならない。神経科学の研究により、ストーリーを語ることと、優れたストーリーを語ることは違うという点が、実証されたのである。

優れたストーリーの要素とは？

優れたストーリーには3つの要素がある。登場人物、葛藤、そしてつながりだ。また、最終的に聴衆に1つの結果をもたらさなければならない――そのストーリーを聴いたことにより、何かを知り、感じ、考え、あるいは行動させることである。優れたストーリーの中には、意図して没入度を高めるための脳の5つの初期設定のコンセプトが適用されている。

登場人物

登場人物には2つのことが必要だ――聴衆が親近感を抱けることと、葛藤を抱えていること。聴衆は登場人物の人となりをつかみ、その人がなぜそのような行動を取るのか、その理由を知りたがる。たとえその人物を好きになれなくても、そしてその行動に賛成できなくても。わたしたちは、人の過ちや失敗から多くのことを学ぶ。ヒーローは必要ないが、聴衆が理解できるような登場人物は、ぜひとも必要だ。

優れたストーリーテラーは、ストーリーの「真実」、すなわちそのストーリーで何を語りたいのか、その本質を描写する。たとえば彼らは、こんな疑問に答えてくれる。**聴衆はこのストーリーとどうつながるのか？　聴衆の知識に対して、現実味や真実味が感じられる出来事や行動はふくまれているだろうか？**　登場人物の行動を通じて、その真実が描き出されるのだ。

登場人物には、ストーリーを前進させる役割もある。他者もしくは自分との葛藤を通じて、ストーリーを前進させることが多い。それが緊張と、解決すべき課題を生み出すことになる。登場人物がストーリーを通じて学び、成長し、変化していくさまを描くこと。登場人物の決断もふくめ、彼らが重視するものを示すのだ。具体的な細部、メタファー、事例を用いて、彼らの行動に聴衆との関連性を持たせる。ストーリーを作りあげていくなかで、登場人物が聴衆に「内集団」の一員と感じさせるのか、「外集団」の一員と感じさせるのかを決めておこう。

葛藤

あらゆるストーリーの中心には、何かが起きて、それがすべてを変えるという要素がある。その葛藤がストーリーの核となる。それがエネルギー源となり、それを取り巻くようにストーリーが構築される。葛藤がなければ、ストーリーもない。

葛藤には本来、緊張が備わっているものだ。意外性で仮定をスローダウンさせ、脳がカロリーを消費せずにいられなくなるよう、葛藤を組み立てていこう。驚くような展開、細部、結果、さらには意外なメタファーをストーリーに盛り込めば、それが可能となる。

登場人物は、自分自身もしくは人とのあいだに葛藤を抱えていることが多い。何が課題で、何を解決すべきかを描写すること。葛藤の前後で、登場人物を変化させる。登場人物の行動が聴衆をよろこばせるのか、逆に落ち着かなくさせるのかを考える——たとえばエレベーター・シャフトにスマートフォンを落とすとか。

つながり

優れたストーリーは、意図的に聴衆の五感を引き込むようにできている。聴衆は、登場人物と同じものを見て、聴いて、感じて、匂って、味わって、経験しなければならない。具体的な細部をふくめ、聴衆の既知の知識にアンカーを下ろし、それを思い起こさせるように持って行く。登場人物と彼らが直面する苦境、そして選択を描写するなかで、共感と好奇心を生もう。聴衆の感情に訴えかけ、意思決定と最終的な目標の達成に手を貸すのだ。悲しみ、幸福、恐怖、怒り、驚き、そして嫌悪感を、聴衆に抱かせてほしい。

最終目標

どのストーリーにも、もっとも望ましい結果というものがある。それは新しいアイデアの場合もあれば、感覚、あるいは意識の高まりの場合もある。聴いたあとで、何らかの行動を起こしてほしい、あるいは何らかの意思決定を行ってほしい。ＣＭなら、製品もしくはサービスを購入するよう促したい。映画の予告編なら、その映画を観ることを選択してもらいたい。チャリティなら、意識の高まり、積極的な行動、そして寄付を求める。優れたストーリーは、登場人物、つながり、そして葛藤を通じて、聴衆から望みの結果を引き出すことを目指して作られている。

ストーリーテリングの科学を知ると、ストーリーを作るとき、どうしたら脳を引き込めるのかがわかってくる。それぞれのストーリーに脳の５つの初期設定をうまく活用すれば、望みの結果と聴衆をつなげ、ストーリーテリングの技を効率的に活かすことができるようになる。ここまで、わたしのストーリーテリング・メソッドを使う理由を理解してもらうために書いてきた。ここからは、これまで述べてきたこと１つひとつを実践する方法を学ぼう。

優れたストーリーは、最初から完成品として誕生するわけではない。ひとかけらのアイデアからはじまり、それが創作と洗練をくり返すことで発展していくのだ。アイデアのツールキットを作れば、ストーリーを語る必要に迫られるずっと前から、リストを用意しておくことができる。次章では、その方法を伝授しよう。

まとめ

望みの結果を引き出す

（巻末のチェックリストも参照のこと）

- ストーリーをどう語るかで、その経験と没入度に違いが生まれる。
- ストーリーは共感と信頼を築きあげる。ストーリーを聴いているうちに人は共感を高め、それがオキシトシンの急上昇につながる。オキシトシンが放出されればされるほど、ストーリーテラーに対する聴衆の信頼度が高まっていく。

- 人の行動を変えるのは、データではなく感情だ。
- 五感による経験には、感情のスタンプが押されている。その経験は、似たような状況における未来の予測のために呼び起こされる。
- ほとんどの意思決定は、無意識のうちに行われている。意思決定を意識した時点で、人はそこに論理を当てはめ、自分が理性に基づく決断をしたと思い込む。
- 緊張を高めることも、解くこともなく、盛り上がりに欠け、もしくは先が簡単に読めてしまうストーリーは、聴衆の心を強く引き込むことができない。
- 優れたストーリーには以下のことがふくまれる。
  - 親近感のある**登場人物**。その人物に賛成できずとも、あるいは好意を抱けずとも、その行動が理解できる。
  - **葛藤**、緊張、そして問題意識の高まりと解消。
  - もっとも望ましい結果が達成されるという、**最終目標**。
  - 五感と感情を引き込むことで、聴衆を没頭させる（**つながり**）。
  - すでにある知識にアンカーを下ろすことで理解を生む。メタファーによってそれが行われることが多い。
  - 意外性に満ちた展開、細部、そして結果。
  - 聴衆に、内集団もしくは外集団の一員だと感じさせる。

ポール・ザック博士

神経科学者、イマージョン・ニューロサイエンス創設者、クレアモント大学院大学教授

ストーリーテリングのプロセスとして、何からはじめるのがよいですか？

まずは大見出しを決めることですね。人がこのストーリーに関心を持ち、わたしのために時間を割いてくれる理由は？　聴き手は、あなたが作りあげたものに耳を傾けるかもしれないし、目を通すかもしれないし、はたまた猫の動画をながめるかもしれない。そこにどんな価値を加え、どうやって聴き手の注意を引きつけておくか、どうやって彼らの時間に見合ったものにできるのか、ということです。

わたしは書くことで、作品の核となるアイデアを把握します。手に取って、切り刻んで、磨いて、美しく仕上げるんです。そこから、ちょっとした宝石が顔をのぞかせます。わたしとしては、読み続けてもらえるよう読者を口説く必要があるので、一風変わった句読法、サインとシンボル、そしてキーワードを用います。そうすることで、相手の脳に特定のイメージを生み出すことができるんです。

たとえばわたしは、「サイコロジー・トゥデイ」というブログを書いていたんですが、そこに、「ちょろまかす方法」というタイトルで、かつて働いていたガソリンスタンドのレジからお金をくすねる方法を投稿したんです。「オレってすごいだろ」的な投稿ではないですよ。「自分はバカな子どもだった。この経験に神経科学を適用してみよう」、という謙虚な投稿です。自分の弱みをさらけ出したその投稿は、25万回も閲覧されました。

どのタイミングでストーリーをテストしますか？

わたしは（先述の）イマージョン・ソフトを使え

る立場にあるので、第3稿を仕上げたあたりで、5分間の録音記録を作成します。それを1人のパネリストに聴いてもらって、イマージョン・ソフトで脳の反応を測定します。そうすれば、録音の正確な位置の計測値が手に入ります。パネリストになるのはたいていが心やさしい人なので、尋ねてもこちらに気を遣ってたいして有用な意見を返してくれないのです。その点、このソフトは役立ちます。

編集するときに考慮に入れる点は？

以前、ある編集者からこういわれたことがあります――「読者が知る必要のあることを書かなくてはだめだ。きみが書く必要があることではなくて」。作り手がいくらそのストーリーを愛していても、読者にはその愛が理解できず、失敗に終わることがあります。

わたしは編集作業に大きな信頼を置いています。見直し作業は、世の中に美を生み出す機会なんです。作品を引っ張り出し、その大部分を切り捨てることもあれば、一からやり直すこともあります。脇に置いて、ひと晩寝かせて、もう一度見直してみることも。

読者のためにも、可能な限り価値を高めたいと考えています。これを600ワードもしくは800ワードに短縮して、心から感動できるようなものに仕上げられないだろうか？　あらゆることの説明が行き届いているだろうか？　専門用語はないだろうか？　つねに磨き上げの作業です。記事を書くときは、草稿を70本書くこともざらにあります。

自分の内なる感覚を探るんです。智の女神が語りかけているかのように。自分で驚くこともあります。「よく自分でこんなことを考えついたな。でも、いいじゃないか！」というぐあいに。変に思われるかもしれませんが、そんなときは最高の気分になります！

実践している習慣があったら教えてください。

執筆のための時間を確保するようにしています。それに、ウォーキングをするときは音楽も読書も抜きの方がいいという信念の持ち主です。歩くという動作には、周囲で起きていることに目を向けさせる機能があるんです。それから、信頼できる人にアイデアを聞いてもらうようにしています。同じまちがいをくり返さないためにも、フィードバックを求めるのは大切ですね。

人間は、自分自身に対する内なる抵抗と批判をたくさん抱えているものです。自分はいい書き手ではない、とね。でも回数を重ねれば重ねるほど、うまくできるようになります。ですから内なる批判の声など封じて、楽しみましょう!

PART 2

文脈——ストーリーのアイデアを見つける

The Context
Finding Ideas for Stories

4 アイデアを無限に集めるツールキットを作る

バネッサは、小規模な多国籍テクノロジー企業のCEOだ。世界中で事業を展開しながらも、オフィス中心主義の文化を維持する企業だった。かつては全員がオフィスで働き、協力し合い、つながっていた。しかしそれも、新型コロナウイルスが世を席巻するまでのことで、それを機に会社はただちにリモートワークに方向転換せざるをえなくなった。

最初の数週間、バネッサはロジスティクスに関して、そして必要な場合に社員が助けを求める方法について、メッセージを送っていた。しかし3週目に入るころには、ロジスティクスを超えたところで社員と有意義につながる必要があることに気づくようになった。社員は、自分の家族や愛する人たちの健康を気にかけていた。その多くは、自宅で学校の授業を受ける子どもたちを手伝っていた。世の中の先行きが見えないなか、社員は自分たちの仕事や会社の生き残りを案じるようになっていたのだ。

バネッサは、ストーリーテリングが社員とつながるのに打ってつけの方法であることを心得ていた。問題は、ストーリーを語るなら、4つのタイプを語れるようになる必要があることだった。社員に聴かせる必要があるのは、会社の創業話や成功談ではなかった。彼らには、信頼、立ち直り、希望、そして困難克服のストーリーを聴かせる必要があったのだ。しかしバネッサは、そうしたストーリーについて考えたこともなければ、作ったこともなかった。そのときになって、毎週社員に送るメッセージに利用できる大量のストーリー案が必要であることに気づいたのである。

バネッサからはじめて助けを求められたとき、わたしは彼女と一緒に社員のさまざまな苦境についてじっくり話し合うことにした。こちらからの質問に答えてもらうことで、彼女に具体的なアイデアを考えてもらおうとしたのだ。最初、彼女の口からなかなかアイデアは出てこなかった。ところがいったん出はじめると、次から次へと飛び出すようになった。彼女が話す内容を、わたしがPCに入力していった。数分もしないうちに、彼女はブレーンストーミングによって25種類ものアイデアを叩き出していた。なかには個人的なストーリーもあった。顧客との交流の中で得た経験談も。彼女が最近入手した記事やポッドキャストから得たアイデアも。

バネッサは、自分は散歩しているときがいちばん頭が冴えるという。そこでわたしたちは、ストーリー案のリストにスマートフォンからアクセスできるよう、アプリにダウンロードすることにした。これなら、何か新しいアイデアを思いつくたび、それを手軽に加えて1箇所に保存しておくことができる。それが彼女のツールキットとなった。彼女はそのリストにざっと目を通しては、その週のメッセージで取りあげるテーマにぴったりのアイデアをそこから選ぶようになった。

半年にわたり、バネッサは社員にストーリーつきのメールを毎週送り続けた。メールを読んでもらえる割合が60％も増え、やりとりは78％も増加した。社員はそのストーリーについてチームで話し合い、自分たちのストーリーを添えて彼女に直接返事を送るようになった。この会社のオフィス中心主義文化は、たとえバーチャルな手段であっても、ストーリーを通じてつながりを保てることを証明してくれた。会社は2桁の成長を維持し、社員たちは毎週送られてくるストーリーを楽しみにするようになった。

毎金曜日、バネッサは10分かけてストーリーのためのアイデアを考えることを習慣にした。やがて彼女のツールキットには、50以上のアイデアが集まるまでになった。もはや、アイデアを見つけるために四苦八苦することもない。ツールキットを使う必要すらないことも多くなった。社員とやりとりするなかで、ストーリーのテーマと、焦点を定めるべき結果が見えてくるようになり、アイデアがその場で浮かんでくるようになったのだ。

アイデアの集め方・見つけ方

こんなふうに思ったことは？　ストーリーのためのアイデアなんて、どこで見つけたらいいの？　アイデアがあっという間に枯渇してしまいそうで、怖い。確かにそう思うと、萎縮してしまうかもしれない。でもそんなふうに考えれば考えるほどアイデアが浮かびにくくなり、結局ストーリーを語ること自体を早々にあきらめてしまうことになりかねない。肝心なのは、ストーリーのアイデアを見つけることではない。それなりの考え方と習慣を身につけ、アイデアの無限リストを作成することだ。アイデア集めは、つねに継続すべきプロセスである――ストーリーを語る必要に迫られ

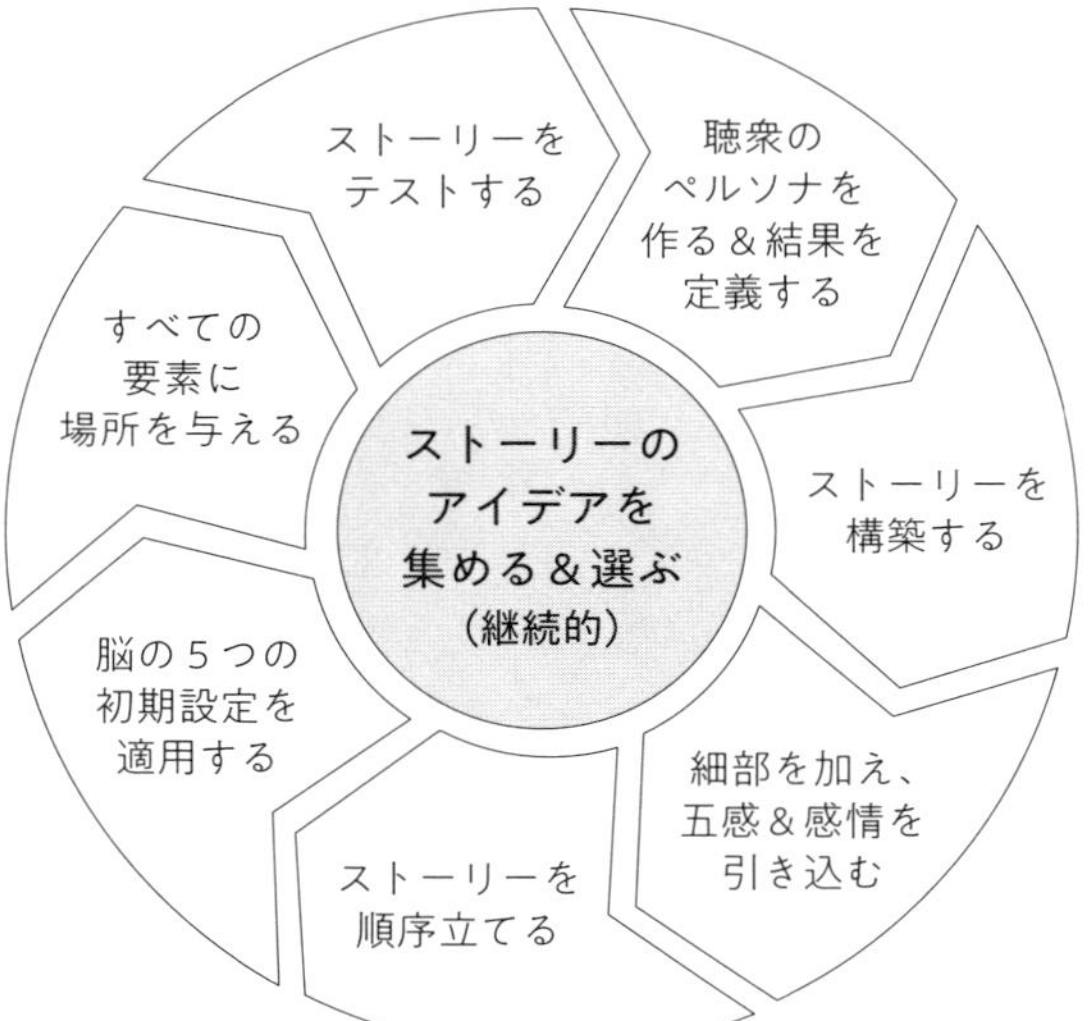

る前に、習慣にしてしまえばいい。手はじめに、アイデア発見のための心構えを明らかにしておこう。

いちばんのアイデアはどうやって見つける？

わたしはストーリーテラーに会うと、よくこう尋ねている。「ストーリーのいちばんのアイデアはどうやって見つけていますか？」それぞれが、自分にとっていちばん効果的な方法について検証を重ねているようだ。散歩する、雑誌記事を読む、ポッドキャストを聴く、人と会話する、写真を見る、インターネットで検索する、個人的もしくは仕事上の経験について考える──これらは、彼らが探究したほんの数例にすぎない。

クリス・ブローガンは企業の戦略アドバイザーであり、演説家でもある。彼の場合、1日中、動き回っているなかで、心を引かれたものごとを頭の中にメモしておくのだという──たとえば、会議や人との交流の場で起きた愉快な出来事とか。いつでもストーリーに盛り込めるよう、気になったものをいちいち集めているのだ。

作家のケイトリン・ウィーバーは、日々の特定の瞬間に注目するという。たとえば子どもたちとの心温まるやりとりとか、肩にのしかかる問題とか。彼女はそうした瞬間についてじっくり考え、それがなぜ自分の頭にこびりついて離れないのか、書くことで理解しようとする。

データを主体にしたストーリーなんてありえないと思うかもしれないが、宣伝担当幹部のコルビー・ウェブにしてみれば、ありえるのだ。彼女は、消費者と企業と文化について、聴衆、製品、行動パターンに特化したデータを分析している。そのデータに基づいた洞察を大いに活用し、個々の消費者にパーソナライズした有意義なマーケティングやストーリーを生み出しているという。

アイデア探しのアプローチと心構えは、人それぞれだ。自分にとって、いちばんアイデアを思いつきやすい方法を見つけて、自分なりのアプローチを決めてほしい。過去にひらめきを感じたのは、どんなとき？　そのときのあなたの考え方は？　過去の最高のアイデアはどこで見つかった？　自分にぴったりだと思う方法が、あなたの方法だ。自分なりのアプローチを見つけて、利用してほしい。

創作と同時に編集はできない

ストーリーテリングには2つの段階がある――創作と編集だ。創作は外に広げる作業。意見も批判もせず、1つのアイデアの上に別のアイデアを重ねていく作業だ。編集は逆に引き締め、分析し、洗練させる作業。ストーリーや意図したアイデアに貢献するものが何かあるかどうか、問う作業である。どちらもストーリーテリングで重要な役割を担っている。ただし、同時に行うことはできない。

リラックスして心を解き放てば、脳の活動と創造力が活発になることが神経科学研究によって立証されている（Raichle and Mintun 2006）。逆にプレッシャーとストレスが増すと、コルチゾールとアドレナリンの放出が増加し、焦点が狭められてしまう。そうなると、クリエイティブなアイデアを生み出すのがますますむずかしくなっていく。

ストーリーのアイデアを考えるのに最適なタイミングは、その必要に迫られていないときだ。何か興味を引かれるものがないか、定期的にアイデアを――アイデアのかけらでもいいから――集めるようにしよう。ただしアイデアを思いついたとき、こんなふうに疑問を投げかけることでそれを編集してしまわないように気をつけよう――**このストーリー、聴衆にどう語ろうか？**　とりあえずゴールは考えずに、アイデアを生み出していくことだ。優れたストーリーテラーは、ストーリーを語るときが来るまでアイデア探しを待ったりしない。彼らは絶えずひらめきを集め、ストーリーを語るときが来たら、それを見直しているのである。

アイデア探しは継続的に行うこと。それをどう使おうかとか、いつ使おうかということは、とりあえず考えない。とにかく心が魅了されたものごとに、ひたすら注目してほしい。そうすれば、やがてあなたのツールキットに無限のアイデアが集まっているはずだ。

はじめから完成されたストーリーは必要ない、必要なのはアイデアだけ

即興コメディアンは、完成された台本など用意しない。彼らは他者と持ちつ持たれつしながら、アイデアを組み立てていく。たとえば15分間という枠組みの中でコメディアンが披露するのは、日々のちょっとした思いつきだ――あらかじめできあがった語りではない。同じ原理が、ストーリーテリングにも適用される。探すべきは、すっかりできあがったストーリーではない。アイデア、ピース、場面、細部、かけら、メタファー……あるいは写真でもいい、あとで組み合わせて具体的なストーリーに仕立てあげられそうなものを探すことに意識を集中しよう。

世の中で何か気になるものがあったら、そこに注目してほしい。わたしの場合、何かが頭にしつこくつきまとって離れなくなるときが、アイデアと遭遇したときだ。それをどうやって、いつ使うのかはともかく、そんな気分になったときは、アイデアを得たことがわかる。気になったものに心を留め、それをリストに加えよう。エネルギー、興奮、魅力を感じられるアイデアならば、ストーリーに生かせるはずだ。

アイデアの記録先は？

ストーリーのアイデアを記録する場所を確保しておこう。インスピレーションというのは思わぬ瞬間にひらめくものだ。そんなときは、そのアイデアを保管しておく場所が必要になる。覚えておけばいい、というのは甘い考えだ。わたしはそれで痛い目に遭っている。わたしの場合、最高のアイデアが浮かぶのは、散歩しているときか、ハイキングしているときだ。かつては、散歩を終えるまでこのアイデアを覚えておける、と傲慢にも考えていた。ところがPCの前に戻ったとき、頭の中は空っぽになっていた。

そこでわたしは、小さなノートとペンを持ち歩き、アイデアを記録しておくことにした。やがてノートがオンライン・ドキュメントになり、そのあとはアプリになった。おかげで、どのデバイスからでも、どこからでも、リストにアクセスできるようになった。わたしはそのリストを、マスター・リストとして定期的に表計算ソフトのスプレッドシートに移し、そこで分類、整理し、使用済みのものには印をつけることにしている。アイデアを記録する場所をきちんと決めておけば、さらなるアイデアを生む助けにもなる。

ノートでも、アプリでも、スプレッドシート・ファイルでもかまわない。視覚的な思考を好む人なら、考えを引き出すために写真を集めるのもいいだろう。紙の切り抜きと付箋がいちばんという人もいるかもしれない。一覧表を作って、それを定期的に更新する人もいるだろう。とにかく、アイデアを記録する中心的な場所を1つ決めておくことだ。ストーリーのアイデアを選ぶときがきたら、そこに戻ればいい。目標は、さらなるアイデアを思いつくために、心を解き放てるようなシステムをつくること。そのアイデアを思い出すためや、その記録場所を思い出すことにエネルギーを費やすような事態は避けよう。

完成されたストーリーを集めよう、なんて考える必要はない。アイデアのかけら、もしくは魅力的だと思うものを集めておけばいい。わたしは最近、エアバッグのデザインはもともと折り紙から来ているという記事に興味を覚えた。老人ホームに設置されたディスコのミラーボールにも。どちらのアイデアも、リストにつけ加えておいた。それをどうやって、いつ使うのかはわからないが、どちらも心が惹きつけられるアイデアであることだけは確かだ。

そのアイデアのどこに心が躍ったのかについても、簡単なメモを残しておくといいだろう。そうすれば、あとでそれをリストに入れた意味を思い出せる。テーマごとに分類する人もいる。ストーリーのアイデアを探すとき、トピックによってフィルターをかけられるからだ。何であれ、あなたにとっていちばん効果的だと思えるシステムにしてほしい。

ストーリーは制約から生まれる

優れたストーリーテラーといえども、完璧に仕上げたストーリーをつねに用意しているわけではない。彼らは、アイデアというのが魔法のように現れ出るものではないことを心得ている。だからストーリーを必要とする遥か前から、継続的にアイデアを収集し、ツールキットに加える習慣をつけている。

制約は制限するものではなく、焦点を与えてくれるもの。

創造力の源は2つある──考え方と焦点だ。創造力とは、大きな網を投ずることではない。特定のトピックを深掘りすることだ。特定の文脈に制約を加えれば、最高のアイデアを見つけることができる。制約は制限するものではなく、焦点を与えてくれるものなのだ。

就職面接試験でいちばん恐れられている質問は、これ。「あなたのことを話してください」──あまりにも広範囲で、漠然としている。どこからはじめたらいいのかわからない。「前の仕事で気に入っていたことは？」とか、「自慢できるプロジェクトについて教えてください」という質問なら、話すべきことはたっぷりあるというのに。ストーリーテリングも同じだ。制約をつけないと、脳はどのファイルにアクセスしてアイデアを持ってきたらいいのか、わからなくなってしまう。そして不安になるほど長い時間、頭が真っ白の状態が続くのだ。しかし具体的な質問を投げかければ、脳は即座に焦点を定め、記憶とアイデアにアクセスしてくれる。

たとえばわたしがこう尋ねたらどうだろう。「あなたの子ども時代の話を聴かせて」それに対してあなたは、育った街のことや、かつて住んだ家のことや、ともに育ったきょうだいや親戚のことを話してくれるかもしれない。いずれにしても、当たり障りのない返答になるはずだ。というのも、子ども時代というのは、語りきれないほどのストーリーと経験が詰まっているから。あまりに漠然とした質問であるがゆえに、そうした思い出に気持ちを入れ込むことができないのだ。

では、質問を変えてみよう。「故郷を思い出すような音や匂いは？」これなら、多くのストーリーを想起できるはずだ。3代にわたって一族に受け継がれてきた、いつも7分遅れる祖父の時計のベルの音の話。あるいは、家族の誕生日にはウォルナッツとチョコレート・アイシングがかかった2層のサワードウ・チョコレートケーキが必ず焼かれ、それには愛情がたっぷり込められていたという話。

「大笑いした思い出は？」と訊かれれば、わたしはこう答える。赤ワインの香りをかぐと、母がワインボトルの栓を抜こうとしてコルクが割れてしまったときのことを思い出す。2人で2分ほどボトル相手に格闘したあと、しかたなくコルクの残りを中に押しこむことにした。するとワインが勢いよく噴き出し、あたり一面に飛び散った。天井を覆った紫色のしぶきは、まるでジャクソン・ポロックの絵のようだった。

わたしと母はびしょ濡れになりながら、腹を抱えて笑ったのだった。

アイデアは、何か具体的な疑問と細部を深掘りすることで生まれる。制約をかければかけるほど、ストーリーのアイデアがぽんぽん飛び出すようになり、リストが長くなっていく。

自分なりのツールキットを作る

テレビ作家の部屋は、人気テレビ番組のストーリーとキャラクター・アーク（キャラクターの内面的変化）が生まれる場所だ。壁いっぱいにメモ書きやら脈絡のないフレーズやらが貼りつけられている。その1つひとつが、アイデアだ——キャラクターもしくはストーリーラインのための経験、感情、出来事。それぞれのアイデアは孤立しており、キャラクターもしくはストーリーに盛り込まれるのをひたすら待っている。

作家たちは、さまざまなエピソード展開について話し合うとき、それらのアイデアを見直し、ストーリーラインに盛り込むべきものがあるかどうかを検討する。即座に盛り込まれるアイデアもある。そうかと思えば、全シリーズを通して不適合なアイデアの島に取り残され、最後まで住処を与えられないものもある。これは、テレビ作家のツールキットの肝心要の部分だ。シーズンのスタート地点を設置してくれるアイデアなのだから。

あなたも、ストーリーのアイデアを集めた自分なりのツールキットを作ってみよう。ストーリーを語るたび、真っ先にそこを参照して、アイデアとインスピレーションを見つけるのだ。ストーリーを語る必要に迫られる前に作っておくようにしよう。特定のストーリーの締め切りが迫っていないときの方が、アイデアのブレーンストーミングが容易になる。さまざまなきっかけを利用して、考えを引き出そう。気になる質問に答えてみたり、それらを利用してアイデアを引き出してみたり。そうすることで焦点が狭められ、アイデアの量と深みが増していくはずだ。

はじめてツールキットを作るとき、いちばん効果的なのは、いつもとは違う椅子や違う場所にすわってみることだ。すると、なぜか創造力が刺激される。最初のリスト作りには、少なくとも20分は取ってほしい。アイデアを形にするのは大変かもしれないが、いったん生まれはじめると、その数もスピードも、どんどん増していくものである。この段階では、アイデアをどう使おうかとか、そもそも使うだろうか、という点は気にしなくていい。言葉、文章、フレーズを集め、あとで見直したときにちゃんと理解できるだけの情報をつけ加えておけばＯＫだ。

次に挙げる質問が、思考を刺激するきっかけになる。すべての質問にピンとくるとは限らない。有意義だと思ったもの、アイデアをひらめかせると感じられるものに、意識を集中させてほしい。そこから二次的に浮かび上がってくるアイデアも記録しておこう。

個人的な経験から探す

あなた個人の生活には、１つのストーリーに仕立てあげられるほど豊かな時間や教訓があふれているはずだ。個人的な経験といっても、プライベートな時間や過剰な暴露を意味するわけではない。あなたなりの視点をふくめる、という意味だ。あなた自身の経験から、具体的な場面、アイデア、認識を引っ張り出してみよう。

- 人生における決定的な出来事は？
- そのときは愉快に思えなくとも、いまとなれば笑い飛ばせる状況は？
- 可能だとしたら、過去のどんな行動を変えたいと思う？
- 休暇中の冒険から学んだことは？
- 子どものころに飼っていたペットは？
- あなたの隠れた才能は？
- いちばん好きだった先生は？
- はじめて行ったコンサートは？　はじめての車は？　はじめてのデートは？
- 車を壊してしまったことは？　そこから学んだことは？
- 自宅が火事になったら、何を持ち出す？
- いままで受けた中で、最高のアドバイスは？
- あなたが習得したスキルもしくは才能は？
- あなたの家にはどんな伝統があった？
- 捨てるべきなのに捨てられずにいるものは？
- 友人もしくは家族に次の質問をしてみよう。

□わたしのいちばん好きなところは？
□わたしはどんな子どもだった？
□わたしはどんな仕事に就くと思っていた？

仕事上の経験から探す

あなたの仕事生活の中で、鍵となるのはどんな場面だろうか？　あなたのキャリアには、ストーリーにできる豊かな洞察が存在するはずだ――はじめての経験、学んだ教訓、そして成し遂げた業績など。わたし自身、自分のキャリアに焦点を定めれば、気づいたことや学んだことを伝えるストーリーには事欠かない。次のリストを取っかかりにして、キャリアの中にストーリーのアイデアを探してみよう。質問に答えていくうちに浮かび上がってくる他のアイデアについても、記録しておくように。プロジェクトやコーチングの際の会話、あるいはミスを犯したとき、といった具体的な場面には、ストーリーのアイデアがふんだんに転がっているはずだ。

- はじめての仕事は？
- 教訓を学んだミスや失敗は？
- これまで経験した中で、手こずらされたチーム、もしくはプロジェクトは？
- 何かを失うかもしれないと恐ろしくなったのは、どんな変化があったとき？　逆に何かを手に入れられるかもしれないと感じたときは？
- これまでに出会った最高のリーダー、もしくは最低のリーダーは？
- **これがあるから、この仕事にやりがいを感じる！**と思う場面は？
- 自分のしていることが理解できないと思ったことは？
- 何かをやり直したいと思ったことは？
- 若いころの自分に会えたら、何を話す？

● あなたがいちばん誇れることは？
● いままで受けた中で、最高のアドバイスは？

顧客、依頼人、ステークホルダーに目を向ける

ヘンリーは、あるブランドとウェブデザイン会社のオーナーだ。彼は、起業家のほとんどが自社製品やサービスの説得力ある売り込みに苦労していることに気づいた。そこで、起業家のために新たなウェブサイトを立ち上げる前に、彼らに自社ブランドと理想的な顧客について定義してもらう作業プロセスを開発した。

ヘンリーは、彼の「看板プロセス」をスタートさせるに当たり、ストーリーを取り入れることを計画し、わたしに助けを求めてきた。わたしは彼の顧客がどんな問題を口にしているのか、尋ねてみた。ヘンリーによれば、彼らはもう無名の存在でいるのにはうんざりだ、といらだちを募らせているという。その多くが、確度の高いリード顧客を獲得し、着実な収益につなげたいと強く願っていた。つまりヘンリーの顧客が求めていたのはウェブサイトではなく、ビジネスの目標を達成するための手助けだった。

そこでわたしたちは、同じような苦境に立たされたさまざまな顧客のストーリーを作りあげた。ヘンリーの看板プロセスが各ビジネスをレベルアップさせた点も、その中に盛り込まれている。未来の顧客たちは、そのストーリーの中に自身と同じ問題を見つけ、ヘンリーに「まるで自分のことが語られているような気分だった」と話したという。

顧客、依頼人、そしてステークホルダーに目を向け、そこにストーリーのアイデアを探してみよう。交流、苦境、評価、そして疑問それぞれが、ストーリーになる可能性がある。あなたの顧客もしくはステー

クホルダーが経験したことなら、他の人たちも経験しているはずだ。彼らは、いらだち、希望、夢、そして恐怖が描かれたストーリーに自身の姿を重ね、自分に直接語りかけられているように感じることだろう。

- 顧客が直面している問題は？　彼らはどんな不満を口にしているか？
- 顧客が将来的に目指しているもの、やりたがっていること、手に入れたがっているものは？
- 顧客のためにあなたが解決した難問は？
- 顧客は、あなたの製品もしくは解決法のどこが気に入っているのか？　その理由は？
- 顧客はあなたのことを、どう思っているのか？
- オンラインで検索したら、顧客のどんな課題が見つかるだろう？
- あなたの製品もしくは解決法が進化したことで、何を学んだのか？
- あなたの顧客が知るべき7つの原則、もしくはアイデアは？
- あなたが特定の製品あるいはサービスを売り出した理由は？

「女神」を見つける

サリーはわたしの女神の1人だ。フォーチュン500企業の人事部長として、わたしの顧客の多くを具現化した存在だといえる。行き詰まったときや、アイデアを手に入れたいとき、わたしは彼女に電話することにしている。彼女がリーダーとして直面してきた苦境や挫折を尋ねるためだ。彼女がそれまで取り組んできた課題に耳を傾けるうち、ストーリーのアイデアが次々と浮かんでくる。サリーがリーダーとしてそうしたことに直面したのであれば、他の人たちも直面するはずだ。わたしは通常、わたしの聴衆を代表するような女神を、いつも5人キープしておくことにしている。女神は、聴衆が直面する苦境をあなたに実感させてくれることもあれば、あなたの創作プロセスを刺激してくれることもある。

- あなたの理想的な顧客となるための条件は？
- 彼らが取り組みに苦労する課題は？
- あなたは彼らをどう支援してきた？　その過程において、彼らが気づいたことは？
- 彼らが成功した分野は？
- 彼らにとって簡単なことは？
- 成長のために彼らが目を向けている場所は？
- 彼らが強く抱く願望は？

世の中で注意を引かれたもの

いいアイデアは、世の中を動き回っているときに遭遇することもある。興味を引かれたこと、胸をときめかせたこと、あるいは考えさせられたことがあれば、メモしておこう。どうしてそういう気持ちになったのか、理由がはっきりしなくてもかまわない。マリアがスマートフォンをエレベーターの下に落とした日、わたしにはそれが興味深いアイデアであることがわかっていた。でもウォルト・ベッティンガーの記事を読んだときになってはじめて、それをどうストーリーに仕立てたらいいのかが見えてきたのだ。世の中に注意を引くものを見つけたら、その都度記録しておこう。

●感動した映画や芸術作品で、お気に入りのものは？　その理由は？
●いつまででも聴いていられる音楽は？
●1日中しゃべっていられる話題は？
●訪れるのが大好きな屋外の場所は？
●気になる製品や会社の起源を聞いたことは？
●お気に入りの美術館は？
●印象に残った記事やポッドキャストは？　その理由は？
●お気に入りの街や場所は？　その理由は？
●お気に入りの本は？
●忘れられないスピーチ、もしくはスピーカーの話を聴いたことは？

時間の経過も大きなヒント

1936年、カール・マイヤーは、会社の広報担当者を乗せて走らせようと、全長13フィートの車輪つきホットドッグのデザインを思いついた。その「ウィーナーモービル」は、オスカー・マイヤー社が販売するホットドッグを宣伝しながら、シカゴ中を走り回ることになった。その後の数年のあいだに、ウィーナーモービルは6台にまで隊を拡大している。運転したのは、「ホット・ドッガーズ」と呼ばれた大学の新卒者2名。1年にわたり、アメリカ合衆国の人気スポットを旅して回る権利を勝ち取った若者だ。

ウィーナーモービルはタイムトラベルとノスタルジーの象徴であり、そこからいくらでもストーリーを紡ぎ出すことができる。ウィーナーモービルがはじめて人目に触れたときの話。ホット・ドッガーズの「ある1日」。いまは亡き愛する人と一緒にウィーナーモービルを目にしたときの思い出。結婚式場から披露宴会場まで新郎新婦を送迎した話。地元紙上でランドマークの隣にウィーナーモービルの写真を載せた小さな町の話。最初のウィーナーモービルが造られてから8年強のあいだに世界で起きた変化ですら、ストーリーになる。ウィーナーモービルを中心に据えれば、細部とアイデアを無限に掘り起こすことができるだろう。

時間の経過と人の関わりを目撃した人、場所、ものの中に、ストーリーのアイデアを探してみよう。たとえばこの40年のあいだに、電話機は大きく進化した。まずは回転式のダイヤル、次は長いコードつきのプッシュ式壁掛け電話、そしてコードレス電話、折りたたみ式携帯電話、そしてスマートフォンというぐあいに。時間の経過を基に、実にさまざまなストーリーを語ることができる。電話機そのものについて、そしてその40年のあいだに起きたさまざまなことについて――世界的な出来事から、個々の生活の変化に至るまで。

時間の経過と関わりがあり、核として機能するもののリストを作り、ツールキットにストーリーのアイデアを加えていこう。

- あなたの職場には、長年にわたってさまざまな会合やイベントで使われてきた会議室や建物はある？
- 数々の経験をともにしてきたぬいぐるみ、毛布、幸運のお守り、服はある？
- 一族のあいだで受け継がれてきたものは？
- 日常生活の中で、時間の経過とともに進化してきたものは？（たとえばダイヤル式の電話から携帯電

話への進化など）

●聴衆がこれまでの人生で目撃してきた、さまざまな世界的出来事は？

●さまざまな経験を物語るようなものは？　たとえばわたしのハイキングブーツは25年もので、さまざまなハイキング先や訪問した国、そして人生の出来事について、多くのストーリーを語ってくれる。

リストを新鮮に保つ

ツールキットに集めたアイデアが多ければ多いほど、完璧なストーリーのためのアイデアが選びやすくなる。まずは、いま紹介したリスト作りの取っかかりを参考に、ツールキットを作成してみよう。そのあとは、定期的に時間を取り、そこにアイデアを追加していく。ひらめきを覚えた記事や会話を記録する。1日にアイデアを1つつけ加えることを自分に課したり、毎週ツールキットを更新するためのリマインダーを設定してみたりしよう。いったんアイデアを集めはじめると、アイデアの素材に気づきやすくなり、好奇心をそそられた瞬間を認識しやすくなる。最初の一歩が、いちばんむずかしい。でもいったんアイデアを捉えはじめれば、複利効果が生まれるものだ。

スランプに陥ったら？

アイデアを思いつこうと四苦八苦するのは、クローゼットの中を引っかき回しても着るべき服が見つからないときの気持ちと似ている。そういうときは、どうしたらいいのだろう？

思い出してほしい――脳はリラックスしているときが、いちばんクリエイティブだということを。何もアイデアが浮かばないまま、ストーリーを語らなくてはならない締め切りまで自分を追いつめるような事態は避けたい。創造力を発揮するための余裕を残しておこう。ストーリーは、いきなり完成するものではない。アイデアをうまく活用するには、それなりの作業が必要だ。これまで、ストーリーのアイデアを得てきたところは？　それは、何をしているときだった？　話しているうちにアイデアをひらめかせてくれるような人は？

人からいちばんよく訊かれる質問は？　自身の専門分野に近すぎるところにいるために、さらなる学びを求める人にとって有意義なストーリーをうっかり見過ごしてしまう人は多い。人からよく訊かれることやいわれることをじっくり思い返し、そこからアイデアがひょっこり顔をのぞかせはしないか、考えてみてほしい。たびたび受ける質問を、AI検索してみよう。その結果に対する自身の反応を、アイデアの可能性として記録する。

写真はインスピレーションのすばらしい源になりうる。たとえば信頼に関するストーリーを考える場合、インターネットで「信頼」という言葉で検索をかけ、そこに出てくる画像に注目してみよう。写真のウェブサイトを保存しておくと、考えるきっかけを生むためのすばらしい情報源となる。また、自分自身が撮りためた写真にも、ざっと目を通してみる。これもまた、自身の経験から思い出を引き出す助けとなる。

わたしは最近、マイクロソフト社で基調講演を行った。オープニングのストーリーを考えなければならなかったのだが、これぞというアイデアは持ち合わせていなかった。過去の経験から、そういうときはストーリーテリングのプロセスを信頼すべきであることがわかっていた。そのときの聴衆が知りたがっていたのは、ストーリーを用いて取引先の心をさらに引き込む方法だ。そこでわたしはこう自問してみた。**つながりというテーマを強化するアイデアといえば、何がある？**　そのあと、散歩に出かけた。散歩を終えるころには、オープニング・ストーリーのアイデアを思いついていただけでなく、ツールキットにさらに

２つのアイデアを加えていた。わたしにとって散歩は、ＰＣの前にいるときには浮かばないアイデアへの扉をつねに開いてくれるものなのだ。

アイデアのツールキット作りは、ストーリーのためにアイデアを選ぶ作業とは別ものだ。あなたの創造力にアクセスし、アイデアの豊富なリストを生み出す作業である。アイデアのツールキットを作れば、ストーリーテリング・プロセスのスタートラインに立つことができる。とはいえ、聴衆がいなければ、アイデアには帰るべき家がない。どのストーリーも、聴衆を理解すること、そしてそのストーリーから聴衆に得てもらいたいことからはじめる――どんなストーリーを語るかを決める前の段階から。次は、そのことについて述べていこう。聴衆を明確にし、彼らに直接語りかけるための方法だ。

まとめ

アイデアを無限に集めるツールキットを作る

（巻末のチェックリストも参照のこと）

- ストーリーのアイデアを見つけるための最良の方法を模索する。
- ストーリーテリングにおいて、創作と編集を同時に行うことはできない。
- ストーリーを語る必要に迫られる前に、ストーリーのためのアイデアを複数考えておく。リラックスしているときに考える習慣をつけ、アイデアのツールキットを作成する。
- ストーリーの完成品ではなく、アイデアをつかむ。ひとかけらのアイデア、メタファー、画像でもいい。

● ストーリーのアイデアを記録する場所を決める。アプリや、メモ帳など。いったん覚えておいてあとで思い出そうとするのはダメ。
● ストーリーのアイデアは、制約をつけることで見えてくる。取っかかりとなる言葉、質問、カテゴリー、時間的枠組み等を利用すれば、アイデアを引き出しやすくなる。
● アイデアのツールキットを作る。その取っかかりを得るために、巻末のチェックリストを参照すること。
○ 個人的な経験
○ 仕事上の経験
○ 顧客、依頼人、ステークホルダーが直面する苦境、願望、経験。
○「女神」から得た洞察。
○ 世の中で興味を引かれたものごと。
○ 年月の経過と変化を象徴するアイテムや場所。
● アイデアのツールキット作りは、ストーリーのためのアイデア選びとは別ものだ。いつ、どこでそのアイデアを利用するかは抜きにして、アイデアのリストを作ることに集中する。

ゲーリー・ウェア

即興コメディアン、作家、ワークショップ・ファシリテーター

即興とストーリーテリングの関係は？

即興は、他の人とコラボするストーリーテリングですね。即興では、「われわれ」の方が「わたし」より大切。譲歩できるようにならなきゃいけないし、その結果、自分だけでは思いもつかなかった結果が生まれることも心得ておかなきゃならない。それが、恐ろしいこともある。完璧ではないし、めちゃくちゃなことにもなりかねないから。だからこそ、そのプロセスが楽しくてしかたないんですけどね。

ストーリーもしくは即興のためのアイデアは、どうやって得るのですか？

創作の土台は2つ。道化師と編集者になること。道化師は、フィルターをかけることなくアイデアを試して、見つけさせてくれる。そのあと編集者が登場して、中から宝石を見つけ出して、きれいに洗ってくれる。でも、同時に道化師と編集者になることはできません。あとで必ず作品を見直して、洗練させるための時間を確保します。引っ張り出してみなければ、見直す材料もありません。

「イエス、アンド……」のパターンが、即興の原則ですね。それぞれが、差し出されたアイデアの上に積み重ねていくんです。相手が誰だろうが、どこから来た人だろうが、関係なく。もし誰かが、「バカンスはビーチで過ごそう！」といったとします。あなたは、「いいね。新しいオレンジ色のビーチタオルがあるから！」と応じてもいい。そうやって、最初のアイデアの上に積み重ねて、他の人が入り込むスペースを生み出すんです。でも「ビーチは嫌い」と答えてしまえば、そこで考えとアイデアを遮断し

てしまうことになる。「イエス、アンド……」のパターンで、可能性を招き入れなきゃならない。そんなの厄介だな、と思うかもしれないけれど、これが創作のいちばんいいところなんですよ。その不快感を、積極的に受け入れることですね。

行き詰まってしまうのは、どんなときですか？

即興を教えるときによく感じるんだけど、みんな、考えうるアイデアすべてを1つのシーンに盛り込まなきゃいけないと思っているみたいで。そんなことをしたら、お腹いっぱいになっちゃうのに。どこから手をつけたらいいのかわからない場合は、なおさら。僕はまずこういうことにしています――「何か1つだけ、アイデアを挙げてみて」。相手が1つ口にしたら、次にこう尋ねる――「もう1つ、何か小さなアイデアはない？」

ストーリーというのは、そうやって組み立てていくものなんです。ストーリーの構成に沿って、アイデアを蓄積していく。ストーリーテリング・モデルが、創造力を解き放つパラメーターを提供してくれます。僕はアイデアの手がかりを与える役目――「バカンスに出かけたときのことを話してみて」。そのあと、さらにこう尋ねることで話を積み重ねていく――「そのバカンスの話を、きみの心の中にいる5歳児にしてみたらどうなるかな？」すると、違うストーリーができあがる。プロット・ポイントは同じでも、細部や描写、それに伝え方が違ってくる。人は、批判されるのが怖くて、つい引っ込み思案になってしまいます。そんな気持ちをふり払うための助けが必要なんです。

ストーリーテリングに関して、何かアドバイスをするとしたら？

即興では、すべてが贈りもののようなものです。積み重ねるべきアイデアはないかと、つねに探しています。あるシーンで、相方がこういったとします――「ワオ、もうくたくただ」。僕の仕事は、そこに何かを積み重ねること。「もしそれが真実なら、他にはどんな真実がある？」という問いに答える反応をしなければならない。聴衆もそのコンビとストーリーの一部になります。即興コメディアンとして最高の日というのは、誰かにこういわれたときのことでしょうね——「台本がないなんて信じられない!」信頼して、応じて、楽しめばいいんです。

5 聴衆からはじめる

次々とメールが届き、携帯電話がちかちかと点滅する。フォーチュン500にランクインするヘルスケア企業の人事部長、ライリーからのメールだ。

「来週プレゼンするんだけれど、まずはストーリーからはじめたいの。試験を落として卒業が危ぶまれた大学時代の友人の話にしようかと思ってる。それとも、不愉快な発言をして誰からも反応してもらえなかったマネジャーの話にしようかな？　靴下のパペットを使って意見を主張した女性の話は？　あなたは、どのストーリーがお好み？」

これらは、どれもライリーの十八番だ――彼女が嬉々として語りたがるストーリーの数々。「あなたの好みとか、わたしの好みとかは関係ないの」とわたしは返答した。「肝心なのは、聴衆が聴く必要のあるストーリーなのだから」

彼女は目をまん丸に見開いた絵文字を返してきた。「どんなストーリーを語ったらいいのか、とにかく教えて」

「プレゼンが終わったとき、聴衆に何を知ってもらいたくて、何を考えてもらいたくて、何を感じてもらいたくて、どんな行動を取ってもらいたいの？　それがはっきりするまでは、ストーリーを選ぶのは無理。あなたのお気に入りのストーリーだからといって、聴衆の心に響くとは限らない。音楽と同じよ。わたしのお気に入りの音楽リストを渡したとしても、あなたがそのすべてを気に入るわけではないでしょう。心に響くのは、何か特定のものなの」

単調なストーリーや、的外れに感じられるストーリーには、得てして1つの共通点がある。それがストーリーテラー中心のストーリーであり、あくまでストーリーテラーの好みであるという点だ。聴衆にとって有意義なストーリーにすべきだという点が、無視されている。あたかも、聴衆がそこにいる必要などないとでもいうように。語り手がストーリーに夢中になるあまり、肝心なのは聴き手とアイデアもしくは感情をつなげることだという点が、すっかり忘れ去られているのだ。

ストーリーテリングの秘訣は、ストーリーではなく、まずは聴衆からはじめることにある。その点を心得ていれば、ストーリーの中心に聴衆を据え、彼らにとって有意義なものを意図して盛り込むことができる。そうすれば、聴衆はストーリーテラーに直接話しかけられている気分になる。優れたストーリーは、聴衆と、彼らに望む結果を理解することからはじまるのだ。

ストーリーテリングの秘訣は、ストーリーではなく、まずは聴衆からはじめることにある。

聴衆に合わせてストーリーの語り口を変えよう。エレベーター・シャフトにスマホを落としてしまう話を警備員の一団に向かってするとしたら、わたしも語り方を変えるだろう。レイの視点に立ち、毎朝ほとんどうなずきかけられることもなく目の前を人々が通過していくというのが、どれほど心沈むものなのかについて描写するかもしれない。毎日、マリアと会うのを楽しみにしていることを盛り込むのもいいだろう――わざわざ足を止めて彼に挨拶してくれる、唯一の人だ。マリアはわたしの名前を知っているし、わたしの最近の休暇の過ごし方を覚えてくれているので、マリアとおしゃべりするととても楽しい1日になる、という点を盛り込むこともできる。だからマリアがスマホを落としたとき、わたしは切羽詰まった気持ちになった――彼女がスマホを取り戻せる方法を、なんとか見つけなければ、と。基本的なプロットは同じかもしれないが、細部、話の順序、視点、そして収穫は異なってくる。万華鏡を回すと見えるものが違ってくるように、1つのストーリーでも、どの視点やつながりにフォーカスするかによって、さまざまな方法で語ることができるのだ。聴衆を定義すれば、ストーリーに取り入れるべき視点や細部が見えてくる。そうすれば聴衆に、あたかも自分のために書かれたストーリーであるかのように感じさせることができるのだ。

こんなアドバイスをよく耳にしないだろうか。「誰か1人に向かって書くよう心がける」つまり、こういうこと――「まずは聴衆から！」テーブルを挟んで向かい合い、一緒にコーヒーを飲んでいる人と話をするときのように、相手を特定する。その人がすんなり理解できるような例えと細部を用いる。コーヒー片手におしゃべりをするときのように、しゃれやメタファーや例えをストーリーに盛り込むのだ。その1つひとつが、ストーリーと聴き手のつながり、そして共鳴の強さに、直接的な影響を与えることになる。異なるタイプの人たちが集まる聴衆だとしても、ペルソナを定義すれば、その効果を発揮することができる。

ペルソナを決める

ペルソナとは、聴衆の特徴、経験、思考を体現する、架空の人物像だ。マーケティングの世界では、ペルソナを使って製品とサービスのメッセージを発信するターゲットを定めている。映画やテレビの世界でも、コンテンツを書くとき、ストーリーが視聴者に確実に共鳴するよう、ペルソナを用いている。ビジネスの場でも、プロセス、アプリ、ウェブサイトの制作時、ペルソナはユーザー経験の企画に役立っている。ペルソナを定義すれば、テーブルの向かいにすわる聴衆を思い描きやすくなり、彼らにとってもっとも有意義な細部、経験、動機を直接語りかけられるようになる。

ストーリーを語るごとに、聴衆には少なくとも1つのペルソナを定めよう。年齢層、背景、経験がばらばらだとしても、一箇所に集まったからには、互いに何か共通する項目があるはずだ。まずは聴衆全体のペルソナを定義することからはじめる。ペルソナに名前をつけ、具体的な細部も考える。たとえばそのペルソナには毎木曜日にカフェラテを飲む習慣があるなら、それをメモしておく。そうしたことが、聴衆がすでに知っていることや理解していることに結びつくストーリーの構築に役立つのだ。

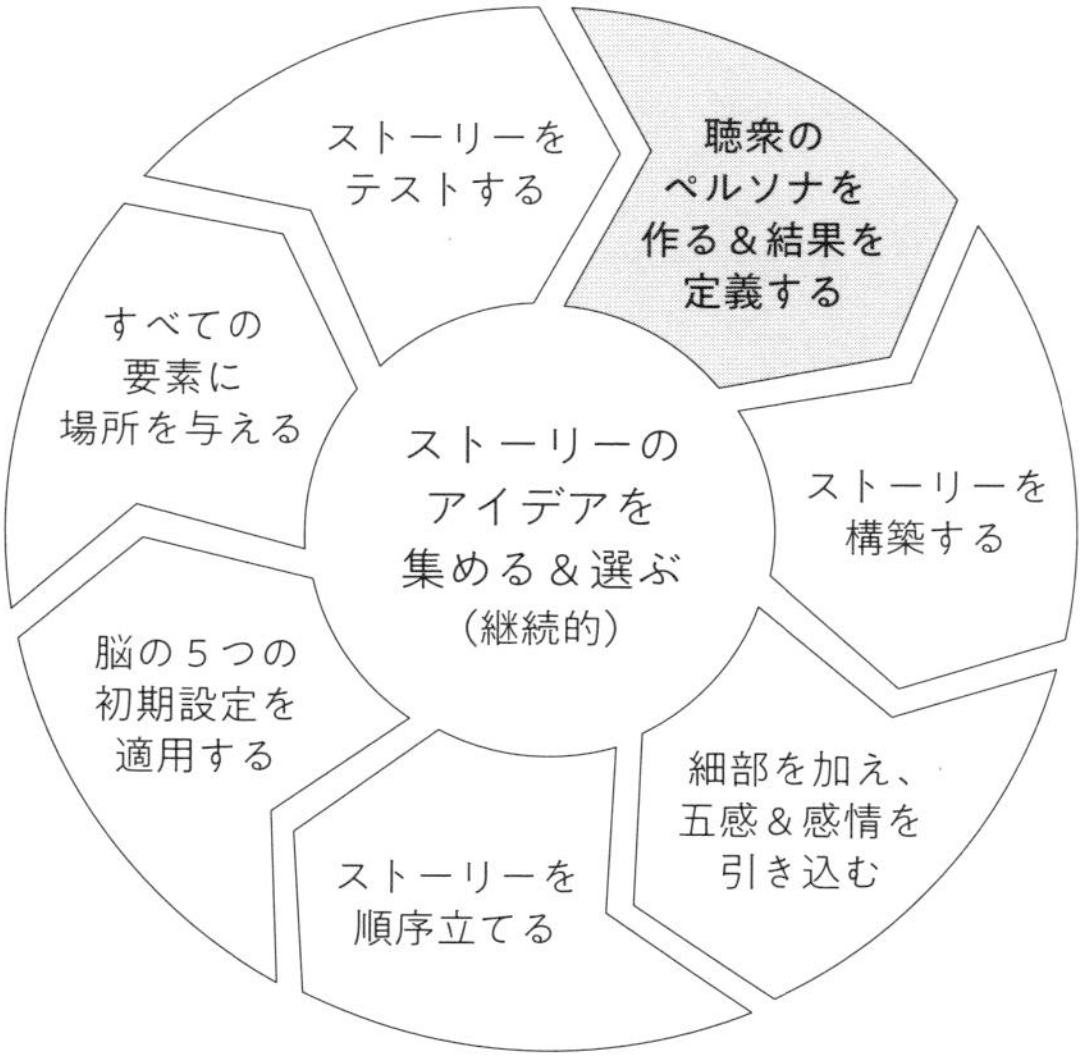

聴衆と関連がありそうな質問に答えながら、ペルソナを作ってみよう。これは短時間でできる演習だ――5分もあれば答えられる。具体的な細部を考え、聴衆のイメージをつかむだけの時間があれば十分だ。細部に行き詰まったり、ストーリー構築の勢いが失われたりするほどの時間をかけてはいけない。

- 彼らがあなたの聴衆になるべく集まった理由は？
- 彼らの共通点は？
- 平均年齢は？
- 学歴は？
- 役割もしくは専門は？
- 暮らす地域は？
- 趣味は？
- 典型的な1日は？

聴衆の中に複数のペルソナが存在するときは？

TEDトークに向けて準備を進めているとき、聴衆に2つの異なるペルソナが存在することに気づいた。1つは、会場に集まる大学生。もう1つは、録画された動画をあとで視聴するであろう、企業のリーダーや会社員だ。会場のエネルギーを高めるためには、大学生を話に引き込む必要があった――そうしないと、動画が味気ないものになってしまう。わたしは、会場内の聴衆から、あとで動画を視聴する人たちへと絶えず焦点を移しながら、彼らのペルソナを築きあげてみた。

大学生のペルソナは、グレース。21歳の学部生で、パートタイムの仕事をしている。専攻科目に加えて、卒業後の就職に役立てようとデータ分析学も履修中だ。ストーリーテリングの経験は浅く、データがやたらに示される、内容が覚えづらくて退屈な講義を聴いていることが多い。授業がないときは、オンラインゲームに夢中。動物保護や人権問題に関する活動に積極的に参加している。授業の合間には、スマホのアプリを使って、ロボットが届けてくれるコーヒーを注文する。グレースの最初の授業がはじまるのは、午前8時。正午に友人とランチをとり、午後3時に授業が終わる。午後7時まで勉強したあとは、途中、夕食用のポキ丼を購入しつつ、地元のアニマル・シェルターの資金集めの会に向かう。会が終わると友人からのメールを受けて、地元のバー〈ハリーズ〉で合流する。

企業リーダーのペルソナはダレンで、年齢は30歳から55歳のあいだ。職業経験も、7年から25年と幅広く設定した。これまで2つの会社で働いた経験があり、いまは少なくとも部下1人を管理する立場にいる。学士号を持ち、結婚して2人の子どもに恵まれている。自閉症の甥がいて、ほとんどの週末、親戚の集まりがある。ストーリーテリングの経験はほとんどなく、プレゼンテーションはデータが頼りだ。ダレンの1日は、仕事前の早朝6時、サイクリング・クラスではじまる。そのあと子どもたちに朝食をとらせ、学校に行く準備をさせる。8時45分には職場に到着。45分かけてメールに返信したあとは、立て続けに予定された会議に出席する。それが終わると、間近に迫ったプレゼンテーションに向けて、図表が満載のスライドをパワーポイントで作成するのに2時間費やす。スピーチを練るのではなく、すでにあるコンテンツに目を通し、それをどう活用できるかを考える。1日を通して、定期的にスマホに手を伸ばし、妻や友人、そして同僚からのメールをチェックする。車で自宅に戻る途中、弟に電話を入れ、甥のようすを尋ねる。家族とスパゲッティを食べたあとはテレビを観て、そのあと就寝する。

ダレンのペルソナは、起業家やデータ分析に焦点を合わせる人のためにさらに細かく分けることもできたが、そうした微妙なニュアンスは必要なかった。その2つのペルソナの大きな違いは、片やフルタイムの学生で、片やフルタイムの会社員ということ。どちらの生活でもスマホが大きな役割を演じており、どちらもデータとストーリーテリングの機会を増やすことに先入観を抱くような状況に定期的に身を置いている。

平凡な1日を概観すると、ペルソナの具体的な細部が見えてくる。あとでストーリーの中にひょっこり顔を出すものもある。前掲の質問と、平凡な1日のスナップショットを組み合わせることで、聴衆についてはっきりわかっている部分と未知の部分が、より鮮明に浮かび上がってくる。細部のすべてを利用しないとしても、どちらも聴衆を明確にし、こちらが聴衆に望む結果を伝えるための助けとなる。

聴衆の頭に入り込む

ストーリーには、語り手が聴衆に望む結果がふくまれる――聴衆を楽しませるにせよ、彼らの考えを変えるにせよ、彼らに何か新しいことを学ばせるにせよ、何かの行動を促すにせよ。ストーリーを語る（あるいは情報を伝える）たびに、次の4つの項目について自問し、聴衆と、彼らに望む結果を定義してほしい。たとえあなたの手元には語りたいストーリーがすでにあるとしても、このステップは省略しないように。

①そのストーリーを語ることで、聴衆に何を知ってもらいたいのか？　あるいは何を考えてもらいたいのか？

②そのストーリーを聴いて、聴衆に何を感じてもらいたいのか？　あるいは何をしてもらいたいのか？
③聴衆の現時点での考え方は？
④聴衆に考え、感じ、これまでとは異なる行動に出てもらうには、どんな障害が待ち受けていそうだろうか？

この質問は、ストーリーもしくはコミュニケーションを通じて聴衆に経験してもらいたいものを特定するのに役立つはずだ。聴衆の現在地を把握し、障害となりうるものに注意を向けられるようになる。ストーリーと、あなたが引き出そうとしている結果が明確になり、焦点が定まってくる。意図して単純化した質問事項なので、数分以内に答えられる。10分後に、もしくは翌週にストーリーを語る予定があるとき、利用してみてほしい。

わたしは、セールスやファイナンスやテクノロジー等、特定の業界向けのストーリーを語ったことがあるかどうかと訊かれることが多い。わたしがストーリーを語るのをどこかで聴いた人が、自分たちの業種に関連するストーリーも語ってもらえるのではないかと期待してくれるのだ。そこがこのプロセスのすばらしいところ。どんな文脈においても、効果を発揮することができるのだ。

わたしはこの4つの質問を利用することで、あるエンジニアリング会議で行ったリーダーシップについての基調講演のときに、信頼に関する神経科学を指摘する必要性に気づくことができた。あるクリエイティブ企業で行ったストーリーテリングに関する基調講演では、五感を引き入れることを無視した場合に起きることを説明する際に役立てることができた。先の質問は、それぞれの聴衆が必要とするものを特定する助けになるのだ。同じストーリーを異なる聴衆に語るときも、望みの結果を達成すべくストーリーを調整する際に役に立つ。

しばらく時間をおいてはじめて理解できるアイデアと聴衆をつなげるストーリーを語ることもある。医薬品業界と医療業界では、結果が出るまでに何か月も時間を要する病気治療に当たっている。ここでのストーリーは、初期治療と、時間経過後の結果とをつなげる接着剤の役割を演じることができる。セールスは、製品やサービスを通じて、なりたいもの、したいこと、あるいは所有したいものを人とつなげようとする。ストーリーなら、買い手と「あれがほしい!」という願望をつなげることができる。また、ストーリーはデータに文脈を与え、議論もしくは意思決定をサポートすることもできる。ストーリーの役割と目的は、聴衆によってまちまちだ。聴衆、彼らに望む結果、そして障害の可能性を定義することで、あなたが語るストーリーを確実に有意義なものにしよう。

エレベーターの場面に戻って……

TEDトークのとき、わたしはそれぞれのペルソナに望む結果を定義していた。ストーリーが重なるところを確認したいと考えたのだ。

①聴衆に何を知ってもらいたいのか? どう考えを変えてもらいたいのか?

グレースには、履修している大学の授業のほとんどは、活気がなく、記憶に残りにくいものであることに気づいてほしかった。ストーリーなら、あらゆる文脈において、彼女が人の記憶に残るコミュニケーターになるよう手を貸すことができる。

ダレンに向けて設定した目標は、プレゼンテーションではデータのみを提示すべきだという彼の信念に挑むことだった。ストーリーならデータに意味を与えることができるうえ、データとストーリーのどちらか片方をあきらめる必要もないことを、わかってほしかった。

グレースにもダレンにも、ストーリーテリングの背景となる科学を知ってもらいたかった。それはけっしてソフトスキルではなく、脳を引き込むためのより賢いコミュニケーションを支えるものなのだ。応用法は違うかもしれないが、両者に向けた目標は、ストーリーなら聴き手の信頼、理解、そして意味をより高めることができると認識してもらうことだった。

②聴衆に何を感じてもらいたいのか？　どう行動を変えてもらいたいのか？

グレースには、インスピレーションを得てもらい、それを基にクラスのプレゼンテーションでストーリーテリングを試みてもらいたい、そして人の記憶に残る精力的なコミュニケーターとしてキャリアを歩んでもらいたいと考えた。

ダレンに向けた目標は、データを伴うストーリーテリングを試してもらい、より影響力のある、記憶に残るプレゼンテーションを行ってもらうことだった。

グレースにもダレンにも、ストーリーテリングを活用すべくインスピレーションを感じてもらいたかった。そして、もはや「見ない」ではいられないものに聴衆の目を向け、理解と認識を変えさせるという感覚を、経験してもらいたいと考えたのだ。

③彼らの現時点での考え方は？

グレースは、ビジネス・プレゼンテーションやデータ共有の場で、ストーリーテリングを使えば説得力が増すという点を理解していない。その手本となるような教授と出会っていないからだ。彼女が履修しているデータ分析のクラスでは、データはファクトであり、データを基に意思決定を行う必要があると教えられている。グレースはソーシャルメディアではストーリーを語っているが、それをプレゼンテーションに利用することは考えてこなかった。

ダレンの会社はデータ変革を実行しているところだ。社員たちはデータ・ドリブン、すなわちデータ中心の意思決定を行うよう促されているが、それが何を意味するのかは誰もわかっていない。データには、数多くの品質問題がある。ダレンは、データの方がストーリーより事実に基づいていると信じている。何度か「ストーリーを語れ！」と促されたことはあるが、彼はそれを避けてきた。語るべきストーリーを思い浮かべることができないうえ、心理操作を疑われる危険を冒すだけの価値はないと判断したのだ。

ダレンもグレースも、データこそがファクトであり、ストーリーは違うと考えている。そんな彼らの考え方を変えるために、信念を語る必要があった。

④聴衆にとって、障害となりかねないものは？

ペルソナは異なれど、障害になるものは似通っている。「データはファクトでストーリーは取るに足らないもの」という考えだ。2人とも、同僚とは異なる方法でコミュニケートすることも、より効果的な結果を求めてストーリーテリングを利用することも、躊躇するかもしれない。

また、どこからストーリーを見つけてきたらいいのか、どうやって語ればいいのか、わからずにいるという点も共通している。彼らが一歩を踏み出せずにいるのは、ストーリーを語れば個人的なことをあれこれさらけ出すことになる、そんなのはいやだ、と思っているからかもしれない。

ペルソナを2種類作りあげ、先の4つの質問に答えることで、わたしは両者に重なる部分を見つけることができた。日々の生活は異なっているものの、ストーリーテリングに関する彼らの考え方は共通している。どちらもストーリーテリングの背景となる科学の知識が十分ではなく、ストーリーがデータに意義を与える方法も知らない。実はわたしはそのペルソナを作る前に、自分を中心に据えるというまちがいを犯していた。自分のお気に入りのストーリーを持ち出し、それをどうにかはめ込めないかとあがいていたのだ。聴衆にとって聴く必要があることを、考慮していなかった。でもペルソナを定義し、4つの質問に答えたあとは、自分の過ちに気づき、より明瞭なストーリーを組み立てることができた。

まずは聴衆からはじめよう。ペルソナを作ろう。聴衆に知ってもらいたいこと、考えてもらいたいこと、感じてもらいたいこと、そしてそれまでとは異なる行動に出てもらいたいことを、定義する。聴衆に望む結果と、待ち構えているかもしれない障害を特定する。そうすれば、聴衆を中心に据えて、ストーリーの土台を築くことができる。

ストーリーのアイデアを選ぶのは、聴衆と、彼らに望む結果を明確にしたあとだ。次章ではツールボックスに立ち戻り、聴衆のためにいちばんのストーリーを選ぶ方法を見つけよう。

まとめ

聴衆からはじめる

（巻末のチェックリストも参照のこと）

- ストーリーのはじまりは、アイデアではなく聴衆だ。聴衆には、あなたと顔を合わせておしゃべりをしているように感じてもらわなければならない。
- 聴衆のペルソナを作る。聴衆ごとに、複数のペルソナが必要かもしれない。聴衆を構成するのはどういう人たちなのか、どんな趣味を持っているのか、そして典型的な1日はどんなものなのかを考える。ペルソナは聴衆を象徴するものであり、あなたが語りかける相手のイメージを与えてくれる。
- 聴衆に知ってもらいたいこと、感じてもらいたいこと、考えてもらいたいこと、行動してもらいたいことを、あなたが望む結果として定義する。
- 聴衆の考え方と、あなたが望む結果に向けて障害となりうることを定義する。

ボフタ・イマム

エミー賞及びエドワード・R・マロー賞受賞のTVキャスター、国際的スピーカー、起業家

あなたのストーリーの中で、映像はどんな役割を演じていますか？

放送ジャーナリストとしてわたしが語るあらゆるストーリーの中で、映像は中心的な役割を演じています。いい原稿に映像を効果的に挿入すると、視聴者を引き込む、より説得力のあるストーリーに仕上がるんです。そんなふうに視覚性を備えたストーリーテリングの中では、カメラマンのことをずっとパートナーだと考えてきました。よくこんなことを話し合います。「この作品のための構成要素として、うちにはどんなものがあったかな？」ストーリーの中の何か、もしくは誰かを際立たせるサウンドバイト（短い発言映像）、写真、あるいは特定シーンの「Bロール」（補助的なフィルム）等が、構成要素として考えられます。

その作品をサポートする構成要素が多ければ多いほど、作品の奥が深まります。より充実したストーリーを語れるようになるんです。それに、ストーリーの中の感情に共感できるようになります。インタビューの重要ポイントとなる瞬間には、ごく短いビデオショットがふさわしいでしょうね。連続ショットは、長い話に抑揚をつけたいときに使います。

ストーリーの中で感情をどう扱っていますか？

焦点を合わせるのはつねに、人がそのストーリーに関心を抱く理由です。キッチンでそのストーリーの冒頭を耳にした人に、コーヒーをカウンターに置いて、テレビの前に移動して注目してもらうには、どうすればいいのか？　そこに使われるのが、感情と説得力のある原稿です。インタビュー、映像、サ

ウンドバイト、あるいは自然音を駆使して、その作品への興味を掻き立て、持続させるよう努力します。

インタビュアーとしてのわたしの仕事は、真実を見つけることです——もっとも、人間味あふれるストーリーにすると、視聴者の関心を引き留めやすくなります。そのためには、インタビューの相手にいろいろ突っこむこともあります。たとえば、公衆が答えを知りたがるような厳しい質問をぶつけたり、特定の日時に相手がいた場所や、その経験に対する相手の気持ちや、何らかの役割を演じた他の要素や、そもそもそれがどうして重要なのか、といった点を指摘したりして。

インタビューの相手が、こちらを人生最悪の、もしくは最高の瞬間に導いてくれることがよくあります。あるいは、その中間地点に。そうした瞬間にさまざまな感情を盛り込み、そこに適切な構成要素と文脈を沿えるのが、腕の見せどころです。そうすることで視聴者はストーリーに共感し、その内容をすんなり消化できるようになります。そのためには、最高のサウンドバイトやビデオクリップを選ぶ必要があります。それによってストーリーが生きてくるんです。しかも、それを効果的かつ効率的に行わなければなりません。日々報道されるニュース枠のほとんどは、1分30秒もないので！　だから、この点が重要です。**このストーリーの核と焦点を保つには、何を加えるべきか、もしくは何を取り去るべきか？**

わたしは昔から、偉大なジャーナリズムは人々に何かを教える立場にあると考えてきました——それが開発中の新ワクチンのことだろうと、誰かがくぐり抜けている経験だろうと。経験というものは、幅が広く、さまざまです——人間の善良さ、悲劇を美に転換させた人、あるいはユニークな方法で立ち直った人のことを思い出させてくれます。わたしたちは皆、人間であり、感情を経験し、他者とつながり、親近感を抱くことを望んでいます。ストーリーテリングは、そうしたことを美しい形で見せてくれるのです。

6 アイデアを選ぶ

「2人の子どもが、最後に残ったオレンジをどちらが取るかで争っていた。話し合いは堂々めぐりで決着がつかず、結局2人はオレンジを半分に割ることにした。片方の子どもはオレンジの半分を受け取るとそれを食べ、皮を捨てた。もう片方の子どもは、もう半分のオレンジを手に取ると、皮をむいて果肉を捨て、皮を使ってケーキを焼いた」

10年前、わたしは交渉術をテーマにしたリーダーシップ開発コースを新設しようとしていた。そこで2つの会社に依頼してトレーニング・セッションのパイロット版を作ってもらい、どちらか適した方を採用しようと考えた。両社ともに、セッションの冒頭にこのストーリーを採用した——オレンジをめぐる争いだ。これはロジャー・フィッシャーとウィリアム・ユーリーによる人気の交渉術本『Getting to Yes』（邦訳『ハーバード流交渉術』三笠書房）で紹介されたストーリーである。コミュニケーションによる交渉が失敗に終わりかねないことを示す、短いメタファーとして紹介されている。

その2社がこの例を用いたことに、わたしは困惑した。確かに子どもというのは、同じものを奪い合ってしょっちゅういい争っている。それにしても、オレンジの果肉対オレンジの皮？　ケーキを焼くためにオレンジの皮をほしがる子どもなんて、どれくらいいる？　そこには緊張もなければ、親近感もわかない。たいした問題とは思えない——たかがオレンジではないか。オレンジを使うなら、この1つのオレンジがどちらかにとって——もしくは両者にとって——なぜそれほど重要なのか、実感させなければ。子どもたちの手に握られたオレンジの重みを、2人がいい争っているあいだにあたりに漂う柑橘の香りを、感じさせなければ。自分の意見が聞き入れられないことにいらだつ子どもたちの感情を、伝えなければ。お互い望みのものを100％得られるはずだったのに、コミュニケーションの悪さゆえにそれが叶わなかったときの彼らの怒りと、聴く者の心をつなげる必要がある。

このストーリーを、交渉術は落とし穴だらけのむずかしいトピックだ、と考えるビジネスパーソンに向けたコースに用いるわけにはいかない。感情が引き込まれることもなければ、つながりも感じられないのだから。脳の5つの初期設定が活用できていない。交渉術はむずかしい、という思い込みを強めるだけだ。『ハーバード流交渉術』には、交渉術のニュアンスを伝えるさまざまなストーリーが紹介されているのに、両社とも何も考えずに冒頭にこのストーリーを持ってきて、方向づけをしてしまった。結果、失敗に終わっている。両社とも、ビジネス経験も、政府との交渉経験も豊富なはずだった。オープニングにふさわしい、有意義で関連を感じさせる事例を、いくつも持っているはずだったというのに。

彼らは、手近にあるストーリーにうっかり手を出してしまったのだ――レジ横にある商品を衝動的に買ってしまうのと同じ。衝動買いの問題は、それが必要なものではないうえ、そのせいで気がそれて、ほんとうに必要なものを忘れがちになるという点だ。いちばん役に立ちそうなものを見つけ出したり、作りあげたりするより、すでに存在するものに目を向ける方が楽なのは確かだ。でも既存のストーリーやメタファーを修正を加えないまま利用してしまえば、そのときの聴衆には効果を発揮しない危険がある。そうする方が簡単だし、楽だと感じるかもしれないが、それを使うことで得られるものは何もない。

こんな表現をよく耳にするのでは？――「企業文化は戦略を朝食にする」。プレゼンテーションや雑誌記事、ビジネス書の中でこのいいまわしを目にするたびに、わたしはついうめき声を上げてしまう。これはさんざん使い古されたいいまわしであり、もはや聞き飽きているため、脳に怠けモードへ滑り込むよう信号を送ってしまうことになる。非常にありきたりないいまわしであるがゆえに、数分後にはそんないいまわしがふくまれていたことも忘れてしまうくらいだ。それでも皆がこのいいまわしを使うのは、それがすでに存在し、簡単に使えるからに他ならない。しかし聴衆の脳を怠けモードに送り込んで彼らの注目を無駄にするなど、あってはならないことである。

ある友人が、こんなことをいっていた。「スピーチをしているときは、つい、ぴったりのビジネス慣用句がないかと考えてしまう。それ以外のときは、自分なりの話し方ができるんだけれど」。彼女へのアドバイスは？——「ユニークであれ」だ。使い古された、記憶にも残らないビジネス慣用句やストーリーを探すのはやめよう。誰もこんなことをいったりしない——「もっとビジネス用語が盛り込まれたプレゼンだったらよかったのに」。あなたにしか語れないストーリーを語ろう。斬新な事例や細部を盛り込むのだ。ありふれたいいまわしを使えば、すぐに忘れられてしまう。あなたなりの視点で語る個人的なストーリーにすれば、人の記憶に刻みつけられる。

誰もこんなことをいったりしない。「もっとビジネス用語が盛り込まれたプレゼンだったらよかったのに」

衝動買いのように、ただそこにあるからという理由でストーリーを語らないようにしよう。他の誰かが語るのを聴いたからといって、そのストーリーを選んではいけない。あなたが何かを感じたストーリー、あるいは聴衆とのつながりを生むと思えるストーリーのために、アイデアを選ぼう。どこかで聴いたことがあるストーリーを使うにしても、あなたがそのストーリーに心躍らせたり、興味を覚えたりしたという場合に限られる。そうした胸のときめきがあれば、アイデアや聴衆をあなたが望む結果につなげることができる。

感じたことにしたがう

レストランで、ワインやアイスクリームのフレーバーやメニューを選ぶときのわくわく感、わかるだろうか？　あるいは、本を選ぶときの好奇心。映画の予告編を見て、「この映画観たい！」と、ときめく気持ち。新しいスニーカーや、ゴルフクラブのセットを選ぶときの熱意。興味を引かれ、興奮と期待が入り混じり、胸が高鳴る瞬間。そうした瞬間に覚える感覚こそ、まさしくストーリーのアイデアを選ぶときに求めるべきものだ――たとえ、人を落ち着かない気分にさせるストーリーだとしても。あなたが語るストーリーは、あなた自身の心に刺さるものでなければならない。

優れたストーリーは、語り手と聴き手のあいだにエネルギーを行き来させる。脳の5つの初期設定を活用したときは、とりわけその傾向が強い。そのエネルギーが、聴衆にあなたの興奮を伝えてくれるのだ。あなたが何も感じていなければ、ストーリーに仕立てあげるのが難しくなり、気持ちも乗らず、失敗に終わってしまう。熱意をみなぎらせながらストーリーを語る人たちを思い浮かべてみてほしい。そうしたエネルギーは伝染しやすく、聴衆と共有できる。彼らの興奮を感じ取れるはずだ。終始、心から語っていることがひしひしと感じられ、聴衆のオキシトシンと共感が高まっていく。語り手のそういう気持ちは、偽ることができないものなのだ。

ストーリーのアイデアを選ぶ

モデル図の中心に戻り、最初に作りあげたアイデアのツールボックスに立ち戻ろう。アイデアのリストにざっと目を通し、それぞれに対して次のように自問してみる。

このアイデアは……

- あなたが聴衆に望む結果に沿ったポイントやテーマがふくまれているだろうか？
- 聴衆の悩みやあこがれと結びつけられるだろうか？
- 聴衆を、内集団もしくは外集団だと感じさせることができるだろうか？
- 聴衆をいい気分にさせたり、落ち着かない気分にさせたりするストーリーに使えるだろうか？
- あなたが望む結果のメタファーとして機能するだろうか？
- 他のアイデアと組み合わせれば、あなたが望む結

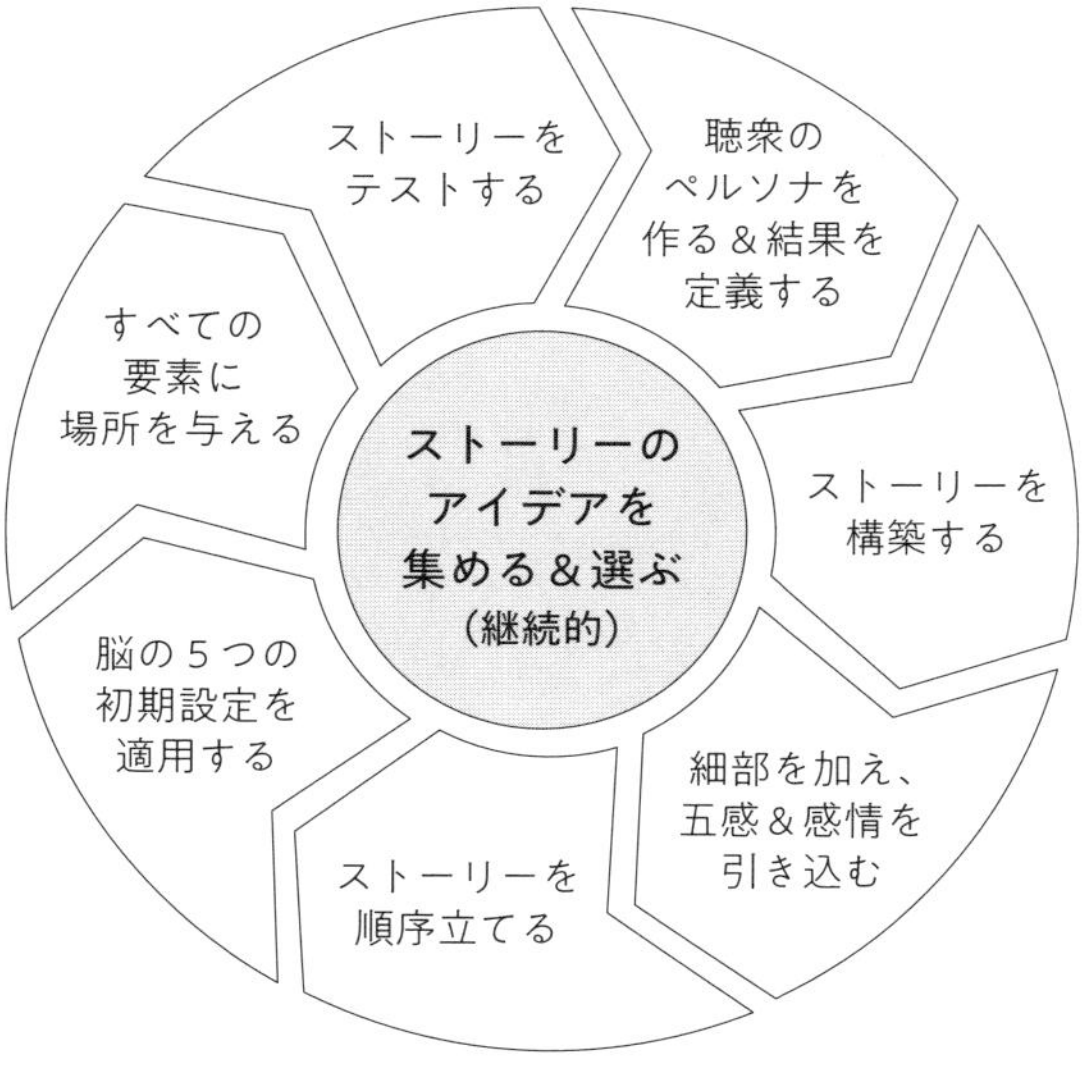

果をあと押しするような収穫を生めるだろうか？
- 異なる視点から語ると、何か変わるだろうか？
- 人と共有することに、わたし自身がエネルギーもしくは興奮を感じられるだろうか？
- ストーリーの新たなアイデアを生むきっかけになるだろうか？

あなたが目を向けるべき点は2つ――あなたが聴衆に望む結果とのつながりが見えるかどうか、そしてあなたがそのアイデアにエネルギーや興奮を覚えるかどうかだ。

1つのアイデアから仕立てるべきストーリーが、なかなか見えてこないときもある。そんなときは、ストーリーを語る視点をさまざま変えてみながら、選択肢を見つけていってほしい。たとえば試験に落ちたウォルトのストーリーの場合、ドティの視点で語れば、また違う焦点が生まれる。教室を掃除しながら、自分はみんなから見過ごされている、と感じるドティを描写するのだ。

アイデアのリストに目を通すうち、まったく新しいアイデアが生まれることも多い。たとえばわたしがウォルトとマリアのストーリーで行ったように、2つのアイデアを組み合わせてみる手もある。ストーリーにぴったりの、新鮮なアイデアが新たに浮かんでくるかもしれない。わたしの場合、リストに目を通しているうちに、ツールキットにはない新しいアイデアがたびたび浮かんでくるので、それを将来のストーリーのためにつけ加えておくことにしている。

この時点では、まだどんなストーリーになるかがわからなくても、気にしないこと。レシピを作るための材料を集めているところだと考えよう。さまざまなレシピを考え出すための材料を、探している最中なのだ。新鮮さが売りの材料は、悪くなる前に使ってしまいたい。こんなふうに思う材料もあるだろう――

「う〜ん、今日はそういう気分じゃない」。レシピと同じように、望みの結果を生むために細部の組み合わせをあれこれ工夫することで、優れたストーリーを完成させるのだ。アイデアに目を通し、聴衆のための完璧なストーリーを仕上げるのに、十分に適した材料を見つけてほしい。

エレベーターの場面に戻って……

マリアがエレベーター・シャフトにスマートフォンを落とした日、わたしは彼女にこう告げた。「このストーリーを使いたいけれど、どう使うかはまだよくわからない」――そこにアイデアがあることはわかっていたが、それをどう使うべきかがわからなかったのだ。とにかく興味を引かれたので、とりあえずアイデアをツールキットに加えておいた。

数週間後、そのストーリーを文字にしてみたものの、何かが欠けていた。緊張感はあるものの、アイデアとしてのインパクトが足りなかったのだ。ようやくピンときたのは、ニューヨーク・タイムズ紙に掲載されたウォルト・ベッティンガーの記事を読んだときだった。2つとも、それぞれに興味深いストーリーだ。でも組み合わせることで、意外性に満ちた、心が沈むような場面が生まれ、それがより強力な収穫へとつながることがわかったのだ。聴衆を、マリアやウォルトになった気にさせることができる――あるいはドティやレイに。

ウォルト・ベッティンガーのストーリーを見つけていなかったら、何か思いつくまでマリアのストーリーは棚上げにしていただろう。アイデアがぱっとひらめくことはあっても、それを適したストーリーに仕立ててあげるには、さらなる作業が必要だ。ストーリーは息づいていなくてはならない。1つのアイデアに取りかかったあと、これではうまくいかない、とか、もっと時間が必要だ、と思うこともよくある。そんなときは、そのアイデアは断念して、有意義だと感じられるストーリーが手に入るまで、何度かツールキットに立ち戻ること。

ＴＥＤトークでは最初からウォルトとマリアのストーリーを語るつもりだった、といいたいところなのだが、あのストーリーを書いたのはその数年ほど前のことだったので、実をいえば別のストーリーを探していた。ダレンのペルソナに効果を発揮するストーリーは次々と見つかる一方、グレースのペルソナに向けたストーリーには、ピンとくるものがなかった。そちらは、ストーリーテリングやリーダーシップというテーマに関するポイントを、聴衆に伝えられないストーリーばかりだったのだ。これでは効果を発揮しない、と直感した。そこでペルソナと望みの結果とアイデアのリストを見直した結果、ウォルトとマリアのストーリーが両方のペルソナにふさわしいことがはっきりしたのである。

グレースにとってもダレンにとっても、スマホはもはや体の一部であり、なくしたら途方に暮れてしまうだろう。スマホがエレベーター・シャフトを落ちていったと考えるだけで、彼らは落ち着きを失うはずだ。ウォルトのストーリーは大学内の設定なので、グレースもダレンも親近感を覚えてくれる。ストーリーをはじめてテストしてみたとき、このアイデアの組み合わせに、わたし自身、胸躍らせることができた。わたしなりの視点で語る方法を考えるうち、ストーリーがしかるべき場所にぴったり収まったのだ。

アイデアを選択するときは、落ち着かない気分になることもある。締め切りが迫るなか、どんなストーリーを語ろうかと考えるうちに、緊迫感が増してくる。そんなふうに不安を覚えるのは当然であり、それもプロセスの一部だ。脳が気を張ってストーリーを探しているところなのである。だからこそ、アイデア収集は継続的な習慣にすべきであり、ストーリーテリングのプロセスとは分離させるべきなのだ。そうしておけば、すでに集めたアイデアのリストに目を通せばいいので、白紙の状態からスタートせずともすむ。

不安を覚えるのは、そのプロセスを信じていいというサインだ。シェアするにふさわしいアイデアが、まだ見つかっていないということなのだから。興味を刺激するアイデアが見つかったとたんに、不安なんて消えてしまう。ストーリーは、完成形で棚の上に用意されているわけではない。アイデア探しのプロセスでは、疑いが生じることも多い。心の中から反論が聞こえてくるのだ。そうした心の抗議は、けっしてめずらしいことではない。

あなたのトピックは退屈ではない……ストーリーテリングを避けようとするその他のいいわけも、的外れだ

いざストーリーのアイデアを選ぶときがくると、とたんにいいわけが浮上する。心の声が、ストーリーを語るべきではない理由を突きつけ、抗議してくるのだ。でもそのほとんどが、的外れ。ストーリーが失敗したらどうしよう、という恐怖のシグナルに他ならない。ストーリーテリングのプロセスを使えば、それぞれの文脈において人を引き込むストーリーを作りあげることができるので、安心してほしい。

「退屈なトピックだ」

「退屈なトピックについて話さなければならないんです――このトピックを興味深いストーリーに仕立てあげるのは無理です」

そういういいわけの言葉をたびたび耳にする。そのたびに、わたしはこう思う。**挑戦を受けて立とうじゃないの！** 方針、製品、データ、規則等々、どんなトピックであれ、興味深いストーリーに仕立てる方法

は必ずある。ストーリーは、人、状況、そして問題について語るものだ。その中の細部を深掘りすればいい。個人が経験する期待、夢、あこがれ、あるいは恐怖に関する、具体的なストーリーを共有しよう。あなたが解決する問題について詳しく語り、どんな変化につながるのかを説明する。興味深いストーリーに仕立てる方法は無限だ。望みの結果と聴衆をつなげる細部を、深掘りできるかどうかの話。そのいい例が、テナントカンパニー社である。業務用清掃用品を取り扱うこの会社は、製品ユーザーのストーリーを語り聴かせてきた。

テナントカンパニー社は、各学校に向けて清掃用品を販売している。清掃用品は必需品ではあるものの、市場にとってあまり魅力的な商品とはいえないだろう。そこで同社は「カスタディアンズ・アー・キー（校務員が鍵）」というコンテストキャンペーンを展開し、彼らの製品ユーザーであり、人から功績を認められることがめったにない人たちのストーリーを語りはじめた。学校経営者が校務員を推薦し、受賞した校務員と学校に賞金が授与されるのである。

第1回目の受賞者は、オハイオ州レイクウッドにあるヘイズ小学校のクリス・カンターだった。彼は、使用する清掃用品の品質が非常に高かったおかげで、生徒や教員たちとつながるための時間を多く持つことができたという。クリスは整理整頓や清掃に関して非常に注意深く念入りであるというだけでなく、生徒、教員、そして各スタッフとの時間を大切にしていた。全校生徒300名以上の名前をすべて覚えているというくらいだ。「カンターと子どもたち」という会を作り、ランチの時間に、子どもたちに鳥の巣箱やデコレーションボックスやおもちゃのヘリコプターの作り方を教えていた。クリスの教えは、適切な道具を安全に使うことだけではなかった。子どもたちは、チームワークと互いへの敬意を学んだのである。

コンテストがはじまった年、2000名以上が推薦された。推薦者のストーリーがテナントカンパニー社の製品に深みを与え、彼らの価値観——皆が繁栄するために、清潔で安全な環境を作りあげる——を高めることにつながった。

コンテストがはじまる前、学校経営者たちは、予算を出しているにもかかわらず、テナントカンパニー社の製品名を1つとして挙げられなかった。ところが同社がコンテストに参加した学校経営者に電話で謝意を伝えたところ、その30%がセールスに還元されたという。「カスタディアンズ・アー・キー」コンテストは毎年恒例の行事となり、推薦者数は年々増加している。テナントカンパニー社は善意を生んだだけでなく、共有すべき無限のストーリーを手に入れたのだ。

もし語るべきトピックが退屈だと感じるなら、細部を深掘りしてみよう。異なる視点からストーリーを考えてみる。誰か1人について、1つの製品について、あるいは1つの問題についてのストーリーを語ってみる。聴衆の五感と感情を、その1人の人物や状況を取り巻くものに引き込もう。ストーリーに持ち込めるアングルが必ず1つはあるものだし、それによって人々を異なる形で結びつけることができるはずだ。

疑り深いリーダーシップ・チーム

モーガンは、創造的破壊者《ディスラプター》として雇われた。彼女の役割は、データ・インフォームド、すなわちデータを参考にしながらも人間を主体にした考え方と働き方を社に導入することだった。家具会社のマーケティング部長として、彼女は自社製品とサービスに対する新たなビジョンと戦略を掲げていた。不規則な家のレイアウトに合わせて家具をカスタムデザインすることで、会社は客にVIP気分を味わわせることができる、と。

しかしリーダーシップ・チームの中には、客の購入意欲を掻き立てるものなどとっくに承知している、と主張する懐疑的な者が数名おり、モーガンと対峙することとなった。週に一度、モーガンはこんな言葉で横やりを入れられてばかりいたのだ――「それはうちのやり方じゃない」。チームのほとんどが、その会社に20年勤めてきたベテラン社員だった。リーダーシップ・チームの新顔として、モーガンは彼らの信頼を勝ち取らなければならなかった。

ＣＥＯから全社会議でプレゼンテーションを行ってくれと依頼されたとき、モーガンとわたしはともに作業に当たることにした。彼女は、自分には社員の胸をときめかせるビジョンがあると確信してはいたものの、リーダーシップ・チームの自己満足と無関心には手を焼いていた。彼女が成功を収めるには、一般社員とリーダーたち双方の協力を勝ち取る必要がある。しかし考え方の異なる聴衆に対するコミュニケーションがうまくいかず、彼女は行き詰まりを感じていた。

その2つのペルソナについて作業を進めるうち、聴衆の90％以上が一般社員であることが判明した。そこでわたしは、ストーリーの焦点を彼らに合わせ、熱意と戦略への関心を一気に高めるべきだとアドバイスした。リーダーシップ・チームには、それとは異なるメッセージが必要と思われたが、彼女のエネルギーは10％の外れ値ではなく、90％を占める一般社員に向けられるべきだった。

結局モーガンは、ＶＩＰ気分を味わった3人の顧客について語り、彼らが社員とやりとりしながらそのプロセスを1つひとつ進めて行ったことを描写した。プレゼンテーションが終わると、社員たちが彼女に質問しようと長い列をなした。

次のリーダーシップ会議のとき、ある同僚がモーガンに戦略について質問した。すると彼女が答えるより早く、別のチームメンバーがそれに答えた。それまでは、その戦略について解説するのは彼女1人だったというのに、いまや他にも支持する声が上がるようになったのだ。リーダーシップ・チームの面々は、モーガンが一般社員の関心を引く光景を目の当たりにしたことから、モーガンを置いてきぼりにすることなく、新たな成長に向けて彼女に手を貸したいと思うようになったのである。

ときにストーリーは、潮流を急変させる。そうかと思えば、そこから発芽するよう、アイデアの種を蒔くだけのときもある。聴衆の中に懐疑的な人がいるのはよくあることだ。聴衆を釣鐘曲線で捉えるといいかもしれない。ストーリーを語りかける人たちの中で、大多数を占めるのは？　懐疑的な人はそこから外れている可能性がある。あなたのエネルギーは、もっとも大きなインパクトを与えられるところに向けられるべきだ。

「ストーリーを語る時間なんてない」

ストーリーを語る気になっても、こんな心の声が聞こえてくるかもしれない。**いったい何をしているの？　ストーリーを語る時間なんて、あるはずがないでしょう。**ストーリーの長さは、いいストーリーかどうかの決め手にはならない。それを決めるのは、構造と、聴衆の没入度だ。聴き手の注意を引き、留めておけるような長いストーリーを語る方が、短く印象的なストーリーを語るよりもむずかしい。ただし短いストーリーの場合、インパクトのある引き締まった内容にするための作業が必要となることが多い。

自分にはストーリーを語る時間なんてない、と感じている人はたくさんいる。なぜなら、説得力のある簡潔なストーリーを構築する方法も、語る方法も、知らないからだ。彼らは、自分自身にとっては有意義でも、聴衆には関連のない細部を盛り込んだストーリーを語りがちだ。不必要な細部が盛り込まれていると、ストーリーの焦点が定まらず、聴衆が関心を失ってしまう。

このあとの章では、インパクトのあるストーリーを構築する方法を見ていこう。それを学んだら、次はストーリーの短いバージョン、中くらいのバージョン、そして長いバージョンを、試しに作ってみてほしい。ストーリーを組み立てつつ、細部、五感、そして感情の表現を広げたり、逆にコンパクトにしたりしてみる。長いバージョンであれば、ストーリーを前進させたり、登場人物に関する洞察を共有したり、脳を引き込んだりできるような細部をさらに盛り込んでいく。短いバージョンであれば、聴衆に知ってもらいたいこと、考えてもらいたいこと、感じてもらいたいこと等、あなたが望む結果を生み出すのに十分な情報だけを入れればいい。マリアがエレベーター・シャフトにスマホを落としてしまったストーリーは、中くらいのバージョンだ。いくらおもしろい話でも、時間を短縮できると同時に、削ってもストーリーのインパクトを損なわないと思われる箇所は、削除すべきである。

「リーダーはストーリーなど語る必要はない」

ビクターは社員を相手にスピーチを行うとき、部屋中をうんざりさせてばかりいた。CEOとして、彼は社員と話すことが大好きなのだが、自分の考えを整理するということをしない人だった。30分ほどだらだらとしゃべり続けるので、社員たちは心ここにあらずの状態になり、頭の中で買い物リストを作りはじめてしまうのだった。

彼のリーダーシップ・チームの一員が、あらかじめいくつかのポイントに絞って顧客のストーリーをシェアしたらどうか、と促してみた。だがビクターは耳を貸さなかった。事前に計画を練ることで時間を無駄にしたくないから、といって。社員なら自分のいうことに耳を傾けるはずだ、と彼は思っていた。彼にわかっていなかったのは、彼が準備にかける時間以上に、関心を失った社員の時間を奪っていることだった。

自分はストーリーを語ることを免除されていると考えるリーダーは多い。ある程度の地位に就けば、みんな自分の言葉に耳を傾けざるをえないという神話を信じているのだ。しかしリーダーによる退屈なプレゼンテーションを聞き飽きたわたしたちにしてみれば、そんな神話がまやかしであることはわかりきっている。まとまりも関連もとりとめもないメッセージだと、人は耳をふさいでしまうものなのだ。

ストーリーは、くり返し人の口に上がる話題を生む。

ストーリーは、あなたのリーダーシップを広げてくれる。あなたの価値観や推奨するものを示すだけでなく、あなたがその場にいなくても、議論を生んでくれるのだ。ストーリーは、くり返し人の口に上る話題を生む。社員に活力を与え、考えと行動をインスパイアするものなのである。

「ストーリーは語れない――データを提示する必要がある」

データを提示する場合でも、ストーリーを用いれば、誤解を防ぎ、聴衆を共通の理解へと導くことができる。データを示すからといって、ストーリーを避ける理由にはならないのだ。むしろデータは、ストーリーを語るべき理由となる。データ・ストーリーのアイデアは、データ・セットから紡ぎ出せる最小単位のストーリーで示せることが多い――たとえば、1人の人物のストーリー、というように。聴衆がその人のストーリーとつながることができれば、データをより大きな尺度で理解できるようになる。これは非営利活動でよく使われる手法だ。PART3の「13　データを伴うストーリーテリング」で、アイデアの見つけ方、データを詳細に取り入れたストーリーの語り方について紹介する。

ストーリーのアイデアを選ぶと、あなたが設定したペルソナと、望みの結果をつなげる方法が見えてくる。自分のいまの状況では効果的なストーリーは語れない、とあれこれいいわけを考えたくなる気持ちはわかるが、ストーリー語りをあきらめないでほしい。問題は、設定にそぐわないストーリーを語ることではなく、十分にストーリーを語っていないことだ。聴衆とぜひ共有したいと思う、胸を高鳴らせるようなアイデアを見つけることに意識を集中してほしい。トピックの中にどんなおもしろい可能性が埋もれているのか、細部を深掘りしてみよう。

アイデアを選んでいるうちに、こんなふうに思うときがめぐってくる。**個人的なストーリーを語らなくてはいけないの？**　どんなストーリーも個人的なものではある。たとえそれが他人のストーリーであっても。個人的なストーリーを共有することについては、誤解が多い。一からストーリーを創作すべきだろうか、と考える人すらいる。それについては、次章で探究していこう。

まとめ

アイデアを選ぶ

（巻末のチェックリストも参照のこと）

- 感情にしたがう――アイデアを選ぶときは、人とシェアすることに胸が躍るかどうか、興味を覚えるかどうか、という点に注目する。
- 優れたストーリーは、語り手と聴き手のあいだにエネルギーを行き来させる。
- アイデアの選択――アイデアのツールキットに目を通す。その中から、望みの結果を達成できそうなものを選ぶ。つまり聴衆に知ってもらいたいこと、考えてもらいたいこと、感じてもらいたいこと、あるいは行動に出てほしいことだ。

●アイデアのツールキットを見直しているとき、ストーリーのための新たなアイデアを思いつくことがよくある。

●さらなる選択肢を作るために、アイデアを組み合わせたり、異なる視点から語ったりする可能性を考えてみる。

●プロセスを信じること。たとえそれによって落ち着かない気分になったとしても。落ち着かないのは、まだ人とシェアするにふさわしいアイデアが見つかっていないというサインだ。

●退屈なトピックを語らなくてはならないと感じたら、細部を深掘りして、関連する人、状況、具体的なものごとについて、さらに学んでみる。

●疑り深い人には焦点を合わせない。自分が決めたペルソナを心に抱き続ける。聴衆の中には、あなたが決めたペルソナと疑り深い人が混ざり合っていることもある。

●長いから優れたストーリーとは限らない。ストーリーは構造を欠くと、だらだらと長くなりがちだ。

●リーダーだからといって、ストーリーテリングを免除されるわけではない。ストーリーはあなたのリーダーシップを広げ、あなたがいない場所でも議論を生むことができる。

●ストーリーテリングとデータは、強力なタッグを組む。ストーリーはデータの理解をさらに深める手助けとなるのだ。

ステファニー・スタッキー

スタッキーズ・コーポレーションCEO

あなたはストーリーテリングを通じて、スタッキーズに感動的なまでの利益をもたらしました。いちばん最初に語ったストーリーを覚えていますか?

最初のストーリーを語ったのは、わたしが最悪の状態にいたときのことです。会社を買って数か月後でした。あの日わたしは、惨憺たるありさまの、古びたスタッキーズの前に車を停めました。油まみれの悲惨なガソリンスタンドで、トイレも汚れ放題でした。祖父が見たら、さぞかしぞっとしたことでしょう。何しろかつてそこは美しい店で、州間高速道の魅惑的で快適なオアシスだったのですから。現在、わが社は各店舗を所有も運営もしていませんが、店内ではわが社のピーカンログロール、ナッツ、そしてキャンディといったお菓子を販売しています。

以前から、わが社のブランドが復活したことに関して、陽気でポジティブなストーリーを投稿しようと考えていました。ですからその日、わたしは店の写真をアップして、こんなことを書いたんです。「わたしはいま、失われたスタッキーズを探してアラバマの脇道で車を走らせているところだ。わが国のように、わが社にもかつて栄光の日々があった。でもわたしは、わが国とわが社の両方を生き返らせるために、できることは何でもすると意を決している」

それをリンクトインに投稿しました。それまで、わたしの投稿には友人と家族から20個ほどの「いいね」がつけられる程度でした。ところがその投稿は、大躍進を遂げたんです。2日もしないうちに25万回も閲覧され、数千回も検索結果に表示され、数百もの個人的コメントがついたのですから。

そのとき、実感しました。本気で人とつながるには、誠実でなければならない、と。誠実でいられる唯一の方法は、自分をさらけ出して心のもろさを受け入れることです。誠実さへの道は1本きりで、そこを歩むには、そうするしかありません。

昔からストーリーを語ってきたのですか——一族のビジネスを買い戻す以前から？

わたしは（アメリカ）南部の出身です。教会で説教を聴いたあと、家の前のポーチにすわって歳を重ねてきました。そういう生き方が、わたしたち南部人のDNAに刻まれています。教会に通って、日曜日には豪華な食事を用意して、みんなでテーブルを囲んでおしゃべりする。そういうものだと思ってきました。食事時はストーリーを共有する時間だったので、ストーリーは昔から楽しんできました。

わたしは2つの方法でインスピレーションをメモすることにしています。わが家のPCには、「すごい投稿ネタ！」と名づけた、ソーシャルメディア投稿アイデアのためのページがあるんです。PCの前から離れているときのために、iPhoneにもその投稿アイデアのページを丸ごと入れています。PCとiPhoneそれぞれに、それこそ50から75個の投稿アイデアが入っているんです。もう1つのメモは動画です。短い動画を撮ったら、それを保存しておいて、仕事が忙しくて動画を撮影する時間がないときは、その中から引っ張り出してくるんです。

人にいちばん共感してもらえるのは、どういうストーリーですか？

ドライブ旅行のストーリーだと思います。多くの人に共通する経験ですから。年齢、人種、ジェンダーに関わらず、ドライブ旅行は身近なトピックです。楽しいストーリーでもありますしね。わたしは、投稿するトピックを7つに分類して、ストーリーを語るときは、そこから少なくとも1つを取り上げています。ドライブ旅行、家族、アメリカ関連、ピーカン、郷愁、そして南部人のおもてなし等ですね。人に親近感を抱いてもらえるような、何か共通の要素を見つける必要があると思います。

7 個人的なストーリーを語るべき？

わたしはこれまで、雑誌記事や基調講演のために100以上ものストーリーを書き、語ってきた。そして例外なく、個人的なストーリーをふくめたものがもっとも大きな相互作用とつながりを生み出してきたといえる。ポジティブな場面のあるトピックだろうと、むずかしい教訓を伴う失敗についてのトピックだろうと、関係ない——聴き手は個人的なストーリーに自身を重ね、親近感を抱くものなのだ。新規の顧客とはじめて会合を開いたとき、そうしたストーリーに言及されることも多い。数か月前に基調講演で聴いたり、ブログで読んだりしたということで、こんなふうにいってくれるのだ。「あのストーリーのおかげで、あなたとはすでに知り合いのような気がします！」

ただし、プライベートなストーリーは共有しないことにしている。プライバシーは守っているのだ。わたし自身、もしくはわたしの経験に焦点を合わせたものでない限り、家族についてのストーリーを持ち出すことはまずない。一方、わたしの失敗やミスについてストーリーで語ることには、まったく不安は感じない。というのも、そういう話はわたしの個人的な境界線を越えないからだ。失敗から学ぶことは多いし、聴衆のために具体的なアイデアを打ち立てるのに役に立ってくれる。

個人的なストーリーを披露するたび、その反応にはいい意味で圧倒される。聴衆からメールやカード、そしてメッセージが届き、わたしのストーリーにとても共感したと伝えてもらえるからだ。お返しとして、自身のストーリーや写真をシェアしてくれる人も大勢いる。個人的なストーリーを語ると、情報やファクトを提示するよりも、遙かに早くつながりを生むことができるのだ。

聴衆とのつながり方について考えるとき、こんなふうに思うかもしれない。**個人的なストーリーを語るべき？** ストーリーテリングには、もともと自分のもろさをさらけ出す一面がある。あなた自身に関するストーリーを語れば、その感覚がいっそう強まるだろう。何か個人的なものごとをシェアするときは、その点を問題視してしまいがちだ。環境や地域によっては、個人的なストーリーを不適切な自慢話や豪語と取る向きもあるかもしれない。でも「個人的」といっても、その範囲にはかなり幅があるのではないだろうか。あなた自身の視点をシェアすることから、度が過ぎる共有、すなわちプライベートな細部を明かすことまでと、実に幅広い。

「個人的」と「プライベート」は違う

個人的なストーリーを語るからといって、あなたのプライベートな細部を明かす必要はない。ストーリーテリングに境界線を引くことは重要だ。各自が自身の境界線を設定する必要がある。ある人にとってはプライベートに感じられることが、他の人にしてみればまったく問題ないと感じられることもある。あなた自身が、自分にとって何がプライベートで、何を人と共有すべきではないのかを、決めるようにしよう。

個人的なストーリーは、暴露話を求めるものではない。ストーリーをシェアするときはいつでも、あなたにしか語ることのできないバージョンで語るようにすればいいのだ。つまり、あなたの視点で語ること——たとえ他の人に関するストーリーを語る場合でも。あなたと何かとの個人的なつながりをシェアするのに、プライベートな情報をあれこれ盛り込む必要はない。聴衆は、あなたの視点に親近感を覚え、反応してくれるものなのだから。

ストーリーテリングをテストする際、あなた自身に関するストーリーをシェアすると聴衆の反応が強まるのがわかるはずだ。あなた自身、語り手の人間味を感じさせるストーリーを聴いたときのことを、思い返してみてほしい。そんなときは、おそらく語り手とつながり、理解を深めたのではないだろうか。ストーリーは、語り手の個人的な価値観や気遣う対象を、より鮮明に描き出すことができる。個人的なストーリーを共有することで、聴衆はあなたからこういわれているように感じるのだ――「こんな話をするくらい、わたしはあなたのことを信頼している」。そして聴衆はあなたのそんな態度に、さらなる信頼と共感で報いてくれる。

個人的なストーリーを語っても、弱みを見せることにはならない

毎年恒例の全社会議に向けたプレゼンテーションを手伝ってほしい、とリナがわたしに連絡してきた。とあるエンジニアリング企業のリサーチと開発部門の長として、彼女は会社に翌年に向けた戦略を受け入れてもらうためのストーリーを考え出そうとしているところだった。望みの結果について話し合っているとき、彼女がこんなことを口にした。「1つだけ希望があるんです。わたし、個人的な話はしたくありません。リーダーシップ・チームの中で女性はわたしだけで、他のメンバーは皆わたしより15歳も年上の男性ばかりなんです。わたしには幼い子どもがいますけれど、あの人たちのお子さんはもう家を出ていますし、お子さんたちが幼かったときも、あの人たちが子育てに参加していたとは思えません。それでなくともわたしは、家庭と仕事の両立を目指していることを批判されているように感じているんです。だからわたし自身とか、わたしの家族に関する話をして、あの人たちにこちらの弱みを見せたくないんです」

こんなふうに考えたことはあるだろうか。「個人的なストーリーを語ると、人に弱みを見せてしまうことにならない?」リナのように、これはプライベートな話題なので人とシェアしたくない、と思うことはある。個人的な話をするときは、自分をさらけ出しているようで、落ち着きを失いがちだ。でも、あなたのそんな気持ちと同じものを聴衆も感じているわけではない。個人的なストーリーを耳にした聴衆はたいてい、この語り手は自分というものをしっかり持っていて、誠実に話をしている、と感じるものなのだ。あなたのことを、弱い人間だと思ったりはしない。むしろ、あなたに対する共感を高め、あなたのストーリーと経験を我がことのように感じて、あなたと同じ内集団の一員だと感じてくれることの方が多い。

自分自身のストーリーを語ると、落ち着きを失うこともある

ライアンはフォーチュン500にランクインする金融会社のCEOで、1年ぶりにチームを集結させようとしているところだった。ビジネスが苦境に立たされていたことから、チームとして葛藤を乗り越え、新たな戦略を打ち立てる必要に迫られていた。ライアンと一緒にワークショップの課題と進め方について見直しているとき、わたしは彼に、冒頭に個人的なストーリーを語ってほしい、と告げた。何かを暴露したり、プライベートなことを明かしたりする必要はないけれど、あなたという人間に親近感を抱き、身近に感じてもらうため、そして会議の雰囲気を設定するために、といって。

わたしが「個人的なストーリーを語ってほしいんだけど……」といいかけたとたんに、ライアンは落ち着きを失いはじめた。「僕個人の話はしたくない」と彼はいった。「個人的なストーリーを語ったりすれば、自分をさらけ出しすぎてしまうか、自慢話をしていると思われてしまう」

「なるほど」とわたしは応じた。「でも、暴露話のようなものをしてもらいたいわけではないの。目的は、

あなたという人間を身近に感じてもらって、あなたがチームを信頼していると示すこと。何か個人的な話で口火を切れば、みんなにあなたのことをもっとわかってもらえるし、そのあとの避けられないむずかしい話し合いにも心を開いてくれるようになると思う」

ライアンは即座に譲歩することなく、考えてみるとだけいった。ワークショップ当日、チームを迎え入れたあと、ライアンはしばらく間を置いた。やがて彼は、自分の父親が障害者であることをチームに告げた。感情がこみ上げたのか、声を震わせながら、彼は父親が直面した困難について、父親の障害がライアン自身の人生、決断、そしてリーダーシップに及ぼした影響について、語っていった。

その3分間のストーリーで、聴衆は過去1年間に知った以上に、ライアンのことを知った。チームのメンバーが彼の真摯な態度に反応し、部屋のエネルギーが変わっていくのがひしひしと感じられた。ライアンのストーリーは、場の雰囲気も変えた。他のメンバーも、ストーリーを披露しはじめたのだ。チームの信頼度が増し、皆の心の防御壁が下がっていった。おかげで、会社の苦境に対するむずかしい話し合いをスムーズにはじめることができた。

自分自身のストーリーを語ると、自分をさらけ出しているような気がして、落ち着きを失うこともあるだろう。舞台の中央でスポットライトを浴びながら、こういっているように感じてしまう。「わたし、わたし、わたし、わたしぃぃぃぃぃぃ！」しかし考え抜かれた個人的なストーリーをシェアすれば、実に大きなつながりと信頼を生むことができるのだ。

優れたストーリーでは、心のもろさが鍵となる――あなた自身のストーリーを語るにしても、他の誰かのストーリーを語るにしても。だからこそ、本書ではこのあとそれについてまるまる1章を割いて取り上げているのだ（PART4の18章）。自分自身のストーリーを語るときは、もろさがいっそう増すように感じられる。その話を語るたびに、そのときの感情を再び経験することになるからだ。だから、つい避けたくなってしまう。それでも、それこそが聴衆との強いつながりと意味を生み出す方法なのである。

他人のストーリーも、個人的なものであることに変わりはない

他の人のストーリーを語るときでも、あなたなりの視点、洞察、そしてエネルギーを加えることで、個人的な印象を持たせることができる。語るのは他人のストーリーかもしれないが、あなたの視点をシェアすることで、個人的なものになるのだ。以前も語られたことのあるストーリーだとしても、あなたによって語られたわけではない。登場人物や出来事に対するあなた自身の視点を聴衆に理解してもらうことで、そのストーリーをあなたのものにしてしまおう。

わたしのTEDトークの冒頭と最後は、わたしの視点から語った他の人の話だ。わたしが注目した箇所、そしてそこからの収穫を強調している。わたし自身のストーリーではないものの、個人的なストーリーであることに変わりはない。わたしなりの語り方であの話をすることで、聴き手はわたしの価値観を知ることになるのだから。

まだパブリック・ドメインになっていない他人のストーリーを語ると決めたら、許可を得ることを忘れずに。たとえばわたしが友人や顧客についてのストーリーを語りたいと思ったら、本人がそれに賛同してくれること、そして省いてもらいたいとか、匿名にしてもらいたいとか、伏せておいてもらいたい、といった細部がないかどうかを、本人に確認しておく。誰かを驚かせたり、明かされたくない情報を明かしたりするような事態は、絶対に避けたいからだ。

他の人のストーリーを語る許可を得たら、そこにあなたなりの視点や考えを加えることに集中し、それをあなたのストーリーにしてしまおう。まずは、いくつか自身に問いかけてみてほしい。**なぜこのストーリーに共鳴したのか？　どうしてこれを他の人たちと共有したいと思ったのか？　このストーリーと、どうつながればいいのか？　聴衆をこのストーリーにつなげるには、どうしたらいいのか？**　聴衆のために打ち立てたいアイデアを考えるに当たり、そこにあなたなりの視点をどう取り入れられるかを考えてみよう。あなたがそのストーリーをシェアしている理由を、聴衆にわかってもらうのだ。

他人のストーリーを語るために考慮すること

優れたストーリーは、聴衆にその中の出来事を見て、聴いて、感じて、経験している気分にさせる。他の人のストーリーを語っているときは、ついストーリー内の出来事を正確に伝えることに気を取られ、そこに五感と感情を引き込むことを忘れがちになる。どんなストーリーであれ、それを直に経験しているような感覚を聴衆に与えなければならない。

こう自問してほしい。**自分がこのストーリーの中にいたら、どういう行動に出ただろう？　どう感じただろう？　このストーリーを通じて、自分ならどう変わっただろう？　どこで苦労するだろう？　どんなことに気づくだろう？**　他の人のストーリーを語る場合は、聴衆にとって有意義なストーリーにするために、細部や具体的な要素を十分に盛り込んだかどうかが肝心だ。そのためには、あなたがストーリーのどこにつながりを感じたのか、そしてそのストーリーから何に気づいたのかについて、きちんと説明する必要がある。そうすれば聴衆は、そもそもあなたがなぜそのストーリーを語っているのか、その理由を知ることができる。

自分自身のストーリーを語るために考慮すること

自分の個人的なストーリーをシェアする方が簡単だと思う人もいるだろう。使うエネルギーが少なくてすむうえ、直に経験した細部や感情なら容易に描写できることが多いからだ。むずかしいのは、聴衆がどの細部に親近感を抱いてくれるのかを見きわめること。ストーリーの中には、あなたにとっては重要でも、聴衆にとっては同じだけの意味を持たない部分があるかもしれない。シェアすべき細部を見きわめるため、ストーリーテリングのプロセスにじっくり取り組めるだけの時間を確保してほしい。その方法については、このあとの章で取り上げる。

ストーリーは創作してもいい?

ある時点に達すると、あなたはこう考えるだろう。**ストーリーは創作してもいいの?**

それはダメ。

あなたが小説家や脚本家といった、フィクションを創作する仕事に就いていないかぎり、創作は御法度である。

聴衆をあなたの望む結果につなげることができるのは、彼らがあなたのストーリーを信じ、ストーリーテラーとしてのあなたを信頼したときだけだ。ストーリーを創作しはじめたとたんに、まちがいなくあなたは人を操ろうとする信用ならない人物だと見なされてしまう。声明やストーリーでわざと人の判断を誤らせようとしたり、操作したりするような政治家やジャーナリストを思い浮かべてみてほしい。そういう人間に対する信頼は失墜し、そのあと彼らが何をいおうが、疑わしく思えてくるものだろう。

いくつか例外はある。登場人物の氏名や個人情報を変更するのはかまわない。わたしも顧客のストーリーをシェアするときは、個人情報、個人的な描写、会社名、そして産業については、伏せておく。ストーリーのプロット・ポイントを変えるのはダメだけれど、些細なことなら変えてもかまわない。たとえば火曜日に起きた出来事を木曜日に起きたことにしたところで、プロットが変わるわけではない。

「こんなときのことを想像してみてほしい……」ではじまるストーリーは、未来のビジョンを創作しようとするものだ。チームのリトリート研修では、よくこんなふうに促される。「目を閉じて、いまから1年後のことを想像してみてください……」こうしたストーリーは、何か重要なことを発見したり、ものごとの変化をイメージしたりするための助けになる。その目標は、創作を通じてその経験をイメージするよう、聴衆を導くことだ。肝心なのは、あなたの意図、すなわちあなたがそれをしている理由と、あなたが達成しようとしているものを明確にすることである。

ストーリーの中には、社員もしくは顧客の典型的な経験談を描写するものもある。その場合、会話や人物描写の些細な穴を埋めるために、数人の経験をストーリーの中で1つにまとめたくなることもあるだろう。それなら、ストーリーを創作したことにはならない――実際の出来事や経験を語るのだから。わたしの顧客の1人が、コーチング相手に関するストーリーを語ったことがある。彼女はストーリーの主要な出来事については覚えていたものの、年月とともに会話の一部を忘れてしまっていた。そこで彼女は、同じような状況における別の数人との会話から台詞を組み合わせ、ストーリー内の空白を埋めることにした――事実やプロットを変えることなく。

ストーリーを創作してしまったら、それが製品やサービスや理念等に関するものならとりわけ、大失敗につながりかねず、操作を怪しまれることになる。聴衆が、操作されている、もしくはこのストーリーはでっち上げだ、と感知したら最後、信頼は失われてしまう（信じてほしい、彼らは絶対にそれを嗅ぎ分ける）。あなたのまわりには、アイデアや事例がたっぷり転がっているはずだ。だからストーリーを創作したり、人を誤った方向に導いたりしないよう、心がけてほしい。アイデアを選んだら、聴衆のために有意義なストーリーを組み立てるべく、構造とプロセスを利用してほしい。

エレベーターの場面に戻って……

ＴＥＤトークのためにマリアとウォルトのストーリーを選んだあとは、それを個人的な話に持っていくことに意識を集中した。こう自問してみたのだ。**わたしがこのストーリーを語るのに適した人間である理由は？　わたしはこのストーリーに何を持ち込めるのか？**　そして、わたしが打ち立てたアイデアと語り方を基に、これを個人的なストーリーに仕立てられることがわかった。

マリアのストーリーとウォルトのストーリーを組み合わせることにしたのは、自分は見過ごされていないと人に感じさせる重要性を聴衆の心とつなげたかったからだ。リーダーの場合、とりわけそれが重要だ。このストーリーを聴けば、どちらの状況だろうと、自分だったらどう反応するだろう、と考えずにはいられなくなる。

このストーリーの最初から最後までに、脳の５つの初期設定が活用されている。ウォルトが試験用紙をひっくり返して白紙だとわかったとき、そしてマリアがスマホを取り戻すには大金が必要だと知ったとき、緊張が生まれ、仮定が裏切られる。わたしは具体的な言葉とジェスチャーで五感を引き込むことにしている。どちらのストーリーでも、聴く者を落ち着かない気分にさせる瞬間へと意図的に導くことで、自分は見過ごされていないと人に感じさせることの重要性を知る内集団の一員だと感じさせるようにしているのだ。「わたしはこう思う」とか、「わたしはこう感じる」と明言せずとも、ストーリーを通じてわたしの視点は明確だ。わたしなりの語り方をすることで、わたしは登場人物の1人になったも同然なのである。

結婚式の祝辞や、弔辞を述べるとき

結婚式で乾杯の音頭を取るときの挨拶と、追悼の場での弔辞は、人前で語るストーリーの中でも、もっとも個人的なものとなる。人とのつながりを生み、人を感きわまらせ、人生を祝福するストーリーだ。それなりに考慮すれば、そうした場面で愛する人を称える最高のストーリーが見えてくる。

弔辞

友人のトーニャが電話をかけてきて、怖くてたまらない、と訴えた――親友のケリーが長いあいだ脳腫瘍と闘ったあげく、亡くなったのだという。ケリーという人は、町中に顔見知りがいたようだ。アスレチック・トレーナーであり、地元美術館の理事会に席を置き、さまざまなチャリティ活動でボランティアをしていた。彼女の遺族がその美術館での追悼会を計画しており、200名以上が参列する予定になっていた。彼らはトーニャに、ケリーのために弔辞を述べてほしいと依頼した。ノーとはいえなかった。しかし人前で話をするとき、トーニャはひどく緊張するたちで、しまいには顔と首に赤いまだら模様が浮かんできてしまうほどだった。何を話せばいいのか、彼女には見当がつかなかった。そんな大人数を前にするとなれば、なおさらだ。

そこでわたしはトーニャに、「いかにもケリーらしい」思い出話はないだろうか、と問いかけてみた。

他の人ならしそうもないことを、ケリーだからこそ放っておけずにしてしまった出来事とか。するとトーニャは笑い声を上げ、義父が病気になったために、夫と2人で突然町を離れることになったときのことを話しはじめた。あまりに突然の出発だったために、彼女は道中ケリーにメールを送り、毎日家の郵便物を家に入れておいてほしいと頼むしかなかった。トーニャたち夫妻が一週間家を空けたのちに帰宅すると、家に生花とクッキーが用意され、テーブルにはケリーからのメモが残されていた。冷蔵庫にはローストチキン、さや豆、マッシュポテトがストックされていた。キッチンの掃除まで終わっていて、郵便物のわきには洗濯ずみのタオルがきれいに積み上げられていた。

話しながら、トーニャは当時を思い出して笑った。「わたしが掃除するより、キッチンはきれいになっていたの。それに生花なんて、わたしは買ったこともない！　いかにもケリーらしいわ」そんなふうに、トーニャは思い出を語った。「彼女は昔から思いやりにあふれていた。細々と気を配って、人をいい気分にさせるのが上手な人だったの」

わたしは、その話を皮切りに弔辞に入るようアドバイスした。そうすれば、弔問客にケリーの知られざる一面を披露することになるし、彼らを笑わせることもできるだろう。最初の笑い声が聞こえたら、肩の力が抜けるはずよ、とトーニャに請け合った。そして思った通り、トーニャがクッキーの皿と洗い立てのタオルについて描写したとき、聴衆が小さな笑い声をもらし、しきりにうなずきはじめた。トーニャはいつしか笑みを浮かべていた。そして弔辞を最後まで述べ、ケリーが遺してくれたものを称えることができたのである。

弔辞を述べるのは、誰もが恐れることだ。その人の人生を称えるにふさわしい言葉を見つけるのは、非常に優秀なストーリーテラーにとっても重い負担になりかねない。弔辞を述べている最中に自分の感情をコントロールするのは、もっとむずかしい。

弔辞を述べる場合は、3つのことに焦点を合わせよう。故人の人生と遺産を称え、祝福すること。聴衆に故人についてさらに知ってもらうこと。そして、参列者が知りそうにないストーリーをシェアすることだ。この3つの望みの結果に焦点を合わせれば、シェアすべきストーリーを考えやすくなる。次の質問に答えて、取っかかりをつかもう。

- あなたは故人のどんなところを称賛している?
- 故人が、「いかにもその人らしい」ことをしたのはいつ?
- 故人のどんなところが好き?
- 故人のいちばん愉快なエピソードは?
- 故人と一緒に1日やり直せるとしたら、どんな日になると思う?
- 故人の知られざるストーリーは?
- 故人がこだわっていたことは?──たとえば料理を皿に盛り合わせるとき、料理同士が触れ合わないようにするなど。
- 故人と知り合ったきっかけは?
- あなたが故人と共有した祝日、休暇、経験は?
- 故人の愉快な奇癖は?　たとえば、写真を撮ると必ず、フレームに指が入り込んでいるなど。

弔辞には、故人の知られざる一面を表すさまざまなストーリーが語られることが多い。弔辞を述べるのにまちがった方法というのはないが、その人を象徴するようなストーリーからはじめるのがいいだろう――「いかにもその人らしい」エピソードだ。故人らしさを的確に描写すれば、聴衆が笑い声を上げてくれる。最初の笑い声が聞こえれば、リラックスして気楽に話を続けられるようになる。冒頭のストーリーに故人とあなたの関係がふくまれていない場合は、そこから故人との関係を紹介すればいい。次は、故人の個人的な、あるいは仕事上の出来事や功績を強調し、故人を祝福する。そこに、故人の生活の場、人生における大切な人間関係、趣味、加わっていたグループ、そして仕事上の功績をふくめよう。弔辞の締めとして、故人の存在があなたにとってどういう意味があったのかについて触れるのもいいだろう。故人から学んだこと、故人から受け継いだこと等々。

話の区切りに短いストーリーをいくつか加え、愛する人の性格を浮かび上がらせるのもいい。あるいは、故人の人生や印象を語る中で、いくつかのストーリーを効果的な箇所に挿入する。どれを選ぼうとも、弔辞を述べる前にストーリーを練っておくことが大切だ。あなたが語りたいと思うストーリーや、シェアしたいと思うポイントを探しながら、だらだらしゃべり続けるのはやめよう。先にストーリーを練っておく方が、あなたの感情をコントロールするのも、聴衆とともに愛する人を祝福するのも、容易になる。ストーリーを構築する方法については、あとの章で紹介する。

結婚式もしくは婚約式での乾杯の挨拶

結婚式で乾杯の音頭を取るときの挨拶も、弔辞で扱うような話題と重複するものが多いが、口調は変える必要がある。弔辞は過去をふり返るものだが、結婚式では、新郎新婦と、そこに至るまでの２人の道のり、そして2人の将来に焦点を合わせよう。

弔辞と同様に、結婚式での挨拶も、聴衆に新郎新婦のことをさらに知ってもらい、「いかにもその人たちらしい」話をシェアする機会となる。目標は、約3分間で新郎新婦に対する愛と支援に、聴衆の心をつなげることだ。思いつきのストーリーや、他の人には通じない内輪のジョークを盛り込むのは避けよう。

結婚式での乾杯の挨拶にふくまれる典型的なトピックは、あなたと新郎新婦の関係、彼らのユニークな人柄、あなたにとっての彼らの存在意味、そして2人の将来に向けての祝福と願い等だ。弔辞が数多くのストーリーを集めて作られることが多いのに対し、乾杯の挨拶にふくめられるストーリーは、通常1つもしくは2つ。あなたがストーリーの最後で新郎新婦の未来を祝福する言葉が、2人の結婚にちなんだテーマもしくはアイデアを表すものになるかもしれない。

次に、乾杯の挨拶を考えるための取っかかりとなる質問を挙げておく。

- 新郎新婦と知り合ったのはいつ？
- 新郎新婦のどちらか片方との、あるいは両方との、最初の思い出は？
- 2人が一緒になる運命にあることをあなたが知ったのはいつ？
- カップルとしての、いかにも彼らしいエピソードは？
- 招待客の大半が知りそうにない、彼らの婚約の裏話は？
- 2人がカップルとして成長する姿は、あなたの目にはどう映っていた？
- 新郎新婦からあなたが学んだことは？
- 乾杯に際して、「愛」とか「幸せ」とかといった、特定のテーマはある？　もしあるなら、そのテーマを象徴するような2人のストーリーは？

乾杯しようと集まった聴衆は、すでに心を引き込まれている。部屋中に、愛のホルモンであるオキシトシンが満ち、興奮と支援の気持ちがあふれている。だから、ストーリーテラーとしてのあなたの仕事はスムーズにいくはずだ。聴衆はすでにあなたの側についており、新郎新婦の心温まるストーリーを1つか2つ聴いて、笑おう、歓声を上げよう、「とことん」感情を揺さぶられよう、と身構えている。挨拶のどこにストーリーを挿入しても、効果を発揮するだろう。冒頭でも、あなたと新郎新婦の関係を紹介する箇所でも。新郎新婦の全体的なテーマもしくは豆知識とつなげるストーリー半ばのどこかでも。あるいは最後、感傷的な口調で乾杯の音頭を取るときでも。弔辞と同じように、語るストーリーと、シェアしたい重要ポイントを、あらかじめ把握しておこう。

弔辞や乾杯の挨拶のためのストーリーを構築するステップは、他のストーリーと同じだ。弔辞のあとで、乾杯の挨拶のあとで、聴衆に何を考えてほしいのか？　何を感じてほしいのか？　あなたが語るもっとも興味深いアイデアは？　これから先の章で、あなたのストーリーを五感と感情を引き込む説得力のあるものにするため、ストーリーテリング・モデルに沿って進める方法を学んでいく。あなたの視点で、より生き生きとした個人的なストーリーを作成できるようになるはずだ。

就職面接

就職面接は、面接官にあなたという人間を理解してもらい、彼らの仮定と第一印象を形づくるために個人的なストーリーをシェアするいい機会だ。面接官は自身の知識と経験を通じて、あなたへの理解をフィルターにかける。面接官にこちらの希望通りに理解してもらうには、ストーリーが役に立つ。

思い出してほしい。ストーリーテリングは、つながり、信頼、そして共感を生む。新しい会社に入るための面接を受けるにせよ、いまいる会社の中で異なる部署への配属を求めて面接を受けるにせよ、あなたは内集団と外集団の両方に属している。だからストーリーを通じて、面接官にあなたのことを内集団の一員だと思ってもらおう。似たような経験、価値観、あこがれについて語り、あなたのことを「自分たちと同じ」だと見なしてもらうのだ。逆にストーリーで異なる知識や経験を強調することで、外集団の感覚を生み出すこともできる。そうすれば面接官は、異なる思考とアプローチを持つあなたならチームを補完する存在になる、と思うかもしれない。

応募者に対して「文化が合わない」という表現を耳にするときは、面接官が彼らを外集団の一員と見なしている場合が多い。これは応募者が面接官に、自分の経験はチームを補完するものであり、チームと対立するものではないと理解させられなかった結果だ。内集団にしても外集団にしても、その所属先を意図したストーリーを語れば、あなたがその役割、チーム、企業文化に貢献できると理解してもらえるはず。優れたストーリーなら、面接官につながりを感じさせ、採用の決め手となる差別化要因を作り出すことができるのだ。

面接に向けてストーリーを準備するには、3つのステップをお勧めする。まず、本領を発揮しているときのあなたを描写する言葉もしくはフレーズを、3つ決める。自分はこういう人間なのだ、と面接官に示せるような特徴を考えよう。たとえば「あなた自身のことを教えてください」といわれたら、わたしはこう答えるかもしれない。「わたしのことは、ストーリーテリングのツアーガイドだと思ってください。コミュニケーションの新しい目的地にあなたをお連れします――道中、あなたにいろいろ教えることができます」

あるいは、こう答えてもいい。「わたしはリーダーシップの指南役です。リーダーの背中を押して、彼らをすべきことに向かわせ、その理由を理解するための手助けをします」

そうした言葉やフレーズを決めるときは、具体的なものにする。たとえば「誠実」といった一般的な言葉を用いるなら、あなたにしか表現できないような、鮮明で、詳細にわたる描写にしよう。そうした言葉を決めておくと、相手を会話に引き込むことに成功し、あとで感謝のメッセージが届くことになる。そうした言葉がいわばテーマの役割を演じ、面接官の頭にあなたと過ごした時間を記憶させ、あなたへの理解を定着させることになるのだ。

2つめは、面接官のペルソナを考えること。それに合わせて、彼らに対するメッセージとストーリーを組み立てよう。次の質問を利用して、面接ごとに計画を練ってみてほしい。

- 面接官について、あなたが知っていることは？
- 面接官には、あなたの何を知ってもらいたいのか？
- その役割に自分が適していると思う理由は？（内集団）
- その役割もしくは組織に、あなただからこそ貢献できるものは？（外集団）
- 面接官は、あなたをどんな人間だと仮定しているのだろう？

そして3つめ。面接には「……のときの話をしてください」タイプの質問がふんだんに使われる。面接官があなたの価値観、技術的専門性、コミュニケーション、学び、そしてリーダーシップ・スタイルを理解するために投げかけてくる可能性のある質問は、ごまんとある。次のような応用パターンも多い。

- 同僚もしくはチーム内で対立が起きたときのことを教えてください。
- ミスを犯したときのことを教えてください。
- あなたがリーダーとして手腕を発揮したときの例を1つ教えてください。
- 顧客との合意を修正せざるをえなくなった事例を1つ教えてください。
- 自分1人で考える必要に迫られたことはありますか?
- あなたが解決した問題を1つ教えてください。
- 苦境に陥ったとき、どう対処してきましたか?

「……のときの話をしてください」タイプの質問に備えて、ストーリーのツールキットを作成しておこう。あなたが求める役割と関連のあるさまざまな例を、明確にしておくのだ。次の質問に答えることで1文もしくは2文を作成し、それぞれのストーリーの概要を作成しよう。

1 苦境もしくは葛藤――あなたが取り組んだ問題、もしくは葛藤は? 何が課題だった? なぜそれが厄介もしくは難解だったのか? 何も手を打たなかったら、どうなっていた?
2 結果――あなたが取った行動は?
3 結末――あなたの取った行動の結末は?
4 学び――あなたがそこから学んだことは?

あなたの目標は、面接官の脳を引き込むようなストーリーを語ることであり、役割や責任に関するリストを挙げ連ねることだけではない。葛藤や課題について、あなたが解決にどう乗り出したのか、そして何も手を打たなかったらどうなっていたのかについて詳しく語ることで、ストーリーに緊張を生もう。最後にあなたが学んだことを語り、面接官にそのストーリーからの収穫を示すのだ。

面接官には、ストーリーを細々と詳しく語りたくなるかもしれない。でもあなたにとって興味深いからといって、彼らにも興味深いとは限らない。面接は本のようなものだと考えよう。最初の章は、あなたのブランドがテーマ。そのあとに続く章は、それぞれ特定の役割、プロジェクト、あるいは経験についてのストーリー等々。反応を得るたびに、本の内容を丸ごと差し出すのはやめよう。先方にあなたの経験とその要点を理解してもらえるだけの情報を差し出せばいい。ストーリーは1分未満に抑え、そのあと面接官からの質問を受けつける時間的余裕を作る。メタファーや具体的な細部を取り入れる方法と、面接官の五感を引き込む方法については、この先の章で見ていこう。

ストーリーは、雪の結晶のようにユニークなものだ。たとえ他の人の話であっても、個人的なものとなる。ストーリーの中であなたのプライバシーを明かす必要はないが、あなたなりの視点はぜひとも必要だ。あなたにしか語れない方法で語ること。弔辞や乾杯の音頭を取るときの挨拶、そして面接試験の場では、とりわけ。アイデアを選ぶときは、あなたがそのストーリーにどんな視点や価値観を持ち込もうとしているのかを考慮し、それをストーリー全体に一貫して取り入れるようにしよう。

優れたストーリーは、確固たる構造をしている。だからこそ、より簡潔になり、筋を追いやすくなる。次はその点について述べていく。ストーリーの4構造を適用して、聴衆に向けて説得力のあるストーリーを語る方法を学ぶのだ。

まとめ

個人的なストーリーを語るべき？

（巻末のチェックリストも参照のこと）

● 個人的なことと、プライバシーは違う。個人的な話だからといって、プライベートな情報を明かしたり、暴露したりすることは求められない。あなた自身が境界線を引き、どこからがプライベートかを決めよう。

● 聴衆は、あなたが個人的なストーリーをシェアして自身のもろさをさらけ出したことに反応する。

● どんなストーリーも個人的なものだ。それがあなた自身のストーリーでないとしても。他の人のストーリーであっても、あなた独自の声と視点で語るようにする。

● 個人的な話をしたからといって、人に弱みを見せるわけではない。むしろ聴衆から信頼と共感を得られるようになる。

● ストーリーを創作するのはダメ。ストーリーを創作すれば（ビジョンを語るのは別として）、聴衆は操られているように感じ、あなたを信頼しなくなる危険がある。

● 弔辞と乾杯の音頭を取るときの挨拶は、もっとも個人的なストーリーになることが多い。どちらも、誰かを称賛、祝福し、知られざるストーリーを共有する機会だ。

● 就職面接は、面接官にあなたを理解してもらうためにストーリーを共有する機会である。

ドリュー・ダドリー

基調講演及びＴＥＤ（「エブリデイ・リーダーシップ」）のスピーカー、ベストセラー作家

あなたのＴＥＤトークは、大きな反響を呼びました。人が大勢いる前で、未来の夫婦にロリポップ・キャンディーを手わたしたという、陽気なストーリーでしたね。「ロリポップ・ガイ」として有名になるのは、どんな気分ですか？

あの６分間の動画が話題に上ったときは、狂喜乱舞でした！　ただ、あのストーリーの中の出来事はあくまで偶然だった、という点は念を押しておきます。リーダーシップを意図した場面ではありません。あの瞬間、彼らの人生が変わったわけですが、あのときどういうやりとりをしたのかは覚えていません。

ストーリーを通じて、人に何を経験してもらいたいと思いますか？

ストーリーテリングは、人の関心を引き、維持するためのツールです。かつて、国境なき医師団のジェームズ・マスカリク医師にこういわれたことがあります――「ストーリーは、人間の理解の基本的な構成単位だ」。お気に入りの定義です。僕はストーリーを使って、ものごとの理解度を上げたいんです。それがプロセスであれ、視点であれ、動機であれ。

目新しいアイデアなんて、そうそうありません。だから僕はそれをマジックテープでくるんで、くっつけてしまうんです。僕が探しているのは、ストーリーで人の恐怖心を和らげる方法です。個人的な機能不全にしても、組織的な機能不全にしても、心の準備が整わないうちに何かがつけ加えられたり、奪われたりする恐怖が原因ですから。そういう恐怖に取り組む方法を、ストーリーで提案しています。

人の心を引き込むようなストーリー、教訓となる

ストーリー、あるいは気分を軽くさせるストーリーを語りたいと思うときがあります。一方、自分にとって重要な信条、洞察、あるいは事実を、人にもわかってもらいたいと思うときもあります。こう自問するんです。**このアイデアを反映させるには、どんなストーリーを語ればいい？**

先ほどのロリポップ・ストーリーをTEDで語る準備をしていたときは、こう自問しました。**このロリポップ・ストーリーから学べることは？** 人は自分をリーダーと呼ぶことを恐れている、そんなのはうぬぼれや傲慢でしかないと考えている――そう気づいたんです。でもあのストーリーなら、そんなふうに感じる必要はないんだよ、と示すことができます。

ストーリーを語るときは、人を何かに駆りたてよう、人にインスピレーションを与えよう、とは考えていません。スピーカーとして、一定の時間、人の注目を浴びることになるので、いつもこんなふうに思いながら取り組んでいます。**役に立つ人間になって、説得力のあるアイデアをシェアしたい。これが聴衆にどう役立つだろう？**

あなたはどうやって優れたストーリーテラーになったのですか？

僕は知らず知らずのうちに、ストーリーテリングの経験を重ねていたんです。子どものころ、長距離ドライブのあいだに両親に本を読み聞かせていたんですが、そのとき、場面によっては緊迫感を表現することを学びました。それにトロント・ブルージェイズの試合を実況したジェリー・ハワースとトム・チークから、聴衆の引き込み方を学ばせてもらいました。彼らが描写する夜の空気、気温、そして場の一体感は、こちらをあたかも野球場にいるような気分にさせてくれましたからね。

ストーリーテリングに関して、何かアドバイスは？

誰もがストーリーを語るべきです。自分のストーリーを必要とする人なんていない、と思い込んでいる人がたくさんいますが、そんなことはありません。車でアイダホ州を抜けながら、ザ・モスのポッドキャストに耳を傾けていたときのことです。ある森林警備隊員がストーリーを語っていて、こんなことを口にしたんです――「悲嘆は、もっとも古くからの敵に直面した愛に他ならない」。僕は思わず車を道ばたに寄せました。その少し前に、恋人を亡くしたばかりだったんですが、その瞬間まで、泣いたことがありませんでした。その森林警備隊員のストーリーは、僕が聴くべきものでした。2年前に録音されたストーリーだったそうですが、その警備隊員にしても、まさかその日にそれが放送されて、1人の赤の他人に大きな意味を与えることになるとは、思ってもいなかったでしょう。そんなこともあるので、自分のストーリーを聴くべき人がどこかにいると信じて、ストーリーを語ってほしいと思います。

PART 3

葛藤——ストーリーを構築する

The Conflict
Building The Story's Structure

8 ストーリーの概要を決める

「いちばんの教訓を学んだのは、休暇中のことでした。２年前のことです――いえ、あれは３年前だったかしら？　いえ、違う、２年前ね。３年前はペルーにいたから。あれはペルー旅行のあとのことだもの。とにかく、旅の２日目に、パスポートを置き忘れてしまったことに気がついたんです。ええと……最初の週の終わりだったかしら。そうね、だって次の街に行くために列車の切符を買いに行ったとき、財布にあると思っていたパスポートがないことに気づいたんだから……」

ヤズミンはプレゼンテーションの冒頭でストーリーを語った――少なくとも、語ろうとした。ところが細部や時期について、ああでもない、こうでもないとしばらくくり返すばかりで、なかなかストーリーに入っていかなかった。彼女がたいして重要でもない細部を思い出そうと四苦八苦するうちに、聴衆の注意が散漫になりはじめた。

こういうこと、よくあるのでは？

ヤズミンは、ストーリーの筋に入る前から聴衆の関心を失ってしまった。いつの出来事かを思い出すことに躍起になってしまい、聴衆の注意が散漫になったことに気づかなかった。これはよくあるミスだ。ストーリーを正確に語ろうと、具体的な細部を思い出すことに必死になるあまり、先に進めなくなってしまうのだ。意図するところは悪くはないが、そうした細部のほとんどは、聴衆にはまったく関係がない場合が多い。ストーリーテラーは、きちんと構築された話を先に進め、望みの結果を達成しなければならないというのに。

優れたストーリーかどうかは、長さで決まるものではない。聴衆を引き込み、聴衆に理解されるアイデアを打ち立てられるかどうかで決まるのだ。まずはアイデアを選択することで、スタートラインに立つ。実際の作業がはじまるのは、ストーリーテリングの枠組みにそのアイデアを組み立てていくときだ。

ストーリー構造は、主要なプロット・ポイントの枠組みとして機能し、細部を積み上げていくための足場となる。その構造のおかげで、2つのことが可能になる。1つは、ストーリーテラーが理路整然としたストーリーを容易に考えられるようになること。そしてもう1つは、聴衆がストーリーの筋を追いやすくなること。ストーリーの構造を意識することはないかもしれないが、それが欠けているときは、聴いていてわかるものだ。

ストーリーテリングの枠組みには、さまざまなモデルがある。ジョゼフ・キャンベルが提唱した「英雄の旅」というストーリー構造を耳にしたことがあるかもしれない。オリジナルの『スター・ウォーズ』作品を製作する際に用いられたモデルだ。あるいは、即興コメディアンのケン・アダムズが推した、ピクサー社のストーリーテリング・モデル。こうしたストーリー構造が人気なのには、理由がある。聴衆の関心を保つための緊張を、みごとに高めることができるのだ――小説や脚本を作成するときは、とりわけ。

とはいえ、そうした枠組みを使ってストーリーを語ろうにもなかなかむずかしい、即興だとなおむずかしい、という声をよく耳にする。各ステップに頭を混乱させ、そこに自分のアイデアをはめ込もうと四苦八苦してしまうのだ。あなたがしようとしているのは、小説を書くことではなく、会議の場で何らかのアイデアを着地させるためのストーリーを語ることだ。となれば、ストーリーを組み立てるためのわかりやすいモデルが必要になる。

ストーリーの4構造

わたしが考案したストーリー構造は4つのパートに分かれているが、基にしているのは、ストーリーにははじまり、中間、そして終わりの3パートがあるという考えだ。しかしわたしは、もっとダイナミックなものにしたかった。望みの結果を、確実に導き出せるように。その結果、優れたストーリーのニュアンスを取り入れたストーリーの4構造ができあがったのだ——文脈、葛藤、結果、そして収穫である。

この構造を考案したとき、わたしは2つの目標を掲げていた。1つは、シンプルで記憶に残りやすいものにすること。もう1つは、さまざまな文脈を持つさまざまなタイプのストーリー展開をサポートすることだ。4つのストーリー構造と、ステップごとに分かれた円形のストーリーテリング・モデルを意図的に組み合わせ、そこに加えるものをあなたが選べるようにしたのである——1つのフォーマットや、ストーリー・タイプを用いるよう強制するのではなく。

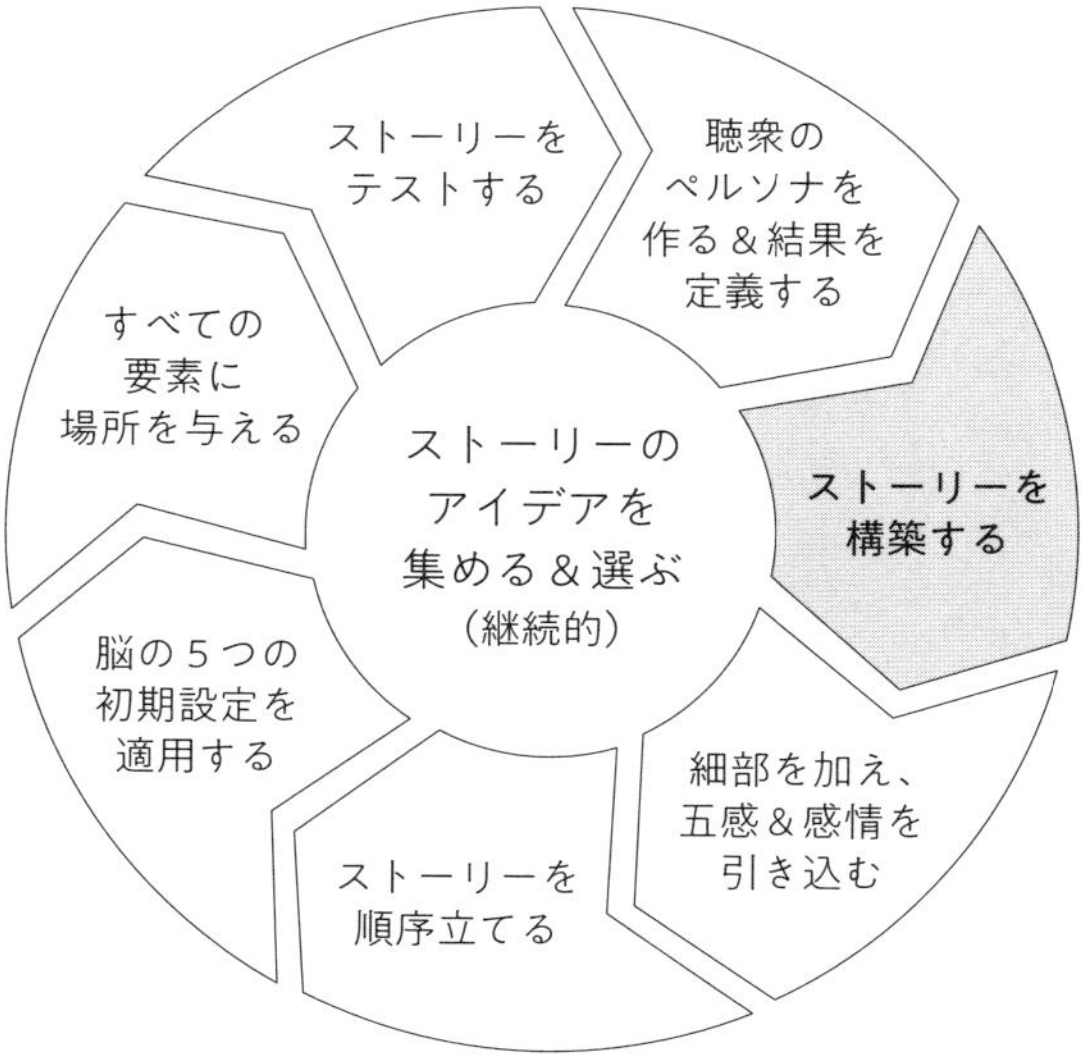

ストーリーの4構造は、ストーリーを組み立てるための時間が20分だろうが2週間だろうが、同じように機能する。ストーリーテラーの考えが整理され、聴衆が容易に話の筋を追えるようになるのだ。わたしは、これから語るのは要点がきちんと伝わる焦点の定まったストーリーであることを確認するため、ミーティングの直前、会場に向かってホールを歩いているときに利用したことすらある。

ストーリーのためにアイデアを選んだら、次に示す4つのセクションそれぞれに対し、要約した文章を1つか2つ書きこんでみてほしい。それがあなたのストーリー構造となる。

1〉文脈は？

ストーリーの背景を描写する。誰が関わり、何が起き、なぜそれが聴衆の関心を引くのか？

TEDトークのストーリー文脈を定義するとき、わたしは2つのストーリーをそれぞれ綿密に練りあげ、両者を最高の形で組み合わせる方法を考えた。マリアは忙しい1日を送るべくオフィスにいて、エレベーター・シャフトにスマートフォンを落としてしまう。チャールズ・シュワブ社のCEOウォルト・ベッティンガーは、大学で4・0の好成績を修め、最後の試験を受けようとしているところだ。

文脈となる文章は、背景と重要なプロット・ポイントを、ごく簡潔にまとめたものにする。マリアとウォルトの詳細すべてをふくめるわけでもなく、登場人物全員をふくめるわけでもない。

2〉葛藤は？

次に、何かが起きて、ストーリーの方向性が変化する場面を描写する。これがストーリーの燃料となる――葛藤、緊張、問題、課題だ。「その前」と「その後」に挟まれる場面になることが多い。ものごとが変わる瞬間でもある。

ＴＥＤトークのストーリーにおける葛藤は――マリアは、エレベーター・シャフトの底にあるスマホがあいかわらず機能していることを知る。そしてそのスマホには社員証、クレジットカード、運転免許証が入っていることに思い当たる。レイが彼女に、電話を取り戻すには高くつくだろうと告げる。ウォルトは教室を掃除する人間の名前を問われるが、その答えを知らない。

それぞれのストーリーの中で解決すべき葛藤を描写した文章だ。具体的な細部や会話は省き、マリアとウォルトの課題を要約している。

3〉結果は？

葛藤の結果を描写する。課題に対して何が起きたのか？　どんな行動が取られ、どんな結末になったのか？

ＴＥＤトークのストーリーの結果は――レイがエレベーターの年に一度の点検を行うことで、マリアのスマホを無料で取り戻す。ウォルトは試験を落とし、そこで学んだリーダーシップの教訓を、キャリアを通じて心に留める。

これは高レベルな結果であり、ウォルトとマリアの両者に解決を与える。彼らのその後の道のりが暗示され、どちらのストーリーも無理のない結論に落ち着く。

4〉収穫――全体的なアイデアは？

ストーリーを聴いたあとで聴衆に知ってもらいたいこと、考えてもらいたいこと、感じてもらいたいこと、そして行動してもらいたいことをまとめる。収穫は、聴衆の心にストーリーのアイデアを着地させることだ。なるべく短く明瞭な文章にする。簡潔な収穫の方が、聴衆にとって、理解するのも、あとで思い出すのも、簡単になる。

収穫は、聴衆のペルソナを決めたときの、聴衆に望む結果に立ち戻って考える。あなたが聴衆に望むことと聴衆がストーリーから得るものは、つながっていなくてはならない。そうなれば、聴衆にとってあなたのストーリーは確実に有意義なものとなる。

プレゼンテーションやストーリーを聴きながら、この語り手は何をいいたいのだろう、とつくづく考えさせられたことはないだろうか？　聴いたあとでしばらく心に残るような豊かなストーリーのことをいっているのではない。日々、会議の席で起きていることをいっているのだ。情報は共有できたとしても、そんなストーリーを聴かされれば、あなたは頭を掻きむしってこう考えてしまう。**この話を聴いて、わたしにどうしろと？**

それはあなたのせいではない――ストーリーの語り手が、話をうまく着地させられなかったのだ。おそらく、彼ら自身も収穫をきちんと把握していなかったのだろう。そこが曖昧だと、聴き手としても理解がむずかしくなる。ストーリーテリングのステップの中で、ほとんどの人が収穫のパートを飛ばしてしまうのだが、このステップこそが、ストーリーが意図した通りに共鳴することを確かにしてくれるのだ。

文脈、葛藤、そして結果は、ストーリーに高水準の構造を提供する。収穫は、ストーリーに「だから何？」の答えを示してくれる。それこそが、聴衆に経験してもらいたいことなのだ。収穫について声に出して伝えなかったとしても、頭にそれを入れておくだけで、ストーリーを語る目的意識が高まるだろう。

ウォルトとマリアのストーリーの収穫は、どちらも同じだ。その役割にかかわらず、あらゆる人に、自分は見過ごされていない、自分は尊重されている、と感じさせることが、リーダーにとって非常に重要である、ということ。この収穫があるからこそ、その2つのストーリーを1つにまとめ、全体的な収穫と望みの結果を通じて、容易に結びつけることができたのだ。

ストーリーを練るときは、このシンプルで記憶に残りやすい4つの枠組みからはじめよう。文脈、葛藤、結果、そして収穫それぞれに対して4つの文章を書き出して構造を作り、プロット・ポイントを整理する。ここでは、どういう順序で語っていくかについては考えなくていい。それをしておけば、その上に積み重ねていく残りのストーリー構造もできあがる。それについては次章で見ていこう——あなたのストーリーに、細部の層を有意義に肉づけしていく方法だ。

まとめ

ストーリーの概要を決める

（巻末のチェックリストも参照のこと）

- 構造が欠けたストーリーは、筋を追いにくい。ストーリーの4構造を使えば、どんな設定でもアイデアを柔軟に打ち立てられるようになる。
- ストーリーの枠組みを考えるときは、ストーリーを語るときに使う細部や順序については考えなくていい。

●ストーリーの4構造を決める。
○文脈――設定は？　誰が関わっていて、人がそれに関心を抱く理由は？
○葛藤――何かが起きたとき、そのポイントは？　課題は？　これがストーリーの燃料となる。
○結果――結末は？
○収穫――話を聴いたあとで聴衆にどんなアイデアを得てもらいたい？　それがあなたの決めたペルソナに望む結果と、どうつながる？
●ストーリーの4構造は、ストーリーの主要ポイントや、シェアしようとするコミュニケーションを明確化するために、会議の5分前でも利用できるツールだ。この構造を利用すれば、聴衆は容易に話を追えるようになるし、ストーリーを理解しやすくなる。

マヌーシュ・ゾモロディ

TEDラジオアワー・ポッドキャスト（ナショナル・パブリック・ラジオ）のホスト

他人のストーリーを語ることと、そこにあなた自身の声を入れることについて、どうバランスを取っていますか？

ホストの役割は、リスナーの代理人になることです。頭にぱっと浮かんだ疑問を口にするために、そこにいるんです。リスナーが、**なぜ彼女は○○を訊かないの？**　と思ったあとで、実際にわたしがそれを訊くというのが、いちばんいいパターンですね。わたしだけが疑問に思うことも、ないわけではありません。それでも、誰もが訊きたいと思うことを訊くようにしています。

インタビューの相手がよりスムーズにストーリーを語れるよう、手を差しのべるのがわたしの役目です。そのために、彼らにもう少しこちらを身近に感じてもらう必要が生じる場合があります。その人がそのストーリーを幾度となくくり返してきたとか、投資家への売り込みをくり返してきたとか、神経質になっているときは、とりわけ。ホストとして、わたしはこう自問することにしています。**この人をできるだけリラックスさせて、これから話をする中で存在感を際立たせるには、わたしはどう合いの手を入れたらいいだろう？**

人がうまくストーリーを語るために、どうやって手を貸すのですか？

わたしはインタビューの場にただ姿を見せればいいというわけではありません。まずはプロデューサーがゲストと話をして、彼らがシェアするエピソードを見つけるのに手を貸します。「その日はどんな日でしたか？　あなたが着ていた服は？　どんなふうに感じましたか?」なかには、すぐに準備が整う人もいます。逆に、何日もかけて自分が話すべきことを考え抜く必要のある人もいます。わたし自身は、あらかじめインタビューするのは避けるようにしています。真っさらな状態でその場に臨みたいからです。でも、プロデューサーからあらかじめ情報は仕入れておきます。

制作の準備段階では、こんなことを考慮します。「これから何を引き出そうか? 彼らはどんなスピーカーなのか? 彼らをどうサポートできるのか?」こちらが何もいわずとも話を進めてくれる人なら、わたしはほとんど口を挟む必要がありません。逆に、わたしが積極的に会話に加わる必要のある人もいます。そちらのパターンも、大好きです。そんなときは、ありとあらゆる愚かな質問を投げかけます。ノーベル賞受賞者と話をするときは、そうすべきなんです。リスナーが簡単に理解できるよう、初歩レベルに立ち戻ってもらう必要がありますから。

TEDラジオアワー・ポッドキャストは、あなたがホストになったときには、すでにはじまっていました。途中からホストとして入ったあと、どうやってあなたらしさを打ち出していったのですか?

ストーリーテラーと人間関係を築き、彼らを信頼することですね。でもまずは、また聴いてもらうために、リスナーとの信頼関係を築きあげる必要がありました。それまでの基準、質、お楽しみ、そして意外性は以前のまま保たれています、と安心してもらわなければなりません。そのあと、わたし独自の味を加えて、番組の新しいリスナーを開拓しました。

エピソードを編集する際、舞台裏ではいろいろなことが行われるのですか?

わたしたちの番組は、かなり高度なレベルで制作されています。ゲストのストーリーをサポートするために、積極的に音楽とサウンドデザインを用いているんです。楽しいストーリー抜きで何かの概念を説明する科学者にインタビューすることもあります。そういうときは、プロデューサーと一緒にインタビューを編集して、リスナーにわかりやすいものに仕上げます。ときには、こんなふうに前置きすることもあります。「覚悟してください。これからかなり専門的な話になります」――リスナーの期待値を設定しておくことは、とても重要です。さもないとリスナーは気をそらし、聴くのをやめてしまいますから。

9 重要な細部を加える

ニューイングランドで暮らしはじめた年、皆がいまかと待ちわびる夏の儀式があることを知った――アイスクリーム・スタンドの開店だ。マイアミ育ちのわたしは、冬を乗り切ったよろこびと、首と肩にかかる暖かな夏の空気のありがたみを、すぐに実感した。友人たちと調整ののち、カレンダーのある日付に赤い丸印がつけられ、カウントダウンがはじまる。「あなたもきちんと入会の儀式をしないとね」友人にそういわれた。

その意味するところを理解したのは、マサチューセッツ州ウエストフォードにあるキンブル農場の前に立ったときだった。農場の長い建物の壁には、販売口が10個並んでいた。いちばん短そうな列を慎重に見きわめたのち、わたしたちはそれぞれの販売口の上に白いプラカードで掲げられた50種類のフレーバーをじっくり検討した。バニラとできたてのワッフルコーンの香りが混じる夕暮れ時の空気を味わっていると き、友人たちが、この酪農場では80年以上前からアイスクリームが売られているのだと教えてくれた。

フレーバーの選択肢の多さに圧倒されたわたしは、カップにするかコーンにするかも決めかねていた。ようやくフレーバーを決めたと思ったとき、アイスクリームを手に販売口から歩き去る人が目に留まった。**わぁ、あれおいしそう！ あれ、何のフレーバー？** 列が進んで販売口に近づくにつれ、わたしの興奮は高まっていった。

正しいフレーバーを選ばなければ、でも、これにまちがった答えなんてないはず。**いまはフルーツ味の**

気分？　それともチョコレート味の気分？　それとも、渦巻きペパーミント？　わたしはオーダーすると、代金を手わたした。ミントクッキー味のアイスが入ったカップが、販売口から差し出された。アイスにスプーンが真っ直ぐ突き立てられている。

わたしは子どものような笑みを浮かべてスプーンを手にし、冷たくクリーミーな最初の一口を味わった。カップに入っていたのは夏だった。わたしはトランス状態に陥ったかのごとく、リズミカルにスプーンを口に運びはじめた。手を止めたのは、冷たさのあまり頭がキーンと痛くなったときだけだ。ときおり頭を傾け、カップの脇を流れ落ちるアイスクリームを舐め取った。スプーンがカップの底をこすると、わたしは遠くに視線を向けた。アイスクリームに酔いしれるうち、わたしの入会儀式は完了したのだった。

それまで、アイスクリームを食べに出かけるよりも、家の冷凍庫からアイスクリームを取り出すことの方が、遙かに多かった。それでも、家でのそうしたひとときを思い出すのはむずかしい。そこにはボウルとスクープ、それにアイスクリーム入りの容器があったであろうことは、わかっている。何かのトッピングやナッツをふりかけたこともあるだろう。それでも、具体的な細部を思い出すことはできない。一方、外にアイスクリームを食べに出かけるのは、１つのイベントだ。細々としたシーンがとても鮮明で、五感に強烈な印象を残し、興奮と期待がない交ぜになる。記憶にくっきり刻み込まれるのだ。

聴衆に情報を伝えるのは、冷凍庫からアイスクリームを出してくるのと似ている。悪いことではないし、目的には叶っている。それでも、記憶に刻まれたり、引き込まれたりすることはない。他方、優れたストーリーを語るのは、外にアイスクリームを食べに行くのと似ている。そちらの方が遙かに魅力的で、鮮明で、記憶にくっきりと刻まれる。フレーバーがバラエティに富んでいるのと同じように、具体的な細部に基づくストーリーの語り方も、実にさまざまある。

細部と感情で肉づけする

ストーリー構造はストーリーの骨組みとなり、そこに細部とプロット・ポイントを肉づけしていくことで、全体像が形づくられる。

文脈、親近感を覚える登場人物、そして細部を提供するストーリーを組み立てよう。脳の3番目の初期設定（脳は情報をライブラリに保存する）を活用し、聴衆が脳内ファイルにすでに蓄積されている知識や理解を引っ張り出せるようにする。ストーリーの細部を経験させることで、自分は内集団もしくは外集団の一員だと感じさせる。聴衆を意図的に不快もしくは快感の瞬間へと導くのだ。

ストーリーの骨組みに細部を肉づけしていくときは、語る順序、五感、感情、あるいは緊張を高める方法についてはまだ考えなくてもいい。まずはストーリーを広げ、プロット・ポイントと細部を加えていこう。

ストーリーの細部を組み立てるには、いくつかの段階を経るのがお勧めだ。第1段階では、骨組みを広げ、

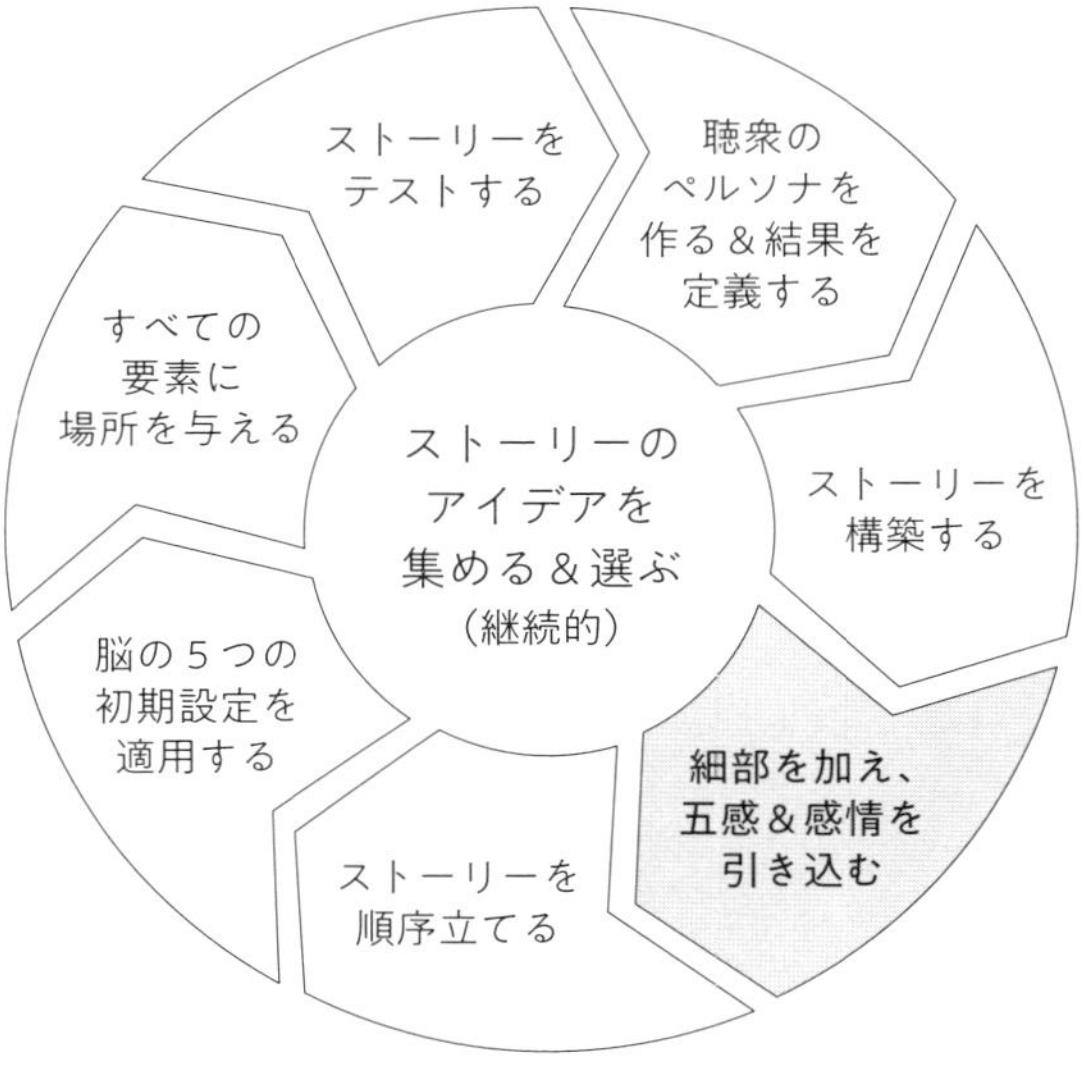

ストーリー内の出来事とプロット・ポイントをそこにはめていく。第2段階では、ストーリーの設定と親近感を覚える登場人物を聴衆と結びつける。そして第3段階で、具体的な細部を加えるのだ。第2段階と第3段階のあいだに小休止を入れて、ストーリー（そしてわたし自身！）に息継ぎをさせることもよくある。1日以上あいだを空けてから見直すと、細部をさらに加えるべき箇所がすんなり目につくようになる。それぞれの段階に引き締め効果があり、各段階に向けたトピックに焦点を合わせやすくなる。このように段階的に進める方が、一気にストーリーを作りあげようとするよりも、多くのアイデアを生むことが多い。練習を重ねれば、第2と第3の段階を組み合わせることができるようになるかもしれない。

第1段階——ストーリーの主要なプロット・ポイントは？

ストーリーを構成する各出来事を広げていこう。考えを引き出し、あれこれ検討するために、以下に挙げる質問事項を取っかかりとして活用してほしい。すべての質問に答える必要はないが、4構造それぞれのプロット・ポイントを描写する文章を、いくつか書き出してみてほしい。

1　文脈——ストーリーの登場人物は？　なぜ彼らがそのストーリーにいるのか？　彼らについて知るべきことは？　ストーリーの背景は？　そのストーリーを直接的に経験していない聴衆でも、リアルに感じられる細部はある？　聴衆が関心を持ち、さらに聴きたいと思うような文脈を、十分に盛り込むこと。

2　葛藤——何かが起きて、緊張が高まる場面は？　そこに導いたものは？　関与した人は？　何が起きた？　それがどういう形でストーリーの燃料になる？　登場人物が経験する葛藤はどんなもの？ 解決すべきものは？ それは聴衆に内集団だと感じさせるもの？ それとも外集団だと感じさせるもの？ その葛藤は人を不快にさせる？

3 結果──葛藤の結末は？ 登場人物に何が起きた？ ストーリーのはじめとくらべて、彼らはどう変わった？ 彼らは何を学び、手に入れ、失った？ 彼らはどう成長した？ 何が解決された？

4 収穫──収穫のテーマは、ストーリーにどう取り込まれている？ ストーリーに盛り込みたいと思う収穫のかけらはある？

第2段階──設定と登場人物は？

第2段階では、聴衆をストーリーに引き込むために、具体的な設定と登場人物を加える。まずは聴衆のペルソナを見直してからこの段階に入り、彼らが実感できるような細部を挿入していこう。

時間と場所

ストーリーが展開する時間と場所を設定する。そうすることで、聴衆は即座にストーリーに入り込むことができるようになる。たとえばわたしが「去年パリにいたとき」というと、あなたの脳は即座にエッフェル塔を思い浮かべる。ストーリーの設定を頭の中でイメージしやすくなるのだ。聴衆がイメージを浮かべられるだけの細部をしっかり盛り込もう──たとえ彼らがその場所に行ったことがなくとも。

マリアが職場のエレベーターに乗り込む場面では、陽射しが注ぐロビーを通ってエレベーターホールへと向かう光景をイメージしたのではないだろうか。意識せずとも、オフィスビルのイメージが浮かんできたはずだ。

ウォルトが大学で最後の試験を受けようとしている場面では、大学キャンパスが頭に浮かんだのでは？　かつて授業を受けたり試験を受けたりした教室を思い出した人もいるだろう。時間と場所の設定は、聴衆をストーリーに参加させ、彼らにとって実感できる出来事や場所を脳裏に浮かび上がらせてくれる。設定に関する細部を加えれば加えるほど、聴衆はその光景をより早く、より容易に視覚化できるようになる。あなたのストーリー内の出来事は、いつ、どこで起きたのだろう？

親近感を覚える登場人物

聴衆がストーリーとつながれるかどうかは、登場人物にかかっている。登場人物がプロットを前進させ、彼らの選択、望み、行動が葛藤のもととなるのだ。

ストーリーにはヒーローが必要だと考える人もいるが、わたしはそうは思わない。優れたストーリーは、ミスや失敗の結果生まれることが多いからだ。登場人物はヒーローではなく、どこにでもいそうな人でなくてはならない。彼らがなぜそういう行動を取るのか、人は知りたいと思う。たとえ彼らの行動が気に入らないとか、同意しかねるといった場合でも。そのためには、彼らについて具体的なことをいくつか知っておく必要がある。

あなたのストーリーの主役の名前は？　ストーリーに登場するすべての人物に名前をつける必要はない。でもストーリーの中で主要な役割を演じる人には、その動向をつねに追えるよう、名前をつける必要がある。個人情報を守りたいと思ったら、名前を変えてしまえばいい。わたしは顧客の個人情報を守るために、オンラインで赤ちゃんの名づけ支援サイトをよく利用している。

聴衆に登場人物の年齢や身体的特徴を知ってもらうことは、重要だろうか？　それがストーリーの中で、もしくは登場人物を理解するうえで何らかの役割を演じているのなら、知らせよう。わたしはマリアの性格を描写したが、彼女の年齢や身長、身体的な特徴等については語っていない。それはレイ、ウォルト、あるいはドティにしても同じだ。なぜなら、ストーリーにとって重要ではないから。プロットに関連するものを描写することで、聴衆にイメージしてもらうようにしよう。

登場人物の性格について、聴衆は何を知っておくべきか？　ストーリーに関係する癖、態度、信念は？　彼らは皮肉屋で頭の回転が速い人？　アメリカ南部訛りのある人？　彼らの携帯電話にはいつも未読メッセージが47通はたまっている？　人の話を遮る人？　信号機が3つしかない街で育った人？　聴衆に具体的な細部を示して彼らの仮定を促し、登場人物を理解することで、自分との関連性を感じてもらおう。

マリアは人の誕生日や好物、最後に過ごした休暇について把握している人だ。人間が好きだから。自分は見過ごされていない、と人に知ってもらいたいから。こうした描写から聴衆は、つねに周囲に気を配り、些細なことも覚えていてくれる知り合いのことを思い浮かべる。マリアが近づいてくるのを見たレイが大きな笑みを浮かべたのは、たいていの人がめったに彼にうなずきかけてくれないからだ。2人は互いにファーストネームで呼び合う仲だ。そうした細部1つひとつが、聴衆にこう思わせる。**わたしは毎日、レイの前を通り過ぎているだけだろうか？**　ウォルトはオールAの成績を誇り、大学最後の試験もうまくいくに決まっていると思い込んでいる。それを基に聴衆は、彼は賢くて勤勉家で自信にあふれていると仮定する。

登場人物が直面する葛藤は？　それは彼ら自身の心の葛藤だろうか――彼らの価値観に基づいて態度を変える必要のあるものなのか？　それとも、他者との摩擦が問題なのか？　環境、行動、願望に関係するもの？　ストーリーを通じてその葛藤がどのように緊張を生み出すのか？　登場人物は、どうやってその葛藤と折り合いをつけるのか？

ストーリーを通じた登場人物の感情は？　不満や中途半端な気持ちを抱いている？　興奮して狂喜乱舞している？　葛藤を通じて、彼らの感情は変わるのか？　ただし彼らの感情を言葉にしてはいけない――表現すること。テーブルに携帯電話を叩きつけるように置くことで、いらだちを描写する。目を閉じて鼻の頭をつまむ動作で、疲労困憊していることを示す。BGMのビートに合わせて頭を上下させることで、上機嫌な登場人物に聴衆を引きつける。登場人物の感じているものを経験してもらうために、聴衆を登場人物の心に招き入れるのだ。

ウォルトが試験用紙をひっくり返し、そこに何も書かれていないのを見たとき、わたしたちは彼の困惑を感じ取る。自分がドティの名前を知らないことに気づいたときの、彼の羞恥心を経験する。それは彼の価値観とは一致しないことだった。彼は、二度と同じ過ちをくり返さないと誓うことで、その葛藤を解決する。聴衆も心の中で同じ誓いを立て、内集団の一員であることを感じつつ、その気まずい場面をやり過ごす。聴衆を登場人物の感情に引き入れ、彼らがストーリーを通じてどのように変わったのかを体験させるのだ。

課題は？

数年前、わたしは1人でフランス南部に出張した。マルセイユ空港に到着したのは午後11時30分。荷物を受け取ってゲートを出ると、空港はすでに閉まっていた。あたりには人影もタクシーもなく、わたしは肩をがっくり落とした。タクシーを呼ぶ電話は壊れており、地元のタクシー会社の電話番号はわからなかった。わかっていたとしても、わたしのフランス語のレベルを考えると、彼らとの意思疎通はむずかしかっただろう。すでに23時間も寝ていないうえ、わたしはひとりぼっちで立ち往生することになったのだった。

この短い文章で、わたしたちはフランスへの旅から、外国の空港に1晩ひとりぼっちで閉じこめられる場面まで進んだ。課題が提起され、緊張が高まり、このあとどう展開するのだろう、と好奇心をそそる。ストーリーの4構造を組み立てるときは、ストーリーや状況の中で何が課題なのかを描写しよう。「このあとどうなる？」と思う瞬間が、ストーリーを通じて緊張を高めたり解いたりすることになる。

第3段階――盛り込むべき具体的な細部は？

プロット、出来事、そして登場人物の随所に具体的な細部が盛り込まれたストーリーは、記憶に残りやすい。細部のおかげでストーリーを視覚化しやすくなるうえ、登場人物、設定、そして出来事に文脈が与えられる。具体的で描写的な細部で、注目と理解を手に入れよう。

あなたはアイスクリームを食べているところだろうか？　それとも色とりどりのトッピングとホイップクリームを追加したチョコレートチップ・アイスクリームを容器から食べているところだろうか？　それは子ども？　それとも自分はいま4歳9か月だと自慢げに教えてくれる男の子？　それは買い物リスト？　それとも17品目がリストアップされた買い物リスト？　細部が具体的だと、受け取り方が違ってくる。具体的であればあるほど、聴衆にとって鮮やかで記憶に残りやすいストーリーになる。

エレベーターのドアが何度も閉まりかけてはマリアにぶつかる。彼女はあなたが最後に過ごした休暇先を知っている。ウォルトは成績オールAの学生だ。こうした細部はすべて、登場人物への理解を深め、プロットを前進させ、聴衆を引き込むのに役立つ。

盛り込むべき具体的な細部の数に決まりはない。しかしセンテンスごとに入れていたら、ストーリーが前に進まなくなってしまう。ストーリーの各段落に具体的な細部を少なくとも1つ加えることからはじめよう。この段階で多く作りすぎると失敗してしまう。本書の後半の章でストーリーを見直すとき、ストーリーの前進を妨げるもの、そしてストーリーから取り除けるものの見きわめ方を学ぶ。

聴衆がすでに持つ知識と結びつける

ニュースで大きな出来事が取り上げられるときは、いつも地図で現場が示され、そこからいちばん近い大都市やランドマークが目印として引き合いに出される。ノートルダム大聖堂が火事になったとき、ニュースではパリの地図を使って大聖堂とエッフェル塔の位置関係が示された。エッフェル塔は有名なランドマークなので、視聴者がすでに持つ知識と結びつけて方角を把握できるよう、利用されたのだ。

ストーリーを作るときも、聴衆がすでに知っていることや理解していることに結びつく細部を考えてほしい。物理的な場所やランドマークのことだけではない。時間的に重要な日付も利用できる。たとえば、「2001年9月11日の3週間前」というぐあいに、聴衆が時間を感覚的に把握できるようにするのだ。物理的なアイテムでも結びつけは可能だ。たとえば多くの人にとって、スマートフォンは重要な所有物だろう。マリアのスマホがエレベーター・シャフトに落ちたと聞けば、聴衆は自分のスマホが落ちたらどんな気がするだろう、と思わずにいられない。

比較やメタファーで結びつけることもできる。わたしは一度、社内の変革を経験している社員のことを、2台の空中ブランコのあいだで宙ぶらりんの状態だ、と表現したことがある。「バッテリー不足の煙探知機がきんきん鳴り続けるような不愉快さ」という表現では、即座に聴く者の耳にその音を再生させ、いらだちを実感させることができた。「切り口はクリップくらいの大きさだった」と聞けば、すぐに切り口の長さを思い浮かべることができる。「このアイデアは、枕の裏側のひんやり感と同じくらい新鮮だ」といわれれば、あのひんやりとした感触を覚える。そうした比較は理解を生み、聴衆をさらにストーリーに引き込むための助けとなる。既知の感覚が自動的に呼び覚まされるので、聴衆はよりスムーズに認知できるというわけだ。

ストーリーの中に意外な出来事はある？

ストーリーのプロットに意外なアイテムを取り入れることで、聴衆の脳を怠けモードから引っ張り出し、カロリーを消費させ、仮定のスピードを遅らせよう。意外なアイテムとしては、たとえば思わぬ方向に展開するプロット・ポイントがある。登場人物が驚くようなことをする。予期せぬ結果になる。聴衆にまちがった仮定をさせるのだ。千載一遇の最高にドラマチックなひねりである必要はない。「へえ、そうなるとは思ってなかった」とか、「まさかそうなるとは！」と反応する程度のものでいい。

あなたも、まさかマリアがエレベーター・シャフトにスマホを落としてしまうとは思っていなかっただろう──あるいは、落ちてもなおスマホが機能しているとは。スマホは粉々になったはずだ、彼女が取り戻すことはできない、あるいは高額な代金を支払うはめになる、と思ったのではないだろうか。ウォルトの最終試験の設問が1つだけだとわかったとき、あなたの脳は「え？」と反応したはずだ。ウォルトがドティの名前を知らなかったのは、驚くようなことではない。しかし彼の羞恥心を感じたとき、それが重要なプロット・ポイントとして着地する。そうした意外な出来事は、緊張を高める機会となる。この先の章では、緊張を最高潮に持って行くには、ストーリーをどういう順序で語ったらいいのかについて探究していく。

意外なアイテムには、フレーズや細部もふくまれる。実際のプロット・ポイントは意外なものでなくとも、具体的な細部もしくはフレーズで脳の注意を引くことができるのだ。お気に入りの歌詞や映画の台詞を聴いたとき、あるいはコメディアンが意外なオチを口にしたときの、自身の反応を思い浮かべてみてほしい。そうしたフレーズは聴き手の注意を引き、注目を集める。脳がスローダウンし、風味豊かなスイスチョコレートを味わうときのように、その言葉を味わいはじめるのだ。わたしはTEDトークで、「データは人の行動を変えません——変えるのは感情です」と語った。それが意外で、簡潔で、そして注目を集めるフレーズだったゆえに、以来、たびたび引用され返すこととなった。あなたがストーリーを作るときも、意外なフレーズをふくめる機会を探してみよう。

そうした意外性に富んだアイテムがあると、脳は異なる形でストーリーに引き込まれる。第2段階と第3段階でストーリーの細部を肉づけする際は、意外性のある出来事、メタファー、フレーズ、そしてプロット・ポイントを何か盛り込めないか、検討してみよう。

「やがて」で細部をごまかさない

ストーリーを文章にして書き出す人もいれば、ポイントやフレーズを箇条書きして概要をつかもうとする人もいる。どれが自分にとっていちばん効果的か、試してみてほしい。わたしは、まずはストーリーの細部と流れを書き出すことにしている。そうするとストーリーをじっくり考えられるようになり、脳の初期設定を意図的に活用できるようになるのだ。それに、細部をごまかそうとしていた箇所を見つけることもできる。

最近、ある記事を書いたのだが、それに対する編集者からのメモを見て、つい笑ってしまった。彼は記事の中でわたしが使った「やがて」という言葉に印をつけ、こんなコメントをつけてきたのだ。「これは細部をごまかす言葉です」その通り！　自分ではそれに気づいてもいなかった。**やがて、いつしか、ついに、ようやく……。**これらは文と文をつなげる言葉であって、描写的な言葉ではない。細部の角を取り、うわべを取り繕う言葉だ。まともな描写に置き換えれば、ストーリーの意義と没入度をさらに高めることができる。それには、言葉をほんの少しか、文章を1つ追加する程度ですむ。聴衆にさらなる細部を提供する場所を見きわめるために複数の段階を経るべきなのは、まさにこうした理由があるからなのだ。

細部がストーリー構造を生かすことになる。細部が聴衆の既知の理解と結びつき、仮定のスピードを遅らせ、登場人物とイメージを鮮やかに浮かび上がらせる。細部があるべき場所に収まり、登場人物が形成されたあとは、聴衆の脳を怠けモードから引っ張り出しておこう。次はそれについて学ぶ――五感を通して聴衆にストーリーを経験させる方法だ。

まとめ

重要な細部を加える

（巻末のチェックリストも参照のこと）

- ストーリーの4構造に細部と感情を肉づけし、ストーリーの全体像を形づくる。
- 細部は、ストーリーに文脈や親近感を覚える登場人物、そして意外な出来事を提供し、聴衆の理解を支える。
- ストーリーに細部を加えるときは、いくつかの段階を経るのがお勧めだ。第1段階ではプロット・

ポイントに焦点を定め、第2段階では親近感を覚える登場人物を作りあげる。そして最後に具体的な細部と感情を加える。

- 時間と場所を設定して、聴衆をストーリーに引き込む。
- 主な登場人物に名前をつける。ストーリーにとって重要なら、彼らの年齢、身体的特徴、性格もふくめる。
- 登場人物は、自分自身もしくは他者に対し、どのような葛藤を抱いているのか？　その葛藤のために、何が起きるのか？　ストーリーで描かれる課題は何か？
- 具体的な細部は記憶に残りやすい。たとえば、アイスクリームを食べている、ですませるのではなく、具体的なフレーバーとトッピングも描写する。
- ランドマーク、日付、メタファー、事例を用いて、すでにある知識と結びつけ、聴衆の理解をさらに高める。
- 意外な出来事やフレーズで、仮定のスピードを遅らせる。
- 「やがて」といった接続詞を使うことで、細部をごまかさない。そこに行き着くまでに何が起きたのかを描写する。

ウィル・チャクロス

脚本家、ストーリー・コンサルタント、ピクサー・アニメーション・スタジオの元シニア・クリエイティブ・エグゼクティブ&ストーリー・コンサルタント

あなたの「ストーリー・ファースト」哲学とは？

僕がピクサーで働いていたのは、たしか、アニメの第2黄金期だったと思います。若いスタジオとして、大ヒット映画を次々と製作していたころのことです。『トイ・ストーリー』、『トイ・ストーリー2』、『モンスターズ・インク』、『ファインディング・ニモ』、『Mr・インクレディブル』、『ウォーリー』、そして『カールじいさんの空飛ぶ家』。世界でも最高のストーリーテラーたちと仕事をする中で、「ストーリー・ファースト」哲学を学んでいきました。映画では、最高の俳優陣、もっとも才能あふれる作曲家、もっともオリジナリティあふれるストーリー・アーティスト、そしてみごとな特殊効果を採用することができます。でもストーリーそのものが最初から最後まで心に響くことなく、核心に迫れずにいたら、すばらしい要素をいくら組み合わせたところで、まずまずの作品を偉大な作品にすることはできません。

脚本にありがちなミスは？

ストーリー・コンサルタントとして、話が停滞する箇所はないか、探すようにしています。冒頭部分はすばらしいのに、中だるみしてしまうストーリーが多いですね。脚本作家のシド・フィールドは、こんなことをいっています。「キャラクターの前に障害を置くこと」橋が壊れるとか、カーチェイスの最中にタイヤがパンクするとか。そうした手法は、一瞬の衝撃を与えることはできても、持続的なエネルギーは与えてくれません。それを解決するには、キャラクターをひたすら葛藤、混乱させて、物語を有機的に展開させることです。

多くの脚本に欠けていることが、2つあります。1つは、世の中に必要とされるものや求められるものを探しに行くという、ただそれだけの理由で他者とのあいだに葛藤を生むキャラクター群です。優れた脚本には、葛藤するダイナミックな人間関係がたくさん描かれています。正しく作りあげさえすれば、どのキャラクターもストーリーの燃料となり、物語に劇的なパワーを注ぎ込むことができるんです。

脚本を停滞させる2つめの要素は、真実味の欠如です——ほんものらしさ、ということですね。ほんものらしいからこそ、人はキャラクターとストーリーに惹きつけられます。何より、ストーリーの論理ですね——文字通りの理論という意味ではなく、「ようやく刑務所から解放された宝石泥棒が、隠しておいた盗品を取り戻し、それを安ホテルのタンスに入れたまま眠りこけてしまうものか？」という感覚です。論理的に考えて、実にシンプルな疑問ですよね。「そんなこと、信じられるか？」そんなシナリオ、信じられるわけがありません。そんな展開になったら、人はその瞬間にストーリーから距離を置いてしまいます。

ストーリーテリングでは、感情的な真実も大切です。キャラクターの切望、恐怖、決断、そして行動は、リアルに感じられるだろうか？　見る者の知識と、人間としての経験から、即座に納得できるものだろうか？

『ファインディング・ニモ』が公開されたあと、ある会議で講演したときのことです。講演を終えると、1人の若い女性が僕のもとにやって来ました。彼女はサンディエゴ出身で海と共に育ってきたので、『ファインディング・ニモ』を大いに気に入ったといってくれました。「夢のようなお話でした！」続けて、こう口にしたんです。「でも、リアルでした！」

ビンゴ！

人がキャラクターそのものと、彼らの言動に関心を抱くのは、彼らの感情に真実味があるからです。『ファインディング・ニモ』を観て、息子を守りたいと思うマーリンの気持ちに疑問を抱く人なんていませんよね。ニモが自分独りで出かけたいと願う気持ちも、理解できます。優れたストーリーテラーは、人の気持ちをぐっと引き込み、感情を深め、笑わせ、涙が出るほど悲しませる。それもこれも、彼らの描写に真実味があるからです。だからこそ、人はおもちゃの苦境や言葉を話す魚に夢中になり、目を釘付けにされるんです。

10 五感を引き込む

1975年6月、スティーブン・スピルバーグは『ジョーズ』のプレミア試写会で、映画製作の歴史を変えた。その巧みなストーリーテリングで、海で泳ぐことに神経を尖らせる世代を生み出したのだ。ところが彼は、このストーリーの語り方に四苦八苦し、はじまってもいないうちにキャリアを終わらせてしまうのではないか、と恐れていたのである。

撮影開始当初、スピルバーグの脚本は鮫を中心に展開していた。ところが機械仕掛けの鮫がしょっちゅう不具合を起こしては海の底に沈んでばかりいた。スピルバーグの弁護士にちなんで、ふざけてブルースと名づけられた鮫だ。シーンを撮影しようにも、機械の鮫は必ず不具合を起こしてしまう。鮫抜きで、どうやって鮫の映画を作れと?

気の迷いか、ほんの一時、ホホジロザメを調教するのはどうかという議論も起きた。しかしスピルバーグは脚本を書き直すことにした。あたかも鮫がいるように錯覚させることにしたのだ。カメラは鮫の視点で回る。観客が鮫を目にする必要はない。その存在を感じさせ、あとは脳に想像させるのだ。

水が跳ね、音楽が高まる。水面に浮かぶ樽が動く。海水浴客がさまざまな方向に引っ張り回される。ボートがいきなりがくんと前に傾く。観客は、海面で浮き沈みする海水浴客になった気がしてくる。脳にだまされ、波の匂いを嗅ぎ、塩水を味わい、海流の動きすら感じはじめる。鮫の存在を予感し、心臓が早鐘を打ちはじめる。あまりにリアルな映画だったので、ビーチで過ごす日は、少なくとも一度は『ジョーズ』

を頭に思い浮かべる人がほとんどだろう。これらはすべて、五感を引き込む鮫の幻覚を通じて、巧みに行われたことなのだ。

サウンドトラックもまた、鮫と同じくらい大きな存在感を放っている。作曲家ジョン・ウィリアムズが、交互に奏でられる2つの音でみごとに緊張を高め、観客席にすわるわたしたちを前のめりにさせた。襲撃シーンが近づけば近づくほど曲のテンポが増し、2音の間隔が狭まっていく。鮫に襲われる、と思いきや、背中にフィンのおもちゃをつけた子どもが海面からひょっこり姿を現すシーンもある。すると緊張がいっきに解けるのだが、音楽がペースアップするとともに、再びゆっくりと緊張が高まっていく。優れたストーリーは、好奇心をそそることで緊張を高めたり解いたりをくり返す。そうやって課題と葛藤を掲げ、思いもかけないものを差し出すのだ。

ストーリーテリングにいちばんのアイデアを提供するのは、制約である。もしスピルバーグが機械仕掛けの鮫を使っていたら、あの映画はあそこまで人々を惹きつけなかっただろう。それに鮫もリアルさを欠いていたはずだ。しかし彼は創造力を駆使して五感と錯覚を活用し、観る者をストーリーの真っただ中に引き入れることに成功した。観客の五感と感情をいかに引き込み、ストーリーの登場人物と同じように感じさせ、同じことを経験させられるかどうかが、いいストーリーと優れたストーリーの違いである。

「制約」が、ストーリーテリングにいちばんのアイデアを提供する。

ここは、前章まででストーリーの主要部分を組み立て、構造と細部を加えたあと、さらに五感を肉づけしていく段階だ。聴衆にストーリー内の出来事と細部を経験させよう。あなたが描写するものを、聴衆に見て、聴いて、感じて、味わい、匂ってもらうのだ。

ロンドン・ビジネス・スクールで基調講演を行ったとき、5分未満でストーリーを改良する方法を示したいので誰か協力してくれないか、と学生に呼びかけた。エマという女性が志願してくれたので、わたしは彼女に、休暇に関するストーリーを語ってみてほしいと依頼した。彼女は、数年前に参加した、友人の独身最後のパーティ《バチェロレッテ》の話を語ることにした。パーティには、ジップライン（空中に張ったワイヤーロープを、人が滑車でぶら下がって移動する設備）の冒険が盛り込まれていたという。

まずは何らアドバイスを与えない状態で、エマにそのストーリーを語ってもらうことにした。彼女は、まもなく結婚する友人を祝福するため、週末にバチェロレッテ・パーティに招待されたことを話しはじめた。ところがアクティビティにジップラインが用意されていることを知ると、行きたくなくなった。高所恐怖症なので、そういう遊びは遠慮したかったのだ。それでも友人に、ついていてあげるからだいじょうぶ、と参加するよう説得された。ジップラインに出発する時間になると、彼女は、何もかもだいじょうぶだから、とひたすら自分にいい聞かせた。

その時点でいったん話を止めてもらい、わたしから指示を与えた。「もう一度、いまと同じ話をしてちょうだい。ただし今度は、ストーリーの中の色、手触り、匂い、感情に焦点を当てて。わたしたちがそこにいたとしたら、何を見て、聞いて、感じて、匂って、経験したのかしら？」

エマは再びストーリーを語りはじめた。「青いハーネスの中に足を踏み入れました。腰と脚にハーネスが固定されるときには、脚がもうガクガクでした。黄色いヘルメットをかぶって、森の中の長い小道を抜けて最初のジップライン台に向かいました。深呼吸をくり返しては、甘く湿った松の香りを胸いっぱいに吸い込みました。小道は常緑樹で縁取られ、進むごとに緑の影がいっそう深まっていくようでした。1歩踏み出すごとにブーツが重みを増していくようで、恐怖心が募っていきます。耳に鼓動が響いていました。友人たちは笑ったり冗談を飛ばしたりしていましたが、わたしはといえば、ブーツを履いた足を交互に前に踏み出すので精一杯でした。

スタート台に登ると、思わず木にしがみついてしまいました。焦げ茶色をした木の皮の跡が、てのひらに残るぐらい、ぎゅっと。順番が近づくにつれ、喉元にゴルフボールサイズの恐怖がこみ上げてきました。インストラクターに、木から手を離して前に進むよういわれても、わたしは木にもう片方の腕まで回して、ぎゅっとしがみついたまま、離れることができませんでした。木の皮のうねを数えられそうなくらい、顔をくっつけていました。胸と喉が締めつけられて、口をきくのもままなりません。友人たちに励まされれば励まされるほど、木に強くしがみついてしまうんです」

約3分のあいだに、わたしたちはエマのストーリーに興味を覚えるレベルから、彼女と一緒に木にしがみつくレベルまで到達した。高所恐怖症でなくとも、彼女の恐怖と不安が実感できる。甘い松の香りと、ブーツの重みがありありと感じられる。ジップラインに挑戦するかどうかは関係なく、わたしたちは彼女が感じたものを理解し、彼女に感情移入することができたのだ。

ストーリーを作るときは、聴衆に何かを感じさせることに意識を集中しよう。聴衆の五感と脳を強く引き込むのだ。

五感と感情は言葉にするのではなく、表現する

あなたのストーリーの中には、どんな色がある？　それをどう描写する？　「夕日が金色だった」という表現では足りない。もっと鮮やかに表現しよう。「まるで、オレンジ、黄色、そして金色の炎が揺らめき、輝いているかのような夕日だった」ダイナミックな表現をすればするほど、聴衆はそれをイメージしやすくなる。

登場人物が感じ、味わい、匂い、耳にするものは何？　それを言葉で語るのではなく、表現する。唇がガサガサになるほどの強風を感じさせることで、聴衆をストーリーの中に引き入れる。別れ際にハグしたあと、あなたの服についた友人お気に入りのコロンの残り香を描写する。握手を交わしたときに感じた、登場人物の節くれ立った手を細かに表現する。雨が降っていた、というだけではなく、窓に叩きつける雨音を聴かせてほしい。手にしたラップトップが意外なほど軽かったときのことを、表現してほしい――最近読んだペーパーバックほどの重さしかなかった、というぐあいに。部屋に入ったときのざわつきから、直前までみんなが自分を話題にしていたと察したときのことを、聴衆にも経験させる。その紙の束は携帯電話ほどの厚みがあった、と描写する。

ストーリーに五感すべてがふくまれるとは限らない。ストーリーを組み立てるとき、主役となる登場人物がストーリー内を動き回るときの感覚を考慮に入れることだ。思い出してほしい、嗅覚は記憶と強く結びつくことを。ストーリーの中で意図的に匂いを描写すれば、聴衆は匂いとともに記憶に刻みつけられた思い出を通して、ストーリーの中にすんなり引き込まれていくだろう。

それぞれの感覚は脳を引き込むのに役立つだけでなく、ストーリーの細部に具体性を持たせ、それを聴

衆の記憶に刻みつけてくれる。こう考える人もいるだろう。**ビジネスの場で色や五感を描写するなんて、無理。**でも、わたしはそうは思わない。仕事に行くときも、五感を閉じているわけではないのだから。

オフィスには匂いが充満している。コーヒーを淹れる匂い、プリンタのインクカートリッジの匂い、休憩室で同僚が再加熱した食べ残しのサーモンの匂い。会議室には水の入った汗ばむピッチャー、丸められた紙くず、茶色いゴミ箱、床に散らばったクリップ。製品の販売スペースには、照明が発する低い音、携帯電話の着信音、くぐもった会話、スキャナーが立てるピーッという音。チームメンバーが、プレゼンテーションで用いる表で使うのは青緑色にすべきか紺色にすべきかについて、何時間も話し合っている。プロジェクトのリスク評価には、信号機のように、赤、黄色、そして緑色が用いられる。

わたしは何も、ビジネス・プレゼンテーションのために花畑を描写しろといっているわけではない。ビジネスの文脈においても、五感を引き込むことは可能だといいたいのだ。「濁った灰色の水くらいの透明性しかない」とか、「社員には壁をぶち抜くほどのインスピレーションを感じてもらいたい」といった表現だ。わたしは一度、変化が必要とされることを示すため、「このプロセスは中学校のロッカールームの空気のようによどんでいる」という表現を使ったことがある。また、あるマネジャーに向かって、冗談半分にこう口にしたこともある。「わたしがそれをどれくらいやりたいかといえば、自分のまつげを三つ編みにしたいと思うくらいよ」おかげで、他の人がそのプロジェクトを代わりに担当すると申し出てくれた。わたしがそのプロジェクトから抜け出せたというだけでなく、次のミーティングのとき、ジョークとして眼帯を手わたされるというオチまでついた。色、五感、そして感情は、聴衆にあなたのアイデアを覚えてもらうために役に立つ。たとえそれがビジネスの場であろうと。それらは意外な要素であり、脳の注意を引くことができるのだ。

マリアがエレベーターに乗り込んでボタンを押したとき、彼女のスマートフォンが落ちて床で跳ねたという場面を描写することで、動きを司る脳の前頭葉が刺激される。「ボタンを押す」という言葉は、脳のてっぺんにある、触覚を司る頭頂葉を活性化する。スマホがエレベーター・シャフトを落ちていくときに用いた「ひゅーっ！」という擬音語は、頭の両脇にあって聴覚を司る側頭葉を点灯させる。TEDトークの最初の30秒間で、わたしは聴衆を落ち着かない気分にさせようと、意図的に彼らの五感と感情を引き込んだのだ。

あなたのストーリーに登場する人物の感情は？　彼らは幸せ？　おびえている？　いらだっている？　ストレスを感じている？　よろこんでいる？　落ち着かない？　疲れている？　そうした感情を聴衆に経験させるには、どうしたらいい？　忘れないで、それを言葉にしてはダメ。それがどんなふうだか、描写してほしい。「エマは高いところが苦手」というのではなく、ジップラインのスタート台に立ったとき、エマは木にしがみついてそこから離れられなかった、と語るのだ。登場人物が会話の最中、2分おきに携帯電話をチェックしている状況を語ることで、その人物が気もそぞろであることを示せないだろうか。相手の目を見ることもできないほど、シャイな登場人物とか。「彼は彼女に携帯電話の暗証番号を教えた」といえば、脳がその先を読み、彼は彼女を信頼していると仮定する。語るのではなく表現すれば、脳は怠けることなく仮定しようとするので、聴き手を引き込み続けることができるようになる。

聴衆を、ストーリーの甘いニュアンスと鮮明な細部に引き入れよう。ストーリーを見直すときは、「どうしてそうだとわかる？」と自問することを強くお勧めする。そうすれば、「リカルドは寒がっていた」という凡庸な表現を、「リカルドは震えが止まらず、唇が真っ青になっていた」に変えられる。こうすることで五感の神経活動が刺激され、登場人物と同じものを聴く者に経験させられるようになる。だからこそわたしたちは、海で鮫を恐れ、エレベーターに乗り込むときにはスマホを強く握りしめるようとするのだ。

聴衆を、ストーリーの甘いニュアンスと鮮明な細部に引き入れる。

マリアがエレベーターの入口で解決策を考えているあいだ、ドアがくり返し閉まりかけては彼女にぶつかる。この文章を読むだけで、肩にぶつかるエレベーターのドアが感じられる。自分がドティの名前を知らないことに、ウォルトは落胆する。彼は恥じ入り、自分に腹を立てる。彼がドティの名前を知らないと気づいたとき、わたしたちも同じような羞恥心を覚える。もう二度とこんなことはくり返さないという彼の決意は、わたしたちの決意も固める。ストーリーの中で、わたしたちは彼の隣にいるのだ。

ストーリーに煩わしさや厄介事を持ち込むには？

ジップライン自体は厄介なものではないが、あなたが高所恐怖症なら、厄介なものになる。エレベーター・シャフトにスマホを落とせば、実に不便だ。社員証とクレジットカードと運転免許証もろともということになれば、オフィスにも車にも入ることができず、非常に厄介である。それらを買い換えたり、再登録したりするのにかかる費用、時間、そして手間を考えると、さらに憂鬱な気分になる。聴衆に登場人物とストーリーに共感してもらうには、そんな状況を彼らにも実感してもらわなければならない。すべてのストーリーに煩わしい状況があるとは限らないが、もしあるなら、微妙な形でもいいから、きちんと表現するようにしよう。

ストーリー内の葛藤を煩わしく思う気持ちを、聴衆に感じさせること。なぜ先に進むのがむずかしいのか？　登場人物が選択に迷うような状況は？　望みの結果が実現しないとしたら、何に落胆するのか？　聴衆にストーリーの煩わしく面倒な要素を経験してもらうよう、手を貸そう。

マリアは、スマホを取り戻すには大金を支払うか、スマホをはじめとするいくつかの重要アイテムを再登録したり再購入したりする手間がかかるという状況に直面している。ウォルトはドティの名前を知らなかったことを恥じている――彼女の名前を知るのは、彼にとって重要なことなのに。彼はリーダーシップに関する自身の価値観を、見直さざるをえなくなる。

もはや見ずにはいられないものに目を向ける

ビジネス・プレゼンテーションの中で、「マネー・スライド」という言葉をよく耳にする。そのプレゼンテーションとそこからの収穫ポイントを明確に示すスライドを指す言葉だ。たいていは、話を最高潮まで高め、もっとも大きな収穫へと着地する「意思決定」スライドとなる。わたしは以前からそのスライドのことを、人がもはや見ずにはいられないものに目を向けさせるスライドだと考えてきた。優れたストーリーは、あなたにとってのマネー・スライドだ。聴衆に1つのアイデアを与えることで、もはや見過ごすことも、目を背けることもできないものに気づかせるのである。

チャリティ団体は、見過ごすことのできないものに目を向けさせる名人だ。彼らは人の五感、感情、そして苦境とつながるストーリーを語ることで、問題を描写する。聴衆に違和感と外集団の一員だと感じさせるようなストーリーを語ることが多い。そうしたストーリーを通じて、あなたはもはや見ずにはいられないものに目を向けることになるのだ。

チャリティ活動では、清潔な水を簡単に手に入れられない人たちの個々のストーリーを語ることで、その苦境に対する人々の理解を求めるケースがある。たとえばジャンのストーリーだ。彼はまだ子どもだというのに、5ガロンのバケツを池まで運び、家族のために水を汲んでくるという作業を、日に5回もくり返している。頭にバケツを載せ、未舗装の道に転がる小石や岩が裸足の足の裏に当たるのを避けながら。池の水は濁って悪臭を放ち、とても飲めたものではない。それでも、彼の家族にしてみれば、それが唯一手に入る水なのだ。それがなければ、料理をすることも、風呂に入ることも、植物を育てることもできない。ジャンが病気のときは、家族は必死に水を節約する。水を確保する役目として家族にすっかり頼られているため、ジャンは学校に行くこともできない。彼らは悪循環にはまり込み、生活環境を変えることができずにいる。

これであなたも、清潔な水が手に入らない苦境について、これまでとは違うふうに理解したはずだ。頭に載せたバケツの重みと、未舗装の道で足の裏に当たる小石の感触を、想像できたのではないだろうか。この一家をはじめとして、世界中にいる他者の苦境を、すんなり認識できたはずだ。このストーリーはさらに、世界では10人に1人が清潔な水を手に入れられずにいる、というぐあいに話を広げていく。ストーリーを聴く前は、その数字を聴いてもピンとこなかっただろう。でもジャンのストーリーを聴いたあとなら、そこに新たな意味を見出すことができる。優れたストーリーは、聴衆のものの見方を変えるようなアイデアを差し出すのだ。

見過ごすことのできないものに人の目を向けたいと思ったら、ストーリーでどんな課題を取り上げたらいいだろう？　1つのアイデアと聴衆をつなげ、彼らにそれまでとは違う考えと行動を求めるには、どうしたらいい？　ウォルトとマリアのストーリーは、人々がそれまで知らずにいたアイデアを紹介しているわけではないかもしれない。でもあのストーリーから得られる教訓を、人は自分が望むほど頻繁には実践していないのではないだろうか。実際、ウォルトはそうではなかった。だからこそ彼は、今後は人生におけるドティを必ず知ると誓ったのだ。あなたも、自分だったら彼女の名前を知っていただろうか、と考えずにはいられないはず。あのストーリーとそこから得たアイデアとつながったあと、人生で出会った人には必ず自己紹介しよう、とウォルトと同じように誓ったかもしれない。

細部、五感、そして感情をストーリー構造に肉づけして、聴衆のためにダイナミックで印象的なストーリーを生み出そう。そうした要素をストーリーのどこに配置するかが、ストーリー経験に直接的な影響を与えることになる。ストーリーを語る順序は、そうした影響をさらに強める要素となる。それによって、緊張を高めたり解放したりすることもあれば、ストーリーを失敗に終わらせることもある。次の章では、その要素について述べていく——あなたのストーリーを語るにふさわしい順序を試してみよう。

まとめ

五感を引き込む

(巻末のチェックリストも参照のこと)

- 五感を引き込む描写は、神経活動を活発化させ、脳を怠けモードから引っ張り出し、その状態をキープして聴衆をストーリーに没頭させる。
- 五感は言葉で述べてはいけない。聴衆が視覚、聴覚、触覚、味覚、そして嗅覚で、登場人物と同じものを感じられるよう表現する。

- 嗅覚は記憶と密接に結びついている。だからストーリーに取り込めば、聴衆は関連する思い出と経験を、そのトピックと結びつけることができる。
- 聴衆に煩わしさや面倒くささを実感させる。登場人物の感情や感覚を描写することで、何が問題なのかを聴衆に理解させよう。そうすることで緊張が高まるだけでなく、聴衆は過去に経験した似たような場面を思い起こせるようになる。
- 登場人物の感情を言葉でそのまま伝えるのではなく、表現する。その人はいらだっている、と告げるのではなく、たとえば人の話を遮ったり、二度と同じ話をしようとしなかったり、と描写する。
- 聴衆に、見ずにはいられないものに目を向けさせる。1つのアイデアと聴衆とつなげ、彼らにそれまでとは違う考えを抱かせ、行動に出てもらおう。

コルビー・ウェブ

某企業のエクゼクティブ・グローバル・ビジネス・リーダー、元マーケティング部門最高責任者

あなたはストーリーを語ることを生業としています。これまで語った中で、もっとも重要なストーリーはどんなものですか？

マーケティングというのは、「ストーリーテリング」だけでなく、「ストーリードゥーイング」、すなわち実際の行動やプロジェクトを通じてストーリーを体現する時代のものです。人は、あなたが何を支持して、自分たちの生活をどう改善してくれるのかを知りたがっています。わたし自身、自分が語る中でもっとも重要なストーリーが、自分が考案したものではなく、かつ、わたしを生まれ変わらせてくれるものになるとは、思ってもいませんでした。

わたしは昔から動物が好きで、動物を擁護してきました。定期的に寄付をして、ボランティア活動に参加し、里親になっていたにも関わらず、動物福祉システムの背後にあるもっと大きな問題と、多くの品種が——とりわけピットブルが——直面している苦境が、わかっていませんでした。

そのあと、12年前のことですが、あるイベントでボランティアをしているとき、ダンという2歳のピットブルの写真が掲載されたチラシを目にしたんです。その瞬間、この子の親友にならなきゃ、と思いました。それで彼を引き取ったわけですが、まさか彼がわたしの人生を永遠に変えてくれることになるとは。ダンは、わたしにまったく新しい世界への扉を開いてくれました——充実した日々と、恐ろしい現実の両方に通じる扉です。ニューヨークをはじめとする全国のアニマルシェルターでもっとも多く保護されているのが、ピットブル・タイプの犬であることを知りました。その主な理由は、いまだにつ

きまとう闘犬としての過去です。ピットブルは必要以上に繁殖され、誤解され、悪者にされています――そのために社会での受け入れ先や、積極的に迎え入れようとする家庭を見つけるのがむずかしくなっているんです。

ここ数年で、全国にいる600頭のピットブルのうち、引き取り手が見つかったのは1頭だけでした。75パーセントのシェルターが、その行動、年齢、健康状態に関わらず、すべてのピットブルを安楽死させています。彼らの欠点はといえば、「ピットブル」もしくは「ピットブルの雑種」というレッテルを貼られていることだけです。本来の犬種分類ですらありません。四角い頭とアーモンド型の目をしている犬を、すべてひっくるめた分け方なんです。圧倒的なまでの多数が、優しく、忠実で、愛すべき犬たちだというのに。無責任な飼い主、誤ったメディア報道、そして違法な闘犬ショーによって、悪者扱いされてしまったんです。

ダンと出会ったころは、地方自治体シェルターの多くが、刑務所と同じように、写真、行動評価、そして隔離対策を用いていました。写真の中の犬たちは、おびえ、敵意があるように見えます。そんな写りの悪い写真と「ピットブル」というレッテルのために、引き取られる確率がうんと低くなっていたんです。

よろこんで引き取ってくれる人の数を増やすだけではだめだ、と思いました。必要なのは、くり返し語られるべきストーリーでした。新たな行動に出て、ピットブルの本来の性質を世に紹介し、その運命を変えるために彼らを「リブランド」する必要があったんです。

そこでわたしは、セーブ・ア・ブル・チャリティ活動を開始して、ピットブルを保護して訓練を行い、飼育能力のある愛情たっぷりの里親を見つけるために、教育と援助を行うことにしたんです。ニュースや映画、そして書籍の中で、ピットブルを家族とコミュニティのポジティブなメンバーとして特集してもらいました。

セーブ・ア・ブル・チャリティは、ニューヨークのアニマル・ケア・センターと手を組み、「バラブレッド」キャンペーンを誕生させました。プロの写真家とクリエイティブチームの協力を得て作業を進め、ニューヨークを人間と動物の溌剌としたメルティング・ポット（るつぼ）に仕立てあげようとしたんです。ニューヨークのペットは特別な品種です。1頭たりとも、悪者にされるべきではありません。

ビルボードやバスの側面に、ピットブルの遊び好きで愛情たっぷりの性質を強調するストーリーとイメージを描きました。彼らの親しみあふれるスマイルと威厳に満ちた姿は、ピットブルに対する人々のイメージを変えました。ピットブルはどう猛な犬種ではありません。未来の友人になる犬種です。ダンはタイムズスクエアのビルボードの動画にも登場して、通り過ぎる人たち1人ひとりにキスを贈ったんですよ。キャンペーンの最中に、すべての犬の飼い主が見つかりました。このキャンペーンはいまでもネット上で継続中です。

わが家に来て以来、ダンはわたしのひざに頭を乗せ、美しい金色の目でわたしを見上げては、「ありがとう」といっているように見えます。でも感謝しているのは、わたしの方です。ダンのおかげでわたしは人間的に成長し、生きる目的を持つことができたのですから。これまでのチャリティ活動はすべて、ダンを引き取った結果です。あの日、わたしは彼のストーリー、そして彼と同じような境遇の犬のストーリーを語ることを約束しました。こんなにすばらしい犬たちなんだから、他の人たちにも共感してもらいたい、と。

このストーリーはまだ終わっていません。セーブ・ア・ブルは、ダンのストーリーを利用して、若者たちに動物擁護の教育をはじめているところです。人間にしても、動物にしても、彼らの運命を決めつけるような非難のレッテルを貼られるべきではありません。ストーリーを使えば、人々の会話を変え、命を救い、あらゆる犬が愛と思いやりをもって扱われる権利があることを示せるのです。

11 ストーリーを順序立てる

映画『グッド・ウィル・ハンティング／旅立ち』は、お気に入りの1本だ。この映画が大好きな理由はたくさんある。まずは、複雑なキャラクターが登場するユニークな映画だから。マット・デイモンとベン・アフレックは、俳優として役をなかなかもらえなかったことから、この映画の脚本を書いたのだという。陰りのある、耳に残る美しいエリオット・スミスの音楽もすばらしい。そして、直線的ではないストーリーの語り方として、完璧な例となるシーンがふくまれているのである。

主人公は、マット・デイモン演じるウィル・ハンティング。ウィルは天才でありながらも、過去に虐待を受けたため、児童福祉施設や少年拘置所を点々とする生活を送ってきた。それまでずっと人に裏切られてきたウィルは、人を信じたり、人間関係を維持したりすることができずにいる。執行猶予中、彼はマサチューセッツ工科大学の掃除夫として働いている。そんなときある教授が、ウィルが難解な数学の方程式を解いたことから彼の天才ぶりを知り、彼の師となることを申し出る。ただし、条件が1つ。過去のトラウマを乗り越えるため、ウィルがセラピストのもとへ通うことだ。ここで、ロビン・ウィリアムズ演じるショーン・マグワイア博士が登場する。妻と死別した彼は、ウィルと同様、貧しいサウス・ボストンで育ったセラピストだった。

映画の半ばあたりに、ショーンのオフィスでのカウンセリング場面がある。ウィルがショーンにこう尋ねる。「奥さんと出会ってなかったら、どんな人生になっただろうって考えたことはある？」

この台詞が、この場面で探究されるテーマと収穫を示している――奥さんと出会って結婚していなければ、あなたの人生は変わっていただろうか？

ショーンは、それが重要な質問であることを認識する。彼は、人間関係には悪いときもあるが、それがあるからこそいいときに気づくことができる、と告げる。さらにウィルが、亡妻と出会ったことをショーンが後悔しているかどうかを尋ねる。ショーンは、彼女と過ごした日々は1日たりとも後悔していない、と答える。

ここで観客は、このストーリーの結果を知る。妻に先立たれても、ショーンは彼女と出会ったことを後悔していないのだ。たとえ2人で辛い時期を経験していても。しかし結果と、それが収穫につながることがわかっても、まだ十分ではない。ショーンがなぜそう信じているのか、その理由と観客がまだつながっていないからだ。彼がその信念を築きあげた理由が、まだ明らかにされていない。

ウィルがこう尋ねる。「彼女が運命の人だと気づいたのは、いつ？」

これが、このストーリーの葛藤への導入部分となる。観客は緊張の場面へと誘われ、ショーンとともに旅に出る。彼が観客をそもそものはじまりへと案内し、このストーリーの文脈を教えてくれるのだ。そのあと彼は前進し、葛藤へと戻っていく。ただし観客は、そうなることに気づいていない。観客はただ、ショーンがその女性こそが自分の妻になるべき人だとわかったいきさつについて、知りたいだけだ。

ショーンはこう答える。「1975年10月21日だよ」

この答えはとんでもなく意外なものであり、具体的な細部だ。観客は、ウィルと同様、好奇心をそそられる。それが具体的なものであることからいったんはほぐれる緊張も、文脈をさらに知りたいと思う気持ちから、再び高まっていく。その日付の意味は――その日、何があったのか？　ショーンは、それはワールドシリーズの6日目だったと説明する。彼は友人たちと徹夜してチケットを手に入れた。野球ファンでなくとも、あるいはボストン・レッドソックスのファンでなくとも、その日がショーンにとって非常に重要な日であることが理解できるはずだ。その点は、驚愕したウィルの反応で確信に変わる。「あの試合のチケットが手に入ったのか⁉」

この時点で、文脈が設定される。このストーリーの舞台と、関わった人物と、そこに関心を抱く理由がわかったのだ。その日、何が起きたのかを知りたくて、観客の緊張が高まっていく。ショーンはさりげなくその緊張を解いてみせる。その日、スタジアムに向かう前に、友人たちと地元のバーでたむろしていたのだという。「そこへ、彼女が入ってきたのさ」まるでついでのようにいう。これが、植えつけられたことを忘れたあとで芽吹く種となる。

ショーンはそこで話を変え、試合が延長戦に入ったときのことを描写しはじめる。12回裏、レッドソックスのカールトン・フィスクが打席に立った。彼が打ったボールがレフト線に飛んで行く。スタジアムの観客全員が、フェアになれ、と大声で祈る。カールトン・フィスクは、そうすればボールがフェアグラウンドに落ちるとでもいうように、頭上で両手を激しくふり回す。幸運の女神は彼に微笑んだ。ボールはポールに当たり、フェアグラウンドに跳ね返るのだ。レッドソックスが得点を挙げ、7戦目が行われることが確実になる。

ショーンとウィルは立ち上がり、彼ら自身がベースを回る選手になったかのごとく、オフィスの椅子の周囲を駆け回る。ショーンがその日の興奮を描写し、2人はその情景をその場で演じてみせるのだ。観客の歓声が聞こえ、あたりを漂うポップコーンの匂いまで感じられるようだ。ウィルにもショーンの興奮が感染し、こう叫ぶ。「あの試合のチケットが手に入ったなんて、信じられない！　あんたもフィールドになだれ込んだクチか？」

このストーリーの緊張がピークに達する瞬間だ。ショーンがみごとにそれを解いてみせる。彼はそのエネルギー、声色、そしてペースを数段階落とし、ストーリーの冒頭に植えつけた種へと戻っていく。

「いや、試合には行かなかった。わたしはバーにいて、未来の妻と一緒に飲んでいたからね」

ドカーン。観客は冒頭に引き戻される。葛藤の部分に。

意外だし、具体的だ。脳が鋭い一撃を食らい、「はぁ？」と反応する。何しろ観客は、ショーンが友人たちと一緒にフィールドになだれ込み、歓喜したに違いないと思い込んでいたのだから。まさか彼が試合に行かなかったとは、想像もしていない。ウィルの脳も観客と同様に一撃を食らい、彼は信じられないとばかりにこう叫ぶ。「そんなこと許すなんて、どういう友だちだ⁉　友だちには、なんていったんだ？」

ショーンはこう答える。「テーブルの上でチケットをあいつらに差し出して、こういったのさ。『悪いけど、ちょっとあの娘と話したいから』」彼は未来の妻を衝撃的なほどすばらしい女性だと描写し、友人たちも彼の目を見て本気であることを悟る。彼らはチケットを手にすると、妻となる女性と飲むショーンを残して去って行く。ショーンは彼女に声をかけたことも、彼女と結婚したことも、彼女が病気になったときに看病したことも、一度たりとも後悔したことはなかった。

そこで、このストーリーは一巡する。観客はショーンとの旅路を終えたのだ。彼が妻となる女性と、ワールドシリーズの6日目にバーで出会ったことがわかった（文脈）。彼が友人たちにチケットを渡し、試合には行かずに未来の妻と飲んでいたこともわかった（葛藤）。彼は妻との出会いも、ともに過ごした人生も後悔していない（結果）。結論として、自分は違う人生を歩んでいたかもしれない、とか、妻と出会わなければよかった、と彼が思うことはない（収穫）。

このシーンは、話の順序が非常に効果的に使われている。収穫と結果を先に示すことで、好奇心が掻き立てられる。結果はわかっていても、それがなぜ、どのように起きたのかはわからない。具体的な細部のおかげで、惹きつけられる。このストーリーは、意外な台詞、緊張、そしてプロット・ポイントで観客を物語の流れに乗せ、彼らの注意を捉えて放さないのだ。

このシーンは、ウィルの質問からはじめてもよかった。「奥さんとは、どうやって出会ったんだ？」それに応じてショーンが、2人の出会い、結婚、彼女の死、そして後悔はない、という流れで話すこともできたかもしれない。しかしそれだと、あまりに先が読みやすい。しかし順序を変えることで、ストーリーが意外な形で明かされていった。これには2つの利点がある。1つは、人の注目をわしづかみにし、もっと知りたいという気持ちを起こさせる点。もう1つは、ストーリーの収穫に対する理解と意味をより深められる点だ。

ストーリーを順序立てる

優れたストーリーは、順序づけと意外なプロット・ポイントを活用し、もっとも説得力のある形で差し出される。順序づけによって聴衆を没頭させ、緊張を高めたり解いたりすることができるのだ。

ここまでのステップで、ストーリーのための材料を集め、準備を整えてきた。次は順序づけによって、それらを基にレシピを決める段階だ。順序のつけ方次第で、ストーリーの流れと聴衆の経験に大きなインパクトを与えることができる。

プロット対登場人物

子どものころに聴いた物語は、よくこんなはじまり方だったのではないだろうか。「昔々あるところに……」そのあと物語がはじまり、中間を経て終盤に向かい、最後は「そして幸せに暮らしましたとさ」で終わる。これは、聴く者を楽しませることを意図した、予測のつきやすいプロットだ。ストーリーの流れの中では、たいていプロットか登場人物に焦点が当てられる。

登場人物が主体のストーリーは、話の中に登場する人々に焦点を当てる――彼らの考えや葛藤が中心だ。登場人物がストーリーの流れを受けて成長し、新たな気づきを経験して終わる。登場人物が変化するのだ。プロットが主体のストーリーは、外的な出来事や結果に焦点を当てる。こちらのストーリーでも登場人物が重要な役割を演じるが、強調されるのはストーリー内で起きる出来事の方であり、登場人物はさほど変化しない。

あなたの聴衆がよりインパクトを受けそうなのは、

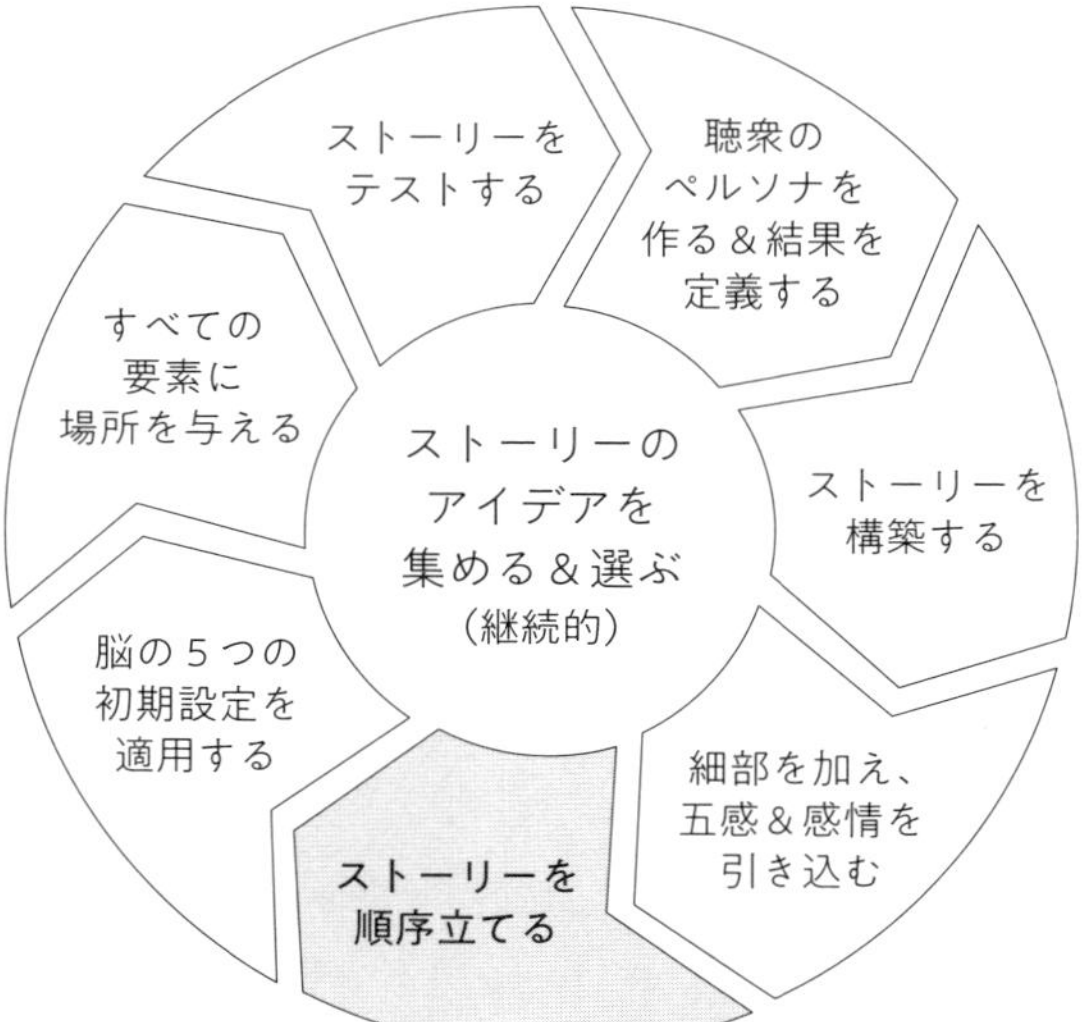

登場人物が経験する変化だろうか、それともストーリー内の出来事だろうか？ 両者のコンビネーションだろうか？ どちらの傾向のストーリーにするのか、じっくり考えてみてほしい。プロットが主体のストーリーの場合、ストーリー内で何かが起きているあいだに、目に見えるもの、聴くもの、感じるもの、味わうもの、あるいは匂いの描写に重点を置く傾向にある。他方、登場人物が主体のストーリーは、登場人物の感情や、ストーリーを通じて彼らが変化、進化していくさまと聴衆をつなげる。どちらにしても、五感と感情を引き込む点は変わらない。しかし細部の展開において、両者はわずかながら傾向が異なる。

マリアのストーリーはプロットが主体だ。聴衆は彼女の身に起きたことと、彼女の行動の結果を経験する。マリアのいらだちと、意図して人とつながろうとする彼女の熱意に、聴衆は自身を重ね合わせる。しかしマリア自身は、ストーリーの中で個人的な変化をくぐり抜けるわけではない。一方、ウォルトのストーリーは登場人物が主体だ。まず、聴衆は彼をCEOとして認識し、そのあと時間をさかのぼり、リーダーシップに対する彼の今日の価値観に貢献する出来事について知る。試験を落とし、個人的に恥じ入ったあと、彼は変わることを誓う。人生で出会うドティのことを必ず知ろうと彼が誓いを立てることで、聴衆は彼の変化を感じ取るのだ。

どの視点で語るのか

あなたのストーリーは、どの視点から語るのがいちばんだろうか？ 主要な登場人物の視点から？ それともあなた自身の視点から？ 語る視点によってストーリーがどう変化するのか、考えてみてほしい。マリアのストーリーが彼女の視点で語られたなら、そこからの収穫はわずかに異なるはずだ。意図して人とつながろうとする彼女の考え方について、聴衆はもっと知ることになる。彼女がレイのどんなところを評価しているのかを描写することになるだろう。自分がレイに与えるインパクトの強さを知ったときの彼女の驚きとよろこびを、聴衆に経験させる。試しにさまざまな視点から語ってみることで、聴衆に望む結果を達成させるのにいちばん役立ちそうなものを見つけよう。

ストーリーの順序を決める

ストーリーの順序の決め方は、さまざまある。それぞれのストーリーについて、どれが最適か、実験を通して見つけてほしい。文脈、葛藤、結果、そして収穫それぞれの主なプロット・ポイントを、付箋に書き出してみよう。そしてそれを、さまざまな順序に入れ替えてみる。あまり先が読めないように心がけつつ、聴衆にとっていちばん説得力があると思われる順序を考えてみよう。

直線的なストーリー

直線的なストーリーとは、はじまり、中間、そして終わりという順序で語るストーリーのことだ。時系列に沿って出来事を描写する。直線的なストーリーは、タイムラインが複雑だったり、筋を追うのがむずかしかったりするときに効果的だ。意外な要素は、ストーリーの終盤に持ってくる傾向にある。葛藤を高めていくことで流れが生まれ、結果と話の終結とともにそれが解き放たれる。

フラッシュバックのあるストーリー

テレビのコメディ番組や映画では、このテクニックがよく用いられる。直線的なストーリーを一時停止し、時間をさかのぼって特定の情報を明かすテクニックだ。登場人物に背景を与えたり、直面する葛藤への洞察を提供したり、ストーリーに影響を与えることになる情報を設定したりする際、フラッシュバックが用いられる。

フラッシュバックは、はじまり、中間、そして終わりという直線的なフォーマットの中で利用されることが多い。はじまりか中間のどこかで、ストーリーが一時停止してフラッシュバックが共有されるのだ。そのあと、一時停止したところからストーリーが再開される。フラッシュバックそのものの中で明かされることがらを通じて、緊張を高めていく。ストーリーが中断されることで仮定のスピードが遅くなり、聴衆は首をかしげ、このあとどうなるのだろう、と思考をめぐらせることになる。このテクニックを使うことで、登場人物もしくはストーリーに不可欠のプロット情報を、聴衆に手っ取り早く知らせることができる。

循環型ストーリー

これは、ストーリーの冒頭に戻ったところで終わるタイプだ。葛藤からはじまることが多く、終わりに向かって進みながら、ぐるりと回って冒頭に戻り、そのあと葛藤へと戻っていく。先に挙げた『グッド・ウィル・ハンティング』のシーンは、この循環型ストーリーのいい例だ。聴衆を葛藤の最中に置くことで効果を発揮する。結果はわかっているが、文脈が欠けているために緊張が高まるのだ。

循環型ストーリーは、水にそっとつま先を浸し、ゆっくりと沈んでいくようなタイプではない。後ろに下がってストーリーの葛藤目指して勢いよく駆け出し、一気に飛び込むタイプだ。意外性と問題提起で脳を引き込むのである。

終わりからスタート

このタイプは循環型ストーリーのように、結末と結果からはじまる。そこから葛藤へと、さらには冒頭へとさかのぼる。あるいは冒頭に戻ってから、葛藤へと話を積み上げていく。結末が明かされているとしても、結果への文脈が欠けていれば、緊張を高めることは可能だ。ストーリーの締めくくりとして、聴衆は新たなプロット・ポイントと登場人物からの洞察とともに再び終わりを訪れることになる。

つまり「どうしてこういうことになったのかというと……」というタイプのストーリーであり、映画の冒頭やソーシャルメディアの投稿で用いられることが多い。コメディアンがよく採用する流れだ。彼らはまずストーリーの結末を紹介する――個人的な経験であることが多い。そのあと、ストーリーの流れへと聴衆を導くのだ。結果がわかっていても、ストーリーを通じて縫い込まれた意外な細部のために、聴衆はストーリーに釘づけとなる。このタイプは、ストーリーの結果より登場人物やプロットに関する意外な細部の方が説得力があるときに効果的だ。

パラレル・ストーリー

これは、何かしらの共通項目――人、プロット・ポイント、テーマ――を持つストーリーラインが複数存在するタイプだ。いずれも、全体的なストーリーの流れの中で語ることになる。わたしがよくパラレル・ストーリーを用いるのは、新しいアイデアを打ち立てようとするときや、聴衆が持つアイデアに異を唱えようとするときだ。複数のストーリーを組み合わせることにより、聴衆にそれらのアイデアを比較して異なる視点を得るよう、自ずと促すことになる。

わたしがＴＥＤトークで語ったストーリーは、パラレル・ストーリーだ。ウォルトとマリアのストーリーは、自分は見過ごされていない、尊重されている、と人に感じてもらうというテーマでつながっている。2つのストーリーを組み合わせることによって包括的なストーリーとなり、聴衆がよりインパクトの強い収穫を得ることになる。

パラレル・ストーリーは、聴衆に日常生活の文脈から抜け出して1つのアイデアもしくは感情とつながってほしいとき、大きな効果を発揮する。ストーリーを組み合わせることで思い込みを遅らせ、新しい思考を打ち立てやすくなる。

視点を変える

1つのストーリーを複数の視点で語るのが効果的な場合がある。複数のストーリーを最終的に1つのストーリーにまとめるようなものだ。1つのストーリーを1つの視点から語ったあとで、異なる視点からも取り組んでみる。異なる視点の文脈を与えるために、フラッシュバックを用いるのもいいだろう。2つの異なる視点を用いることで、ストーリーの特定のプロット・ポイントを対比させることができる。ドキュメンタリーでは、よくこのアプローチが用いられる。主題に対する異なる視点を共有し、ストーリー全体に織り込むのだ。

ただし1つのストーリーの中に異なる声を入れるのは、トリッキーになりかねない。文章の場合は、とりわけその危険がある。複数の視点を入れると決めたら、新たな声を入れるときは、聴衆にそれが伝わるように、そしてそれが誰の声なのかが必ずわかるようにすること。また、異なる視点で同じ情報をくり返すのも避けよう。そうなると、読む者が興味を失ってしまうのだ。このタイプは、あなたが望む結果に関して、聴衆が思ってもみなかった異なる視点が存在するときに効果を発揮する。

ウォルトとマリアのストーリーは、1つの視点、すなわちわたしの視点から語られたものだ。他者のストーリーではあるものの、わたしの視点という点は一貫している。あなたのストーリーには異なる視点が必要かどうか、あるいはあなたは自分の視点でストーリーを語っているかどうかについて、じっくり考えてみてほしい。

比較し、対比させ、「もし～だったら……」

ビジョンや戦略に関する会合に参加したとき、こんな課題を出されたことはないだろうか。「いまから2年後のことをイメージして……」そこから生まれるストーリーを用いて、聴衆を1つの考えやアイデアとつなげようとしているのだ。聴衆は、いま自分が知っていることと理解していることを、未来の可能性と比較することになる。

以前、フォーチュン500にランクインするエンジニアリング会社のコミュニケーション部長と仕事をしたことがある。彼はチームメンバーに、経営幹部チームのメンバーそれぞれとパートナーを組ませ、対外的なメッセージの作成をしたいと考えていた。わたしたちは一緒に、1年後のプレスリリースに載せる言葉として「もし～だったら……」ではじまるストーリーを書き、チームの成功を詳述することにした。その中には、自分たちの仕事ぶりについて経営幹部からいってもらいたい言葉もふくめていた。そうすることで、1年後に自分たちがいる場所に対するあこがれとチームを結びつけ、その目標を達成するために必要な変化を明らかにしたのだ。

このタイプのストーリーは、聴衆に変化を受け入れてほしいとき、進歩に気づいてほしいとき、あるいは何かあこがれるものと心をつなげてもらいたいとき、役に立つ。

聴衆を惹きつけるストーリーのはじめ方

本の最初のページを開いたら1行目から惹きつけられ、そのまま読みふけってしまったことはないだろうか？　冒頭のフックは、人の注意をぐっと引きつけ、抗えない魅力を放ち、もっと聴きたいという気分にさせる効果がある。

ストーリーの順序立てはともかく、冒頭で聴衆を引き込むことを目指そう。聴衆の心をつかむか失うかは、ストーリーの冒頭にかかっている。聴衆の注意をわしづかみにして、ストーリーを追わずにはいられないようにしてほしい。

質問からはじめる

質問は、脳のパターンを中断させるのに最適だ。こう尋ねることで、脳を軽く刺激するのだ。「で、どう思いますか？」これで聴衆は参加を促される。ただし、脳にカロリーを消費させるだけの好奇心を刺激するような、魅力的な質問でなければならない。

ストーリーのテーマからはじめる

TEDトークの中でもわたしのお気に入りは、パフォーマンス・アーティストのリーブスが語った「朝4時のミュージアム」だ。彼はこんな文章ではじめている。「オンライン上でこれまで起きたいちばんロマンティックなことは、よくある方法ではじまった――僕抜きで、オフラインでのことだった」彼はここで種をまき、いちばん最後でいまの文章に戻るストーリーを開始した。この1文で彼は好奇心をそそり、文脈を設定して、聴く者を、そのロマンティックな経験についてさらに知りたいという気分にさせたのである。

意外性を用いる

本書の冒頭に、「わたしの目は片方は茶色で、もう片方は緑色をしている」と書いた。これはけっして稀な特徴ではないのだが、かといってふつうのことでもなく、意外性もある。意外なオープニングは、人の注意を引く。ストーリーのオープニングを意外なものに変えられないか、検討してみよう。わたしはときに5つから10のオープニング・アイデアをみずからに課し、創造力を刺激することにしている。効果のなさそうなものばかりが浮かんでくるのだが、最初の方にいちばんのアイデアが出てくることはあまりない。ひたすら考えろ、と自分にいい聞かせるうちに、ようやくいいアイデアが浮かび上がってくるものなのだ。

好奇心に訴える

マリアのスマホがエレベーター・シャフトに落ちたと知ったとき、おそらくこんなふうに思ったのでは？ 「どうなっちゃうの!?」 1つの文章を聴くと、次に何が起きるのかを知りたくなる。ストーリー構造を組み立てるとき、文脈の質問に答えていったことを思い出してほしい。「聴衆がそれに関心を抱く理由は？」そう問うことで、あなたのストーリーの中の興味深い部分が見えてくる。それを、好奇心を刺激するためにどうオープニングに持っていけるか、考えてみよう。

ストーリーの流れを決めてオープニングの文章を作るには、何度か実験を重ねる必要があるだろう。聴衆にとって何が説得力がありそうか、いろいろ試して、感じてみてほしい。ストーリー作りには時間的な余裕を持つのが肝心だ。次に取り組むべきことをきちんとメモしたうえで、いったんそこから離れてみるだけの時間を設けよう。思い出してほしい。脳はものごとを中途半端なまま放置するのを、ひどく嫌う。だからその穴埋めをしようと、人知れず稼働しつづける。だからストーリー作りを再開したときには、新たな洞察と新鮮な視点という利点が手に入っているはずだ。ストーリーの適切な流れは、時間的な余裕があってはじめて見えてくることが多い。

ここまで、出来事、登場人物、細部、五感、そして感情を材料にストーリーを作りあげてきた。ストーリーを作るプロセスの次のステップは、編集だ。次章では、脳を引き込み、あらゆる要素にストーリー内の場所を与えるため、あなたが脳の5つの初期設定をどれくらい活用できているかを検証していこう。

まとめ

ストーリーを順序立てる

（巻末のチェックリストも参照のこと）

- あなたのストーリーの焦点は、登場人物の成長と進化？　それとも、ストーリーのプロット？　あるいは、その両方？
- あなたのストーリーに最適な流れを選ぶこと。主要なプロット・ポイントを付箋に書き出し、さまざまな順序に置き替えてみて、いちばんの流れを見つけよう。

○直線的——はじまり、中間、終わり。
○フラッシュバック——直線的ストーリーを一時中断し、文脈を設定するフラッシュバックを共有してから、再び先に進む。
○循環型——葛藤から入ることが多く、そこが始点でもあり、終点でもある。
○終わりからスタートする——すでにわかっている結果からはじまり、そこまでの道のりがストーリーを通じて明らかにされる。
○パラレル・ストーリー——人、プロット、もしくはテーマが共通する複数のストーリー。
○視点を変える——さまざまな登場人物の視点で語るストーリー。
○比較、対比、「もし～だったら……」——ビジョンもしくは戦略のセッション。
●ストーリーを語るうえでもっとも説得力のある視点はどれかを決める。
●ストーリーの冒頭で注意を引く。フックとなる言葉でも、質問でも、宣言でも、あるいは聴衆の好奇心に訴えるのでもいい。

エバン・スコルニック

ビデオゲーム作家、ナラティブ・デザイナー

ビデオゲームのストーリーは、どのように書くものなのですか？

ビデオゲームのストーリー展開は、最高に複雑で厄介です。反復がやたら多いうえに動きが激しく、共同的なプロセスになりますから。映画とは違います。映画の場合は、脚本家が製作チームに脚本を渡せば、そのストーリーをスクリーン上に映し出してもらえます。でもビデオゲームのナラティブ・デザイン、つまり物語のデザインは、デザイナーやアニメーターやプログラマーからなるチームと協力しながら、その中心となって作業を進めなくてはなりません。

映画やテレビ用のストーリーテリングとは違って、物語がゲームを展開させるわけではないんです。プレイヤーの第一の目的は、ふつう、ゲームをすることであり、ストーリーではありませんからね。ゲーム作家の役割はゲームプレイの質を高めることであり、そこに介入することではありません。物語の力でまずまずのゲームを優れたゲームに高めることくらいはできても、悪いゲームをいいゲームにすることはできないんです。

物語は、ゲームプレイに最大限絡む必要があります。新プロジェクトを立ち上げるときは、この点を話し合います。「プレイヤーはどういう人で、その人たちには何ができるのか？」それを基に、ストーリーを組み立てる必要があるんです。

ビデオゲームのストーリーには選択肢がありますが、あれはどのように取り入れているのですか？

ゲームのストーリーテリングで重要なのは、プレ

イヤーの作用という概念です。こちらとしては、プレイヤーにできる限りコントロールを握っているように感じてもらいたい。少なくとも、自分が選択権を手にしていると錯覚させたいんです。直線的なストーリーでも、往々にして完璧な答えは1つとは限りません。それが選択とそこからの枝分かれをサポートするとなれば、かなり厄介です。デザイナーにとって、追跡が難しくなることがよくあります。だから僕は、壁に巨大なスプレッドシートを貼って、あらゆるキャラクターとその動向を追跡しているんです。非プレイヤーキャラクターが死んだあと、どこかのシーンやレベルでまたひょっこり姿を現したりしたら、まずいでしょ！

それに、ストーリーに対するプレイヤーの関心がまちまちだってことも、理解しておく必要があります。主任ライターとして「マーベル・アルティメット・アライアンス2」の作業を進めていたときは、プレイヤーを3つのタイプに分類しました——スキップ型、探究型、中間型です。

スキップ型というのは、ストーリーにはこだわらず、カットシーンをスキップする人たち。探究型は、ストーリーに執着し、ありとあらゆる細かい伝承《ロア》アイテムに目を通し、見つけられる限りのオーディオログに耳を傾ける人たち。中間型は、その中間にいる人すべて。それぞれのタイプに効果を発揮するストーリーにしなければならないんです。

それに、ビデオゲームだからこその動的要素もあります。たとえばミリタリーゲームで、キャラクターが「やられた！」と叫ぶことがありますよね。その台詞の異なるバージョンを用意する必要があるんです。だって、撃たれるシーンは他にも15回はあるかもしれないじゃないですか。キャラクターが立て続けにまるっきり同じ台詞を2回口にしたら、プレイヤーはしらけてしまいます。そのためには、何万という数のシステム・ダイアローグ・ラインを書いて、録音して、適切に引き出されるよう設定しなければなりません。圧倒的な作業量ですよ！

作業が正確に行われれば、ゲーム・ストーリーはゲームプレイとプレイヤーの望みを叶えるサポート役として組み込まれます。終始一貫した物語が、プレイヤーの行く手を遮ることなくゲーム・シナリオの文脈を提供し、ゲームのつじつまを合わせてくれるんです。

12
すべての要素を大切に扱う

映画監督、プロデューサー、脚本家のデイミアン・チャゼルは、アカデミー賞を受賞した『セッション』や『ラ・ラ・ランド』を監督した人である。『ラ・ラ・ランド』の編集作業を行っているとき、彼はミュージカル・ナンバーの中にストーリーラインのテンポを停滞させているものがあると感じた。その1つが、オープニング場面だ――ロサンゼルスのハイウェイでくり広げられる華やかなダンス・ナンバーで、2人の主役が登場するところまで続く。

デイミアンの解決策は、映画からあらゆるミュージカル・ナンバーをいったん取り除くことだった。彼は1年かけてストーリーラインを編集し、さまざまなテンポを試してみた。彼が焦点を合わせたのは、観客がキャラクターの感情的な成長とつながることができるような流れを生むことだった。各ミュージカル・ナンバーは、特定の基準に合致してはじめて映画の中に戻されていった。**これはストーリーを前進させるだろうか？　カットしたら、何か失われるものがあるだろうか？**

編集は、ストーリー作りと同じくらい重要だ。追加、削除、実験のコンビネーション作業である。編集を通じて、ほんもののストーリーが浮かび上がってくる。ストーリーの編集は、2つのパートに分けて行う。1つは、脳の5つの初期設定が活用されていることを確かめるパート。もう1つは、あらゆる要素に場所を与えるパートだ。

脳の5つの初期設定を活用する

ストーリーが組みあがったいま、今度は脳を効率的に引き込み、5つの初期設定が活用されていることを確かめる段階にきた。ストーリーに磨きをかける前に、作成したストーリーを必ず寝かせよう。1時間だろうが1日だろうが1週間だろうが、ストーリーの作成と編集のあいだに時間をおけば、自身の作品を客観的に見る余裕が生まれる。

怠惰な脳、仮定、ファイルのライブラリ

思い出してほしい。脳の初期設定の最初の3つは、脳は怠け者であること、仮定を行うこと、そして知識と経験のファイルが収まったライブラリに情報を分類し、予測を伝えることだ。ストーリーテリングにおいて、その3つはたびたび密接に絡み合う。脳を怠けモードから引っ張り出すための細部が、同時に仮定のスピードを遅らせたり、ファイルのライブラリ内にある既知の理解と結びついたりすることがあるのだ。次の

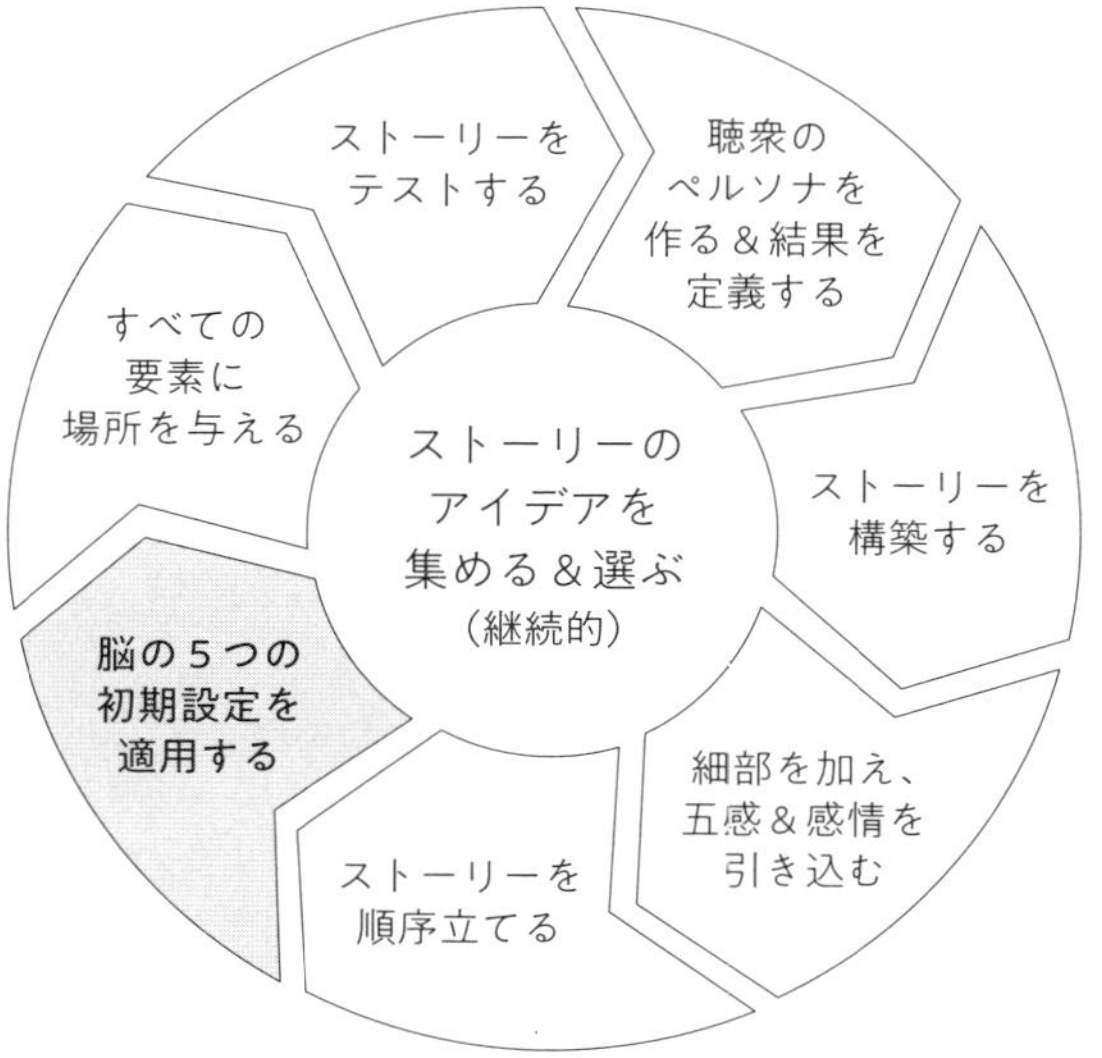

各項目を見直し、あなたが聞き手の脳をストーリーの中に効率的に引き込んでいるかどうかを検証してみよう。これらは巻末のチェックリストにもふくまれている。

緊張を高め、解放しているか

ストーリーには1つの流れが必要だ――その中で緊張の高まりと解放が、少なくとも1回、場合によっては全体を通じて複数回あってほしい。これにより脳がいやでも集中し、仮定のスピードを遅らせてくれる。

ストーリーに確実に緊張を生む方法は、いくつかある。意外性のある細部や出来事をプロットに取り入れる。葛藤に向かって事態を悪化させる。問題点の高まりを聴衆に感じさせる。時間もしくは期限という制限をつける。登場人物の葛藤を描写する――自分の内なる葛藤でも、他者との葛藤でも。気の利いた言葉やユーモアを用いて、緊張を解く。意外な細部を加える。ストーリーの流れを予測のつきにくいものにする。

ストーリーを見直すとき、自明のものと予測のつきやすいアイテムを、意外性に満ちたアイテムと入れ替える箇所がないかどうか、探してみよう。鍵となるポイントが明らかになったとき、変化は訪れるだろうか？　緊張をより高めるために、異なる流れや視点は考えられないだろうか？　登場人物は、何か驚くような言動を取るだろうか？　登場人物の葛藤を広げられるだろうか？　ストーリーの緊張を高めるための要素を、何か1つ見つけよう。

感情移入できる登場人物がいるか

聴衆は、ストーリーの登場人物にすんなり感情移入できるだろうか──たとえ好きになれない人物だとしても。聴衆は、彼らの状況、選択、そしてそのあとに続く結果を、理解できるだろうか？──たとえ自分では同じ選択をしないとしても。その登場人物は、なぜそうするのか？　彼らの感情は？　ストーリーを通じて、彼らはどう成長し、変化する？　彼らが苦悩するのは、あるいは行き詰まるのはどの時点？　ストーリーに関係する彼らの身体的もしくは人格的な特徴は？　あなたが聴衆のために作りあげたペルソナの既知の理解と、登場人物の行動、描写、考え方、感情を結びつけることはできるだろうか？　主要な登場人物に感情移入してもらうために、何か1つ加えられないだろうか？

五感を引き込んでいるか

ストーリーを経験する中で、聴衆が見て、聴いて、感じて、匂って、味わうものは？　すでにある知識を引き出すには、どこで五感を引き込めばいい？　あまりに弱々しい声なので、部屋にいる全員がその声を聴こうと身を乗り出す？　その状況のストレスは、バックパックに本を13冊入れて運ぶくらいの重さ？　ポップコーン・スタンドの匂いが漂う会議室？

単なる赤、青、緑、黄色に終わらない、生き生きとした色彩がストーリーにあるだろうか？　その色は、カリブ海の島を取り囲む海のような、深い青緑色？　ひまわりのような黄色のスマホケース？

登場人物が経験するのは、どんな感情だろう？　彼らが悲しかったり、怒っていたり、いらだっていたり、疲労困憊していたり、大よろこびしていたりするのを、彼らの癖や表現から察することができるだろうか？　疲労困憊のあまり、仕事着のままソファで眠りこけてしまう？　あまりにいらだったために、いったんその場を立ち去る？　聴き手がストーリーの中に入り込み、ストーリーを色鮮やかに経験するために、何か1つ加えられないだろうか？

具体的な細部が盛り込まれているか

ストーリーの主要な段落ごとに、具体的な細部が少なくとも1つは盛り込まれているだろうか？　単なるパイではなく、パンプキンパイにできる箇所はないだろうか？　ロビーにこだまするハイヒールの音を描写できる箇所は？　そのサプライチェーンは、ビルが倒壊するかのごとく崩れ落ちた？　そのクライアント・ミーティングの緊迫ぶりは、ガソリン残量がゼロになった車を運転しているときの気分と同じ？　綿ほどの軽さの製品？　その登場人物の出身地は、高校に100人しか生徒がいないくらい小さな町？　具体的で印象的な細部やメタファーを盛り込むことで、聴衆の理解につなげられそうな箇所はないだろうか？

ありふれたものをカットしているか

ありふれたいいまわしや表現、たとえば、**木を見て森を見ず、つまるところ、出る杭は打たれる、あまのじゃく**等々のいいまわしを使うと、聴衆の脳に聴くのをやめてもいいという許可を与えてしまう。使い古されたいいまわしはコミュニケーションにおける手抜きであり、怠けモードに入ってくださいと脳に枕を差し出しているも同然だ。あなたのストーリーには、ありふれたいいまわしや表現はないだろうか？　それを他の言葉に置き換えるか、あるいはそっくり削除してしまうのはどうだろう？

あなた独自の視点を共有しているか

あなたのストーリーは個人的なものだろうか、あなたにしか語ることのできないものだろうか？　聴衆には、あなたがそのストーリーを共有する理由が伝わるだろうか？　あなたの視点は、他の人の視点とどう違うのか？　そのストーリーの中のあなたらしさとは？　ストーリーの中で、あなたにとって重要なものは？　あなたが得た洞察は？　あなたはストーリーのどこに胸をときめかせる？　あなたの視点は、あなた独自のもの。「わたしがこの話をしようとする理由は……」といってそのストーリーを語る理由を説明するのではなく、表現しよう。

内集団と外集団、快適さを求めて苦痛を避ける

脳の初期設定の最後の2つも、絡み合うことが多い。内集団と外集団は、所属意識や違いを感じさせるものだ。神経化学物質は、快適さやよろこびの経験を補強する。あるいは不快な状況からあなたを脱出させてくれる。これらの初期設定が、聴衆のストーリー経験に意図的に活用できているかどうかを確かめよう。

内集団と外集団

あなたのストーリーを聴いて、聴衆はどう思うだろう？　**そうだ、わたしにもそんな経験がある。**あるいは、**ワオ、わたしの生活や経験とはずいぶんかけ離れているな。**聴衆にはストーリーの登場人物への所属意識を感じてもらいたいと思うのか。それとも、彼らとの違いに気づいてもらいたいのか。ストーリーのプロットと登場人物に自身を重ねるための感情は、盛り込まれているか？　あなたが聴衆とつなげたい

のは、彼らがあこがれている存在？　もしくは得たいと思っているもの？　ストーリーを聴いて、聴衆はその状況、思考、そして経験について、自分に近いと認識するだろうか、それとも違うと認識するだろうか？　ストーリーを違う視点から語ったら、聴衆の経験は変わるだろうか？　聴衆に所属意識を感じさせるため――あるいは意図的に違いを感じさせるため――に、何か1つ加えられないだろうか？

親近感か不快感か

あなたが聴衆に経験させたいのは、ドキドキするような、落ち着かない気分だろうか？――エレベーター・シャフトにスマホを落とした場面で感じるように。それとも、当惑？――たとえばウイルスに感染して壊れたコンピュータ・ファイルのせいで、個人データすべてを失ってしまった人の話を聴いたときのように。

聴衆に感じてもらいたいのは、快適さや親近感？――問題を発見し、解決したことに対して表彰された社員のストーリーとか。ストーリーを通じて、聴衆をより大きな願望に導くことができるだろうか？　車を買っているのではなくライフスタイルを買っているのだ、という人のように。聴衆に、何かをやめると誓わせることができるだろうか？　2週間分の休暇を消費できなかった社員の話を聴いたあとで、絶対に休暇の権利を無駄にしないと誓わせるとか。ストーリーへの親近感もしくは不快感を聴衆に意図的に抱かせるために、何か1つ加えられないだろうか？

すべての要素に場所を与える

優れたストーリーでは、あらゆる要素に場所が与えられている。それぞれの要素がストーリーを前進させ、登場人物にまつわる何かを明らかにするか、脳の5つの初期設定を意図的に引き込むようにできていなければならない。ストーリーは、余分なものをカットし、整えてはじめて完成する。ストーリーを引き締めるためのアプローチはいくつかある。草稿の段階で、内容の10パーセントを問答無用にカットする人もいる。読みながら、目につく余計な部分を引き締めていく人もいる。わたしの場合、最初の草稿は自由に書くことにしている。そのあと、特定の文字数をカットすることをみずからに課す。そして最終段階では、あらゆる要素に場所が与えられていることを確認する。

ストーリーを1行ごとに確認しつつ、こう自問してみよう。**これには場所が与えられているだろうか？ これは物語を前進させる？ これをカットすると、何か失われるものがある？ これは混乱を生むだろうか、**

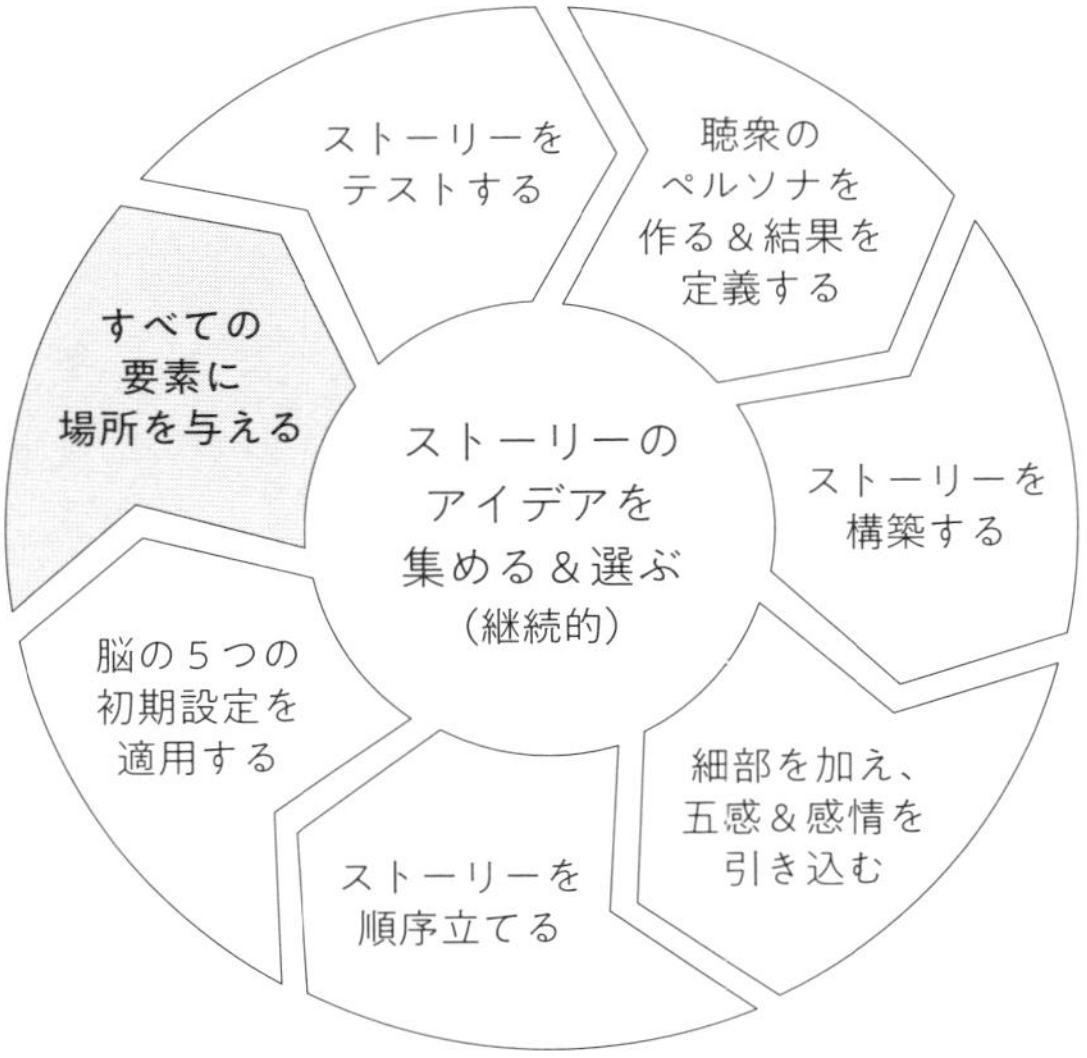

何かをつけ加えるか、削除すべきだろうか？

取り除いても、プロットや具体的な細部や感情に影響を与えそうにないものは、カットしてしまおう。そのうえで、カットする前と何か変わったかどうかを確認する。ストーリーテラーにとって重要なことでも、聴衆にはさほど重要ではないというパターンは多い。脳を引き込む細部と感覚をすべて剥ぎ取ってはならないが、ストーリーの勢いを鈍らせるものがあれば、削除してしまおう。

エレベーターの場面に戻って……

ＴＥＤトークのとき、エレベーターの話は最後までしなかった。マリアがスマホを取り戻したことは暗にほのめかされているが、聴衆は確信できない。彼女がレイの協力に対して何といったのかもわからない。なぜなら、そうしたことは収穫のために必要ではないからだ。それよりも、ウォルトのストーリーに移行する方が効果的だ。そちらは、試験会場で彼が誓いを立てたところで終わる。

どちらのストーリーにも、さらに続きを加えることができたかもしれないが、加えたとしても、収穫が多くなるわけではない。わたしは聴衆を、マリアのいらだちとウォルトの羞恥心につなげた。どの文章もストーリーを前進させ、聴衆の五感を引き込み、自分は見過ごされていない、尊重されている、と人に感じさせることがリーダーとして非常に重要だという結果を補強している。

全部、しなければならないの？

「わたしはストーリーを語りたいだけ。このステップをすべて踏む必要がある？」

それぞれのステップを踏むことで、聴衆の脳を効率的に引き込んでいるか、望みの結果に向かって進んでいるか、という点を確認することができる。このメソッドを使えば、あなたが伝えたいと思うメッセージを明確に把握することができる。そうしてはじめて、聴衆をさらに深く引き込むために、有意義な肉づけが行えるようになるのだ。最初は、このプロセスに沿って進めるのがもどかしく感じられるかもしれない。あなたはいま新たなスキルを学んでいる最中であり、新しい神経経路を形成しているところだ。新しいスポーツを学ぶときと同じ。初日から完璧なパフォーマンスは期待できない。それぞれの要素を練習することで、能力を高めていこう。

ストーリーテリングは複合的なスキルだ。回数を重ねれば重ねるほど、より簡単に、よりスピーディーにこなせるようになる。どうやってアイデアを見つけ、どうやってストーリーを作りあげていくのがいちばんか、いまにわかってくる。それぞれのストーリーにとっていちばんの流れを見きわめる能力が、ごく自然に備わってくるはずだ。盛り込むべき具体的な細部と、引き込むべき五感を、直観できるようになる。回数を重ねるほど、ステップを組み合わせつつ、このプロセスをよりスムーズに進めていけるようになる。難なくストーリーテリングを行えるようになりたいなら、とにかくはじめることだ。

「わたしはぶっつけ本番でストーリーを語りたい。こんなステップをすべて踏むのは無理」

ストーリーを発展させ、語る練習を重ねれば重ねるほど、即興で行うのも簡単になる。即興でストーリーを語るときは、次の3つのことに意識を集中させてほしい。

1　何らかのやりとりに入る前に、聴衆のこと、彼らに知ってもらいたいこと、考えてもらいたいこと、行ってもらいたいこと、感じてもらいたいことを考えておく。これは、ストーリーを語る計画のあるなしに関わらず、お勧めの習慣だ。その答えが、聴衆とのやりとりを計画するときも、その結果に向けてコミュニケーションを形成するときも、役に立つ。

2　4構造のあるストーリーを語ること。文脈、葛藤、結果、そして収穫について描写し、とりとめのない話にならないようにする。

3　即興で作るストーリーには少なくとも具体的な細部を1つは盛り込み、五感を1つ引き込むこと。

ストーリーテリングのスタイルは人それぞれだ。試しに、あらかじめ準備したストーリーと、即興で作ったストーリーの両方を語ってみよう。即席ストーリーは、会議の席や人と会話する中で語ってみる。あらかじめ準備したストーリーは、プレゼンテーションで練習する。どちらのステップがより自然に感じられるか、どちらの方がより練習を必要とするか、確認してみよう。

あなたもいずれ、データに関するストーリーを語る必要に迫られるときがくるだろう。データを定期的に共有することはないとしても、多少のデータをストーリーに取り込みたいと思うかもしれない。次章では、データを伴うストーリーを語るときに考慮すべき点について見ていく。本章で学んだばかりのストーリーテリングのアプローチに、それを積み重ねていこう。

まとめ

すべての要素を大切に扱う

（巻末のチェックリストも参照のこと）

● ストーリーを組み立てたら、脳の5つの初期設定が効率よく活用できているかどうかを確認する。巻末のチェックリストを用いて、加えるべきもの、もしくは削除すべきものを明らかにする。
● ストーリーを1文ずつ確認しながら、こう自問する。
○ これを削除したら、何か失われるだろうか？
○ これがあると混乱させてしまうだろうか？
○ これはストーリーを前進させるだろうか？
○ 加えるか、削除すべきものが何かあるだろうか？
● 何かをカットしてみて、ストーリーのペースもしくは結果が影響を受けるかどうかを試してみる。
● 聴衆に知ってもらいたいこと、考えてもらいたいこと、行ってもらいたいこと、感じてもらいたいことを、相互のやりとりを試みる前に自問してみる。即興でストーリーを語るときには、これをすることで準備が整う。
● 即興でストーリーを語るときは、ストーリーの4構造を用い、細部を1つ盛り込んで、五感を1つ引き込むようにする。

ペギー・フォーゲルマン

イザベラ・スチュワート・ガードナー美術館　ノーマ・ジーン・カルダーウッド・ディレクター

イザベラ・スチュワート・ガードナーというのは誰で、美術館に対する彼女のビジョンとは？

イザベラ・スチュワート・ガードナーは、型破りで、独立心旺盛で、限度知らずの女性です。南北戦争、第一次世界大戦、そしてアメリカ社会の数多の激動期を生き抜きました。彼女は、市民のリーダーとして、そしてアメリカ社会への貢献として、この美術館を設立したのです。あらゆる人が美にアクセスできるように、と。

イザベラは、感情的にも、そして個人的にも、芸術作品に激しく心を揺さぶられました。ですから来館者にも、さまざまな感覚を通して美を堪能してもらいたいと願っていたんです――中庭で花々の香りを感じ、噴水では水の流れる音を聞き、芸術作品の並外れたコレクションを愛でるのです。

美術館として、ストーリーテリングにどうアプローチしていますか？

イザベラは遺言の中で、館内の展示と芸術作品は永久に変えてはならない、と厳しく指示しています。うちは作品収集をしない美術館なんです。わたしたちの仕事は、館内の芸術作品がいまのわたしたちの生活に何を語りかけているのか、その意味を深掘りしていくことです。とてもエキサイティングな仕事だと思います。

館内にはストーリーがあふれています。個々のオブジェクト、ギャラリー、中庭、そして建築様式。イザベラは観る人に解釈を委ねようと、作品の意味や、作品から読み取る結論を決めつけたりしませんでした。そんな彼女の意図を尊重して、永久ギャラリーの作品には説明書きが1枚も貼られていないんです。

わたしはよくこんなことを考えます。**彼女から受け継がれたこの場所のDNAとは？　いまを生きるわたしたちにとって、インスピレーションや啓発となるものがどれくらい秘められているのだろう？**

たとえば、「ボストンのアポロ」という展覧会を開催して、ジョン・シンガー・サージェントがボストン美術館の円形広間の壁画を描く前準備として製作した絵画を特集したことがありました。彼はイザベラのいい友人だったんです。彼にギャラリーの1つをスタジオ代わりに貸していたくらいですから。

その展覧会のときにうちのキュレーターが気づいたんですが、コレクションの中の絵画すべてに、1人の黒人男性が描かれているんです。調査の結果、トーマス・マッケラーという人だったことがわかりました。マサチューセッツ州ロックスベリーに住んでいた若者です。10年近くものあいだサージェントのモデルをしていたようなので、彼と親しい間柄だったと思われます。サージェントの作品にとってまちがいなく重要な人物だったはずなのに、美術史からは抹消されてきたんです。

そこでわたしたちは、コミュニティの協力を得て、トーマス・マッケラーのストーリーを語ることにしました。意図的かそうでないかはともかく、歴史の死角に埋もれていたものに光を当てたのです。パブリックアートとボストンの黒人史にとって非常に重要な作品と、それまで見落とされていた人物を明らかにできたのは、とても光栄なことでした。

1990年3月、美術館から13点の絵画が盗まれました。そのストーリーはどう語られていますか？

あの事件はわたしたちの歴史の一部であり、いまでも捜査は続いています。こちらとしては、作品はいずれ戻ってくる、と非常に楽観的に構えています。このストーリーには2つのポイントがあります。1つは、美術作品そのものに焦点を当て続けることです。イザベラはそれらの作品を公開することを意図していました。つまりガードナー美術館にとってというだけでなく、公共にとっての損失なのです。人々の記憶に残り続けている限り、作品がわたしたちのもとに戻ってくる可能性は高いと思います。

もう1つは、欠如と喪失というアイデアをどう組み立てるか、という点です。それについては、誰もが実感できるはずです。というのも、わたしたちは意図して、ギャラリー内に空の枠組みを残しているからです。失われたものを思い出すよすがとして、そして、イマジネーションに対する強烈な刺激として。

13 データを伴うストーリーテリング

建設会社のデータ分析部長ルーカスの手元には、数年に及ぶ顧客満足度データがあった。彼は、自分のリーダーシップ・チームにデータを信頼してもらい、データを参考に意思決定を行ってもらいたいと考えていたのだが、行く手を阻まれてばかりいた。こんなコメントを突きつけられたこともある。「顧客は無知だ。自分が何を話しているのか、わかっていない」

6か月のあいだに、顧客満足度が70パーセントから20パーセントに落ちていった。これ以上は見過ごせないほど、品質問題が数多く発生していた。しかしルーカスはスライドでデータを示すのではなく、隔週に行われる品質会議の席で、いつもとは違う形で口火を切ることにした。

「最近、トリッシュという女性に関する記事を読みました。彼女はクルーズ旅行から帰ってきたばかりだそうです。彼女はその夢のバカンスを何年もかけて計画して、81歳になる母親と2人の姉妹、そしてその子どもたちを連れて行くために、数千ドルも貯金していました。総勢11名の家族は、マイアミから2週間の船旅に出発し、パナマ運河を通って、はるばるロサンゼルスに向かったのです。

いったん船内に落ち着くと、トリッシュは子どもたちと一緒にプールに向かいました。水着姿としゃれ込んで、ネオングリーンのゴーグルをつけて。ところがタオルを敷きもしないうちに、黄色い警告テープが目に飛び込んできました。そこには、『プールは改修のため閉鎖中』と書かれていました。船旅会社はなぜ出航前に改修を終えなかったのか、と困惑するばかりです。

数時間後、彼女たちはそれがバカンスからかけ離れたものであることを知りました。海に浮かぶ建設現場も同然だったんです。船内の数区画が『改修中』という看板と黄色いテープで閉鎖され、手すりも床も分厚い埃で覆われていました。船のスタッフは工事現場用のマスクをつけていて、客は外に出るとき、埃が喉や目に入らないようタオルを顔に巻いて行かねばなりません。

機械の摩擦音、切断音、研磨音、ドリルの音、そしてハンマーの音が船の脇腹に反響し、建設資材の破片が旅客のところまで漂ってきました。デッキの塗り替えに使うニスが放つ強烈な薬品臭が、船内に漂いはじめます。鼻が曲がりそうなくらいの悪臭だったとか。なかには体調を崩して診察室に行くはめになった客もいたそうです。しかも、あとでその診療代を請求されたというのですから」

この時点で、ルーカスのチームから声が上がりはじめた。「ひどい！　返金してもらうべきだ」

ルーカスはそれを手で制し、先を続けた。「事態は悪化する一方でした。旅の途中で、500名の旅客がダイニングルームに集結し、船長に詰め寄ったんです。彼らは、まさかこんな状態とは知らなかった、だまされた、健康がリスクにさらされている、と感じていました。彼らは、『なぜ予約するときに教えてもらえなかったのか、あるいはなぜ割引料金を提示されなかったのか？』と何度も問い詰めました。最初こそ同情するように耳を傾けていた船長ですが、会話が進むにしたがい、いらだちを募らせていったようです。

それで……部屋からぷいと出て行ってしまったんです。

乗客たちは船内で起きていることを、ソーシャルメディアに逐一投稿していきました。彼らの弁護士が船旅会社の本社に苦情を申し立てることになりました。返金を要求したのです。船の状態を知っていたら、絶対に予約はしなかったとして。

本社は乗客に謝罪文を送りました。そのクルーズが期待に添えなかったこと、あるいは社の基準を満たしていなかったことを認めたのです。そして次回の予約は50パーセントの割引を適用すると提示したのです。乗客たちは激怒して、再びソーシャルメディアでその船旅会社を激しく非難しはじめました。そのときになってようやく本社も自分たちの過ちに気づき、各旅客に1年間有効の無料クルーズを提案したのです」

ルーカスはそこでしばし間を置き、チームの頭にそのストーリーが浸透するのを待った。チームが反応するのに、そう時間はかからなかった。

「またその会社のクルーズを予約する人なんて、いるか？」

「とんでもない扱いだ！」

「わたしなら、訴訟を起こす」

「顧客をそんなふうに扱っておきながら、また利用してもらおうだなんて！」

ルーカスは静かにすわったまま、テーブルを囲むメンバーがその船旅会社の過ちを挙げ連ねるのを聴いていた。やがて彼は前に身を乗り出し、ノートＰＣのキーを押した。

部屋の前に設置されたスクリーンに、１人の男性が映し出された。男性はグレッグと名乗り、この建設会社の顧客だと自己紹介した。彼は、注文住宅を建てるために何年も貯金してきたという。彼の家族にとって、夢のマイホームだ。しかしまさかその夢が悪夢になろうとは、思ってもいなかった。施工完了日、家族で引っ越してくるときになっても、家はまだ完成していなかったのだ。誰も、そのことを教えてくれなかった。家は汚れ放題、配管は未接続で、電化製品も見当たらなかった。問題が解消されるまでどれくらいかかるのか、まともな返答を得ることもできなかった。しかたなく彼の家族は何か月にもわたって、建設途中の家で暮らさなければならなかった。もう家は完成していると約束されていた時期だったというのに。自分の状況を伝えるその男性は、鬱々として、無表情だった。最後に彼はこういい放った。「あなた方は、嘘をついた。信じていたのに。嘘をついて、僕たちを完成してもいない家に引っ越しさせたんだ」

動画が終わると、部屋はしんと静まり返った。誰もが、先ほどのクルーズ旅行のストーリーの意味を理解した。ルーカスは、不当な扱いを受けた顧客の感情とチームをつなげ、自分たちの問題を無視できないようにしたのだ。もはや見ずにはいられないものに、彼らの目を向けさせたのである。

ルーカスはせき払いし、口を開いた。「顧客にフィードバックを求めるとき、自分たちの経験をみずから動画に収めてもらうこともできるんです。これと似たような例は、他にもあります」そこで彼はスライドを切り替え、最新の顧客満足度データを表示した。

クルーズ旅行のストーリーのおかげで、チームはルーカスが皆に望んだ収穫のアイデアとつながることができた。顧客データを無視してはいけない、きちんと探究すべきものなのだ、というアイデアだ。ルーカスは異なる文脈のストーリーを利用することで、顧客データの背後にある不満をチームに経験させたのである。チームはようやく耳を傾け、却下することなく顧客データについて話し合うことになった。

データ神話

前にも書いた通り、ビジネスの場にはストーリーとデータを組み合わせようとしない人が大勢いる。人は直観的に、ストーリーよりデータを好むのだ。でもそれは、どちらの方がいいという問題でもなければ、そういうものだと相場が決まっているわけでもない。ストーリーを用いれば、聴衆をデータとつなげることができる。ストーリーがデータの共通理解を生み、さらに深い洞察、議論、そして意思決定へと導いてくれるのだ。

ビジネスの場にストーリーを持ち込みたがらない理由の中でいちばん多いのは、データの提示だけが暗黙の基準であり、そこにストーリーが入る余地はないという考えだ。しかし、人の行動を変えるのはデータではない――感情なのだ。たとえば数えきれないほどの研究により、コーヒーはわたしたちの健康に利点もあれば害もあることがわかっている。にも関わらず、そのデータにはわたしたちの習慣を断ち切る力はない。カフェインで景気づけしたいがゆえに、あるいは毎日の儀式として、人はコーヒーを飲み続ける。あるいは味が嫌いだから、気分が悪くなるからという理由で、コーヒーを避ける。つまり感情が、わたしたちの選択と行動の案内役なのだ。

データはファクトであり、ストーリーよりも聴き手を納得させやすいという神話がある。しかし神経科学の研究により、意思決定の基となるのは論理ではなく感情であることが判明している。データそのものは、何も語らない。だから案内役がいないと、データが提示されたとき、脳の初期設定が作動してしまうのだ。脳は仮定を行い、その人の経験に基づいて情報を分類しようとする。問題は、人によって異なる解釈に達する危険があることだ。人はそれぞれ経験が異なるだけに、それに基づく解釈もまちまちになる。

わたしたちはいま、データがあふれる時代を生きている。その分、かつてないほど多くの洞察、パターン、さらには行動予測が、データを基に日々行われるようになった。また、人はデータの扱いや解析のスキルを高めつつある。各企業は、データを頼りに意思決定するデータ・ドリブンではなく、データはあくまで参考に留めるデータ・インフォームドの姿勢を学ぼうとしている。各チームが、細々としたあらゆるデータに過剰反応せずにすむ方法を見つけ出そうとしている。

わたしはこれまで、データを1つずつ見直すというきわめて退屈な作業を行う会議で、何時間も過ごしてきた。そこで行われていたのは、洞察や対策について話し合うことではなく、論争だった。**このデータやその出所は信頼できるのか？　代表サンプルから得たデータなのか？　皆、この解釈で合意できるのか？**　データに不信感を抱き、保身にまわろうとするのであれば、そもそもなぜそんなデータを集めたのだろう、と思わずにいられない。

あるポッドキャストのホストに、こういわれたことがある。「ストーリーを避けるのは、データの方が手っ取り早くシェアできるから。ストーリーを語るには、それなりの作業が必要だからね」情報を手っ取り早く共有できるからといって、聴衆がそのデータを理解したり記憶したりすることにはならない。そのデータを提示する人の経験は、聴衆の経験と同レベルではないことの方が多い。提示者はたいていデータの保持者であり、分析者であり、そのニュアンスをしっかり理解している。一方の聴衆は、それほどそのデータの身近にいるわけではないので、理解するには案内役が必要だ。データから得られる知識に聴衆をきちんと導くためには、しっかりとした考えと労力が求められる。さもないと、各自が異なる解釈をしかねない。皆の理解が異なれば、そのデータについて有意義な議論を交わすことなど不可能だ。

ストーリーテリングとデータを組み合わせれば、データが生きてくる。

かつてともに作業したリーダーが、こんなことを口にしていた。「シンプルなデータは、複雑な会話を生む」データが容易に理解できるものであれば、人は検討すべきもの、洞察すべきもの、そして決定すべきものについて、活発に会話を交わせるようになるのだ。一方、データがなかなか理解できないと、人はその妥当性や解釈について論争しがちになる。そのデータを持ち出した人に対する信頼が問われることも多い。認識ではなく混乱が生まれ、そもそものデータを集めた意味が無に帰すことになる。そこで登場するのが、ストーリーテリングだ。

ストーリーテリングとデータを組み合わせれば、データが生きてくる。ストーリーが、共通の理解と、話し合いのスタート地点を提供してくれるからだ。たとえ聴衆の中に異なる視点があったとしても。論争ではなく、生産性のある議論につながるのである。

データを伴うストーリーを語るべきとき

プレゼンテーションとデータすべてにストーリーが求められるわけではない。それでも、問題はストーリーの利用頻度が多すぎることではなく、少なすぎることだ。聴衆が実感できて、つい気をそそられる文脈の枠組みにデータをはめれば、データに意味を持たせることができる。データ指標を見直すために毎週開催される会議の席では、ストーリーテリングは必要とされないかもしれない。しかし多くの場合、データ・ストーリーを共有することには利点がある――どんな利点かは、望みの結果によって変わってくる。

より深い理解と考え方の変化、あるいは探究へとつなげるために

ルーカスは船旅会社のストーリーを利用して、チームの考え方を変化させた。彼としては、チームに顧客のインサイト・データを探究させる必要があった。そこでストーリーを語ったところ、チームを異なる視点とつなげることができたのだ。何かのパターンにはまり込んでいたり、ひどく保身的なチームを率い

ていたりする場合、ストーリーとデータを組み合わせることで異なる理解を生み出せるようになる。たとえデータとは異なるトピックのストーリーだとしても。

新しい聴衆を相手にするとき

新しいチームメンバー、ステークホルダー、あるいは決定権を持つ人たちを相手にするときは、データ・ストーリーを語るようにしよう。あなたがそのデータを集めている理由、これまでに判明したこと、そして引き続き探究中のものについて、理解を取りつけるのだ。意外性があって、正当性が立証されたものを共有すること。これは新しいメンバーと他のメンバーの水準を合わせるだけでなく、まちがった仮定を防ぐためでもある。

意思決定を行うとき、もしくは節目に

何かを決めるとき、もしくは何かの節目に近づいたら、その決定の枠組みを決めるためにストーリーを共有しよう。ストーリーは意思決定を行うに当たり、見る必要のあるもの、感じる必要のあるものと、聴衆をつなげることができる。この場合、ストーリーの収穫を支えるデータ・ポイントを1つか2つ盛り込む程度で十分であり、数ページに及ぶデータは必要ない。資料となるデータは、必要に応じて参照できるよう別表にまとめるのもいいだろう。

データから浮かび上がる洞察

デビッドは、フォーチュン500にランクインするテクノロジー会社のデータ分析部長だ。彼はリーダー

シップ・チームと毎月ダッシュボードの内容を見直し、その内容に意味を見出すためにストーリーテリングを活用しようとしていた。そのデビッドが、社員の離職率データを丹念に調べたとき、意外なことに気がついた。マネジャー、とりわけ女性マネジャーが、彼らの産業内平均を上まわる確率で辞めていたのだ。職位《キャリア》レベルの中で、子どもが生まれ、より柔軟性が必要とされる人生の一時期と一致するケースが多かった。離職率は、会社全体としては通常の範囲内に収まってはいるものの、キャリアレベル別に見ると、その時期に跳ね上がっていたのである。

次の会議のとき、わたしはデビッドを手伝って、データからではなく、タイスのストーリーからはじめるよう準備してもらった。タイスはトップの成績を誇るマネジャーだったのだが、産休を経て復職したのち、3か月で会社を辞めてしまった。会社の柔軟性のなさにいらだちを募らせ、万策尽きたと感じたのだという。タイスのストーリーを語ったあと、デビッドは会社全体のマネジャーの離職率データを示した。それまでは、会社レベルの数字を見直すとき、チームのメンバーからコメントが挙がることはなかった。ところがそのときは、マネジャーをサポートし、引き留めておける方法について、盛んに議論が交わされることになった。タイスのストーリーを聴いたおかげで、解決すべきより大きな課題を認識することができたのだ。

データに外れ値や意外な結果やパターンを見つけたときは、聴衆を同じ立場に案内するためのストーリーを語ることだ。ストーリーが、議論や決定のスタート地点を提供してくれる。

規模を理解するために

チャリティ活動では、1人の人物に焦点を当てたストーリーが語られることが多い。赤十字社は、災害によって影響を受けた個人や家族のストーリーを取り入れている。聴衆は、破壊された彼らの家を目にし、食料、水、衣服を得るための彼らの苦労を知る。その損害を実感し、同情する。その時点で赤十字社は視野を広げ、災害の規模と被害者の数字を聴衆に理解させようとする。すると、問題の全体像と規模が、それまでとは異なる形で頭に染み込んでいく。そして、被害者のために必要な手助けとサポートの量が、認識されることになる。個人レベルでつながらない限り、何かの規模を実感させるのは非常にむずかしいものだ。しかしストーリーを使えば、問題の規模を実感させることができる。

データを伴うストーリーテリングへのアプローチ法

ビジネスの場では、あまりに多くのデータを提示して混乱を生む人が多い。データをたくさん共有すれば、それだけ自分の信頼度が高まると信じ込んでいるのだ。しかし、提示するデータを増やせばいいというものではない。その分、整理すべき情報も増えてしまうのだから。データを提示する以上、それを他者に理解させる責任がある。でもそれは、集めたデータを1つずつシェアしたからといって、できることではない。そこから何かを収穫して望みの結果を得るために必要なのは、大量の紙の束ではなく、ほんの数個のポイントなのだ。ストーリーなら、そのポイントをふくむ必須のデータと聴衆をつなげることができる。

データは、人、状況、問題、そして影響を扱うものだ――そのどれもが、感情とつながっている。その感情を、ストーリーに持ち込もう。データを示すより先に、その感情について語るのだ。データが伝えるアイデアを、もしくはそのグループが探究すべき疑問点を、聴衆にしっかり理解させる。1つのアイデアと聴衆をつなげ、そのアイデアをデータで下支えするために、ストーリーが役立つのである。

解決しようとする問題からはじめる

データを伴うストーリーのはじめ方は、通常のストーリーと同じだ。まずは聴衆と彼らに望む結果を定義し、解決しようとする問題の枠組みを設定する。

1　問題定義《プロブレム・ステートメント》の枠組みを作る

これはデータを集めはじめる前に定義しておくのが理想的だ。あなたがデータを用いて答えを出そうとしている問題、探究しようとしている問題、意思決定を行おうとしている問題は、何なのか？　プロブレム・ステートメントを質問形式にしてみよう。その質問に答えることで、データの目的とその利用に関して、聴衆と考え方を一致させるのだ。

例──**どうすれば各キャリアレベルの定着率を増やすことができるだろう？**

2　意思決定のタイプを定義する

データは、さまざまな行動や意思決定を伝えるのに役立つ。プロブレム・ステートメントを基に、取るべき行動を決めよう。

- 一度限りの意思決定──**何が起きている？**
- トレンドの継続的なモニタリングと、外れ値の割り出し──**なぜこういうことが起きているのか？**

● 先を見越した予測的な戦略、あるいは情報に基づく戦略――将来、何が起きるだろう？　次にわれわれが考えるべきことは？

例――社員の離職率データは、パターン、トレンド、外れ値について、継続的にモニタリングされている。それを見直し、何が起きているのかを理解して調整が必要かどうか考える。

3　聴衆を定義する

データを見直す聴衆は、どういう人たちなのか？　プロブレム・ステートメントについて、彼らは現時点でどう理解しているのか？　そのデータを基に、彼らに知り、考え、感じ、行動してもらいたいものが1つあるとしたら、それは何だろう？　彼らの理解を妨げている可能性があるものは？　ストーリーテリングの枠組みを作る際に利用した質問と同じものを用いれば、データ・ストーリーを聴衆の理解に結びつけやすくなる。

例――離職率データは事業部門のリーダーシップ及び人事部と共有している。彼らは事業部別の離職率には気づいているが、キャリアレベル別の離職率には気づいていない。

● 知る――キャリアレベル別の離職率。
● 考える／感じる／行動する――数値が懸案すべき割合に近づいたら認知し、介入を探究する。
● 障害――数値が懸案すべき値に近づいても、それを認知しない。

4 **提案を定義する**

データを分析するときは、どこに注目する？ データから浮かび上がる洞察は？ データの何を知るべき？ 驚くような要素や意外な要素は？ データを基に、何を提案する？——議論、それとも意思決定（あなたのプロブレム・ステートメントと異なる場合）？ 議論もしくは意思決定に導くために有効と思われる具体的な質問は？ 聴衆をこのプロセスにおける役割に導いてほしい。

例——全社及び事業部別の離職率は、産業平均の10パーセント以内に収まっている。しかしキャリアレベル別に見るとマネジャー職の離職率が19パーセントに跳ね上がる時期がある。子どもが生まれて柔軟性が求められる人生の節目と一致する場合が多い。そこで提案だ——マネジャー職の離職率を産業平均内に収めるために、社員をサポートする方法について話し合おう。

5 **最小単位のデータを定義する**

プロブレム・ステートメントと提案を伝えるに当たり、聴衆とシェアできる最小単位のデータは？ 最小単位のデータと聴衆をつなぎ、彼らに問題点とマイナス点を理解させ、さらにはその問題の規模を理解させるにはどうすべきか？

1 シェアできる最小単位のデータは？ たとえば人、チーム、プロジェクト等。

2 そのデータの中で——

1 聴衆が直面する問題は？

2　聴衆が経験するマイナス点は？

3　何か対策が取られた場合、もしくは取られなかった場合は？

例――タイスはマネジャーとして3年にわたりトップの成績を残してきた。3か月前に産休から復職したものの、仕事の柔軟性のなさにいらだちを募らせ、疲れはてたため、最近離職してしまった。タイスと同じような苦境にいるマネジャーは多い。離職率はすでに高く、何か違うアプローチを考えない限り、さらに上昇し続けるだろう。

データ・ストーリーのアイデアを選ぶ

以上の質問に答えたら、ストーリーテリング・プロセスを再開させよう。聴衆にデータの意味するところを理解してもらうために、いちばん適したストーリーのアイデアを選ぶのだ。

データに関するストーリーを語りたい？

データそのものに関するストーリーを語るときは、できるだけ最小単位のデータを扱うこと。そうすれば聴衆は、何を期待されていて、何が起きて、何を考え、何を議論すべきかについて、理解しやすくなる。

もしそのデータが１０００人規模のグループに関するものなら、まずはその中の１人のストーリーを語り、そのあと話を広げて１０００人全体への影響を描写しよう。

パラレル・ストーリーを語りたい？

パラレル・ストーリーは、異なる文脈からストーリーを語ることで、データにまつわる感情もしくはテーマと聴衆をつなげるものだ。これを用いるのは、聴衆が保身的だったり、トピックが物議を醸すものだったり、ストーリーを掘り起こすためのデータに関する直接的な知識が十分ではなかったりするときである。前出のルーカスはクルーズ船のパラレル・ストーリーを用いて、彼の会社と哀れな顧客経験をつなげ、社員に彼ら自身の顧客満足度データを探究する気にさせた。データとは直接関係しないストーリーを語る方が簡単なことが多い。聴衆がストーリーに集中し、データに引きずられなくなるからだ。パラレル・ストーリーには、異なる視点を生んだり、考え方を変化させたりする効果がある。

データ・ストーリーを組み立てる

データ・ストーリーも、通常のストーリーと同じように構築していく。次に示す4構造のステップそれぞれについて文章を書き、データ・ストーリーを組み立ててみよう。

1 **文脈は？** 解決のためにあなたが設定したプロブレム・ステートメントは？
2 **葛藤は？** データから見えてくるものは？ 意外なもの、驚くようなものは？
3 **結果は？** 影響は？ データがそのプロブレム・ステートメントにどのような情報を提供する？
4 **収穫は？** 提案は？ 何も手を打たなかったら、どうなる？

ストーリーテリング・モデルに沿って、ストーリーを組み立てていこう。その際、データと関連する感情を盛り込むことを忘れずに。聴衆に、問題に対するいらだちを感じさせよう。何かできることがあるのではないか、という強い意欲とつなげるのだ。問題が再発していることに、腹立ちを感じさせる。意外なアイテムで、驚かせる。何も手を打たなかった場合に起きることを描写し、不快感を与えよう。

データ・ストーリーの最適な流れを決める。データに関するストーリーを語るなら、解決を目指すプロブレム・ステートメントからはじめるのがいいかもしれない。提示する問題について、順を追って聴衆に説明するのだ。あなたが当初抱いた疑問、現在に至るまでの道のり、そして学んだことと提案を、聴衆に伝えよう。聴衆に、未知の情報と現在探究中のものをシェアし、この先の苦境を予測する。もしパラレル・ストーリーを語るなら、ここからスタートして、データを共有する前に聴衆を感情とテーマにつなげておこう。

データを伴うストーリーテリングを行うとき、文脈と意味を提供するのはストーリーだ。データは、そのアイデアや収穫をサポートしたり、補強したりする役割を持つ。スライドを45枚も必要としないのは、それが理由だ。プロブレム・ステートメントに取り組むのに必要なデータ・ポイントは、おそらく3つ程度だろう。目標は、決定もしくは議論をサポートするために、聴衆をデータの共通理解に導くことだ。

データ・ストーリーも、通常のストーリーと同様、脳の5つの初期設定を活用する。緊張を高め、仮定のスピードを遅らせ、聴衆の理解とデータを結びつける。データが呼び覚ます感情と聴衆をつなげ、行動と意思決定のための情報を伝えよう。

データを視覚化する

データを視覚化するアプローチだけでも、1冊の本が書けるかもしれない。データ・ストーリーをどう視覚化するかによって、その理解が変わってくる。データの視覚化は、データ・ストーリーを決めたあとにすることだ。どんな視覚素材であっても、あなたが語るストーリーと、共有するデータ・ポイントの両方をサポートするものでなければならない。

ソフトウエアやアプリケーションを使えば、インタラクティブなスプレッドシートから、表やグラフに至るまでと、さまざまな形でデータの分析を示すことができる。アプリケーション以外の方法を使ってもかまわない。あらゆるデータ・ポイントを視覚化する必要はない――ストーリーと提案を補強するものを、いくつか視覚化するだけで十分だ。詳細な表とグラフは、必要に応じて参照できるよう、添付資料にしておこう。

ページごとに1つのアイデアに焦点を当てる。データの視覚化には複雑な表やグラフがつきものだ。その際、「これをいちいち読みあげるつもりはありません」というナレーションもつきものなので、聴衆は表示されたものの意味をなんとか理解しようと必死に頭を働かせることになる。だから表が複雑になればなるほど、聴衆はあなたの言葉に耳を傾けていられなくなる。聴衆が確実に同じ理解に到達するよう、目に入るものを簡素化して1つのアイデアを共有するようにしよう。

プロセスの順を追って聴衆を導くこと。あなたのデータの旅路に聴衆を同行させよう。いきなり収穫と提案を突きつけるのではなく、データを集め、分析した当初にあなたが抱いた疑問について語ることからはじめる。そこから判明したことを通じて、彼らを導いていく。意外に思ったこと、そしてあなたが行き着いた先を彼らと共有する。彼らを旅路に同行させ、共通の理解に到達するよう、手を貸すのだ。

ストーリーを語るに当たっては、表やグラフをデフォルトにはしないこと。また、視覚資料はシンプルであればあるほど、聴衆の理解が早まる。複数のデータ・ポイントのある表やグラフだと、聴衆が自身の立ち位置を知ったり、処理したり、そこからの収穫を考えたりするのに時間がかかってしまう。それより、解説画像や短い文章、もしくはパーセンテージ表のようなもので、情報を1つにまとめて提示することで、聴衆の頭脳的な負担を軽くしよう。

ストーリーにひと目で収穫が理解できる見出しをつける。スライドや表やグラフといった視覚的な資料を用いてプレゼンテーションするとき、聴衆はあなたの話を聴いているか、画像を読み取っているかのどちらかだ。勝つのは片方だけ。しかもたいていは視覚が勝利する。だからひと目で収穫を把握できるような見出しをつけて、すぐに理解してもらえる工夫をする。それまで見せてきたスライドを土台にして、ストーリーを語るような見出しでなければならない。そうすることで聴衆の理解が早まるだけでなく、あとで自分なりにそのプレゼンテーションを見直す人にも、同じように理解してもらえるようになる。

データを伴うストーリーテリングは、聴衆のあいだに共通の理解を生み、意思決定や議論をサポートする。準備に余計時間がかかってしまうかもしれないが、聴衆の利益になることはまちがいない。データの信頼度についてあれこれ論争することなく、データを基に取るべき行動と意思決定の議論につなげることができるのだから。ストーリーを語るべきか、データを提示すべきか、と秤にかけてはいけない。両方が必要だ。組み合わせることでパワフルなバラードが生まれ、聴衆と情報をダイナミックにつなげられるようになる。

ストーリーの経験に影響を与える方法が2つある。ストーリーをどう組み立てるか、そして、どうシェアするかだ。声、ジェスチャー、表情、そしてペース配分といったものすべてが、ストーリーの経験に影響を与える。次章では、ストーリーを語るとき、体と声を取り入れる方法について述べていく。

まとめ

データを伴うストーリーテリング

（巻末のチェックリストも参照のこと）

● データそのものは何も語らない。データについて順を追って説明せずにいると、聴き手の解釈が違ってきたり、ズレが生じたりする危険がある。
● シンプルなデータは、豊かな会話につながる。データは理解しやすく、行動に移しやすいものにする。シンプルなデータを作るには、ストーリーが役に立つ。
● すべての状況にデータを伴うストーリーテリングが求められるわけではない。ストーリーを語るべきときは――
○ より深い理解、考え方の変化、探究とつなげたいとき。
○ 新しい聴衆やステークホルダーを迎えたとき。
○ 意思決定や節目に近づいたとき。
○ データからの洞察や外れ値を強調したいとき。
○ 規模を理解させたいとき。

- ●データは多ければいいというものではない。多くなればそれだけ聴衆を混乱させる可能性が高くなる。聴衆よりもデータに近い立場にいるあなたが、聴衆の理解を手助けする必要がある。ストーリーに取り込むデータは、聴衆に望む結果を引き出すための助けとなる。
- ●データを伴うストーリーを語るときは、ストーリーテリング・プロセスに沿って進める（巻末のチェックリストを参照のこと）。
  - ○プロブレム・ステートメントを定める。
  - ○意思決定のタイプを明らかにする。
  - ○聴衆を定義する。
  - ○あなたの提案を描写する。
  - ○共有すべき最小単位のデータを明らかにする。
- ●ストーリーテリングとデータは、データそのもののストーリーにすることもできれば、聴衆をアイデアと提案につなげるパラレル・ストーリーにすることもできる。
- ●データを視覚化する際は、聴衆の案内役に徹し、混乱と誤解を防ぐように。

セリーナ・ホワン博士

ピープル・アナリティクス（人材分析会社）グローバル責任者

人材分析の組織を立ち上げ、それを率いるキャリアの中で、学んだことを教えてください。

分析の初心者とは、なるべくデータ・インサイトについて話し合うようにしています。データに関連しない会話は、めったに交わしません。大切なのは、情報をシェアする方法です。キャリアのはじめごろは、データを第一に考えるという、初心者にありがちなミスを犯していました。その方が人に信頼されると思い込んでいたんです。でも、数字、差分の分散、ベンチマークといった表を持ち出しても、たいてい会話は数字についての議論で終わってしまいます。でもデータをストーリーと疑問点で枠組みしてみると、やりとりが変わってくることがわかりました。

ストーリーテリングとデータをどう組み合わせていますか？

昨今のプレゼンテーションは、データをたっぷり示してはいても、そこからの洞察が貧弱です。ストーリーは、行動につながる洞察のための文脈を与えてくれます。まずは聴衆にこちらの望む方向に考え方をシフトしてもらうために、わたしはこう尋ねることにしています。「わたしたちが解決しようとしている問題は何でしょう？」わたしが目を向けるのは、整理がつけづらいものと、意外な洞察がより迅速な行動につながりそうな箇所です。

ストーリーテリングとデータを使って実験しています。聴き手が関心を抱くものと共鳴するものを見つけるんです。うちのチームは、〝エレベーター・ドリル〟で練習を重ねます。経営幹部と同じエレベーターに乗っている60秒間に、自分がいま取り組んでいることを共有してもらうんです。ルールはこう――共有するデータはすべて行動につながるものでなければならない、さもなければカットする。そのあと、行動につながるものに限定して、それを5分から10分のバージョンに拡大していきます。

ストーリーテリングとデータに関して、まちがいやすい点は？

自分にとって興味深いことだけを共有するパターンですね。まずは聴き手を念頭に置かなければ。わたしはデータを見るとき、こう自問することにしています。**このデータを基に、どんな意思決定ができる？　このデータを用いて、どんな行動を起こすことができる？**　もしその答えがゼロなら、それをスライド、プレゼン、あるいはメールから削除します。それから、バランスの取れたデータの見方を伝えるよう心がけています。バラ色の視点ばかりを語るわけにはいきませんから。悪いことや思いがけないこと、それに提案も伝えなければなりません。スポーツを題材にしたストーリーやたとえ話で、全体をまとめてしまわないよう心がけてもいます。

もっとも重要なのは、データを基に行動を起こすという結果です。情報が多すぎると、圧倒されてしまって、麻痺状態に陥りかねません。聴き手につねにデータを洞察する力があるとも、その結論に達するだけの時間があるとも、限らないのですから。なのでデータを提示するスライドすべてに、収穫（「だから何？」）と、行動への呼びかけ（「じゃあ、次は？」）を明確にまとめておく必要があります。

データのストーリーを語るとき、視覚はどう利用しますか？

データの視覚化は、ストーリーを補強するための最終手段です。わたしはチームに、ダッシュボードとチャートをモノクロで作らせます。色がたくさんあると気が散ってしまいますし、強調ポイントが多くなりすぎることがありますから。グレイスケールにして、強調箇所には黒を控え目に使います。それに、言葉を制限して、一見してわかるように最小のフォントサイズを使います。人は円形と、視覚的に愉快なイメージを好むという研究結果があるので、むずかしいメッセージがあるときは、そうしたものを用いることでとっつきにくさを最小限に抑えるようにしています。

ストーリーテリングに関して、何かアドバイスをお願いします。

データ分析の学位はいりません！　いままで、データを用いてストーリーを語る非常に優秀な人たちと出会ってきましたが、その中にはこの分野のバックグラウンドがいっさいない人もいました。求められるのは、データを用いて感情を喚起させられる人です。聴衆に何かを感じさせてはじめて、行動と変化につながるのですから。

PART 4

結果——優れたストーリーを語る

The Outcome
Telling A Great Story

14 ストーリーの語り方

マリアとウォルトのストーリーを作るとき、わたしはいつも通り、まずは文字に書き起こしてみた。わたしにとって、それがアイデアに取り組むいちばんの方法なのだ。書き起こしてみるまで、ストーリーの意味を捉えられないことが多い。あのストーリーのそもそものはじまりは、TEDのステージで語る3年前、ブログに投稿したことだった。投稿の数か月後、あるポッドキャストでインタビューを受けているとき、その話を語ってみないかと、ホストから思いがけず依頼されたのだ。その時点で、わたしはあの話をライブで語ったことはなかった。どうしよう⁉ 出来事をただ挙げ連ねていくだけでは、あのストーリーのよさを引き出すことはできない。マリアやウォルトをどう体現化しながらストーリーを描写していけばいいのか、さっぱりわからなかった。それまで、声の抑揚についても、ダイナミックな話にするために声のピッチ、ペース、間の取り方をさまざま使い分けるなどということも、考えたことがなかった。だからといって、紙に書き起こしたストーリーを、そのまま口で語るわけにもいかない。1つのフォーマットでうまくいったからといって、別のフォーマットでもうまくいくとは限らないのだから。どのような形にするにせよ、説得力のあるストーリーにするためには、調整する必要がある。

書き起こしたストーリーに読者を引き込むのは、描写と細部が頼りだ。読者はさまざまなプロット・ポイントと文章の長短を通じて、ペースを感じ取る。短い文章が空白スペースに囲まれていれば、そこに間が生まれる。読み手には、登場人物の考えと感情を文字で追いながら、彼らの頭の中に入り込んでいってもらわねばならない。それを可能にするのが、言葉だ。

ストーリーを語るために考慮すること

ストーリーを語るとき、あなたはナレーターとして1人の登場人物になる。あなたの言葉のリズムが劇的な効果を発揮し、緊張を高めたり解いたりする。聴衆はあなたのペースと声の抑揚を通じて、ストーリーに引き込まれていく。間を入れると、聴衆の脳にアイデアが浸透する時間が与えられる。間を入れるたび、聴衆はいわれたことに対する感情を経験する。ジェスチャーと顔の表情で、言葉を使わずとも登場人物の感情を示すこともできる。ライブでストーリーを語るとき、聴衆はあなたの言葉だけでなく、あなたの体と声の使い方によってストーリーを経験するのだ。

いきなりストーリーに入る

「いまからストーリーをお聴かせしましょう」とアダムがいった。

「ちょっと待って」わたしは彼を制止し、両手でタイムのサインを出した。「そのはじめ方はダメ。いまからストーリーを語ると宣言する必要はないの。いきなり話に入ればいいのよ」

アダムは中堅テクノロジー会社のＣＥＯで、迫りつつあるプレゼンテーションのために、ストーリーテリングの指導を受けているところだった。ご多分に漏れず、アダムもストーリーのはじめ方がわかっていなかった。

「いきなり話に入ってしまうのは、なんだかぎこちないし、混乱させることになりませんか？」と彼は尋ねた。

「ちっとも。むしろ注目を一気に集められる。それが、まさしくあなたの望むことのはずよ」

次のような言葉で、これからストーリーを語りはじめることを宣言する人が多い。「ここで1つ話をさせてください」、「こんな場面を想定してみましょう」、「こんなことがあったんです」、「そのときのことをお話ししましょう」、そして、「ストーリーの時間ですよ！」

そういうのは、ダメ。

コメディアンは、「さて、いまからジョークをいいます」なんて宣言しない。

許可を得る必要はない。「いまからストーリーを語らせてください」なんていおうものなら、人は即座に聴くのをやめてしまう。脳が、こういっているも同然なのだから。**「へえ、そうかい？ こちらの注意を引けるもんなら、引いてみろ！」**そして脳はするりと怠けモードに入っていく。しかしいきなりストーリーに入れば、意外性を感じるものだ。好奇心がそそられ、聴く側は次は何が来るのかと、頭をめぐらせることになる。

コメディアンは、「さて、いまからジョークをいいます」なんて宣言しない。いきなりジョークに入る。すると聴く側も、彼らの話の進みぐあいに意識を向けようとする。同じことがストーリーにも当てはまるのだ。

これはストーリーの細部にも応用できる。「彼女のことは〇〇と呼ぼうと思う」なんて宣言もいらない。

聴衆にとって、ストーリーの登場人物が匿名だろうが何だろうが、どうでもいいことなのだ。むしろそうした言葉は、人の注意をそらしてしまう。

善悪に関する宣言も同じだ。たとえば、「これがいいことなのかどうかはわかりませんが」という前置き。そんなことより、とにかく話しはじめることだ――聴衆の判断に影響を与えてはいけない。ストーリーの中にナレーションを入れたくなったら、そうすることで何か利点があるか、自問してみてほしい。たいていの場合、何も利点はない。とにかくストーリーを語る。登場人物に名前を与える。そうすれば、聴衆はあなたの話についてきてくれる。

ブランドン・スタントンは、ウェブサイトで、そして一連のソーシャル・メディア・アカウントで、「ヒューマンズ・オブ・ニューヨーク」を開設し、世界中の人々のストーリーを語っている。最初は、ある人物の写真1枚と、短いキャプションだけだった。やがて彼は一連の写真とキャプションを投稿するようになり、それによってその人物のストーリーを語るようになった。いずれも文脈抜きで、いきなり個人の葛藤からはじまっている。

彼の人気を得た投稿の1つが、全身緑の服を着込んだ女性の写真だ。キャプションには、「緑を着ているときがいちばん幸せだとわかった。だからもう15年も緑を着ている」とある。そんな言葉を読めば、心をわしづかみにされ、もっと知りたくなる――どうして、緑？　頭のてっぺんからつま先まで緑をまとうと、なぜ彼女は幸せを感じるのだろう？　他の色をまとっていたときは、どんな気分だったの？　1つひとつの投稿を通じて、あなたはその人物と彼らのストーリーをさらに知ることになる。葛藤のただ中に突き落とされ、その進展ぶりを追ううちに、どんどん引きつけられていく。あなたの聴衆は優れたストーリーを望んでいるのであって、善悪の判断を求めているのではない。

体を使おう

グラフィック・ファシリテーターの仕事を見たことがあるだろうか？　言葉を即興で視覚的なアイコンと絵に変換させるアーティストだ。つねにスピーカーの話を追いかけ、いわれたことを視覚的に表現する完璧な絵を描いていく。そんなことができるのは、彼らがイメージのボキャブラリを持っているからだ。たとえばスピーカーが「アイデア」といったら、彼らは電球を描く。「考える」という言葉には、脳の絵が飛び出すこともある。「身体的」という言葉には、バーベルが描かれたりする。彼ら1人ひとりが、各トピックに対するイメージのライブラリを持っているのだ。彼らは、鍵となるコンセプトと言葉をどう描くかを、あらかじめ準備している。

それに倣って、ストーリーを語るときはジェスチャーのライブラリを用意しておこう。腕を、全身を、顔の表現を用いて、ストーリーの中の出来事をドラマティックに表現するのだ。あなたのメッセージを補強する五感、感情、考えを示すため、動きを意識的に考えておこう。そうした動きは、集団の前でスピーチするときに感じがちな不安も和らげてくれる。

ストーリーテリングのワークショップでは、よく参加者にお気に入りの絵文字を体で表現してもらう。彼らのストーリーそれぞれからキーワードを選び、さまざまな動きを練習してもらうのだ。ジェスチャーゲームのようなものである。ストーリー語りは、言葉をシェアするだけのものではない。内容をサポートする動きも取り入れよう。細部を、五感を、感情を描写する動きなら何であれ取り入れ、印象を強めるのだ。あらゆる言葉にジェスチャーが必要とされるわけではない。それでも、ストーリーの主要な部分については、ジェスチャーを取り入れるべきだ。

リンゼー・セイリーはスタンフォードの大学院生だったとき、不安もしくは警戒心が高まったときは、前方向に動くことで脳にドーパミンの放出を促せることを発見した。まるで、個人の勇敢さに与えられる報酬ではないか。前に向かってジェスチャーする、身体を傾ける、あるいは足を踏み出すと、ドーパミンを授与されるというわけだ。その動きはストーリーを語りたいという気持ちも強めてくれる。ストーリーを動的に語るためだけでなく、ドーパミンを解き放つためにも、前方向への動きを取り入れよう。

ＴＥＤトークの動画を観て、わたしがマリアの行動を再現しようと足を前に踏み出し、エレベーターのボタンを押す動作を取り入れたことにお気づきの人もいるだろう。落ちていくスマホを示すには、両手をさっと下に落とす。エレベーターの検査証明書が掲示されている場所を、手ぶりで示す。ストーリーに新しい人物を登場させるたび、異なる方向に足を踏み出している。会話のやりとりを表現するときは、両手を片方からもう片方へと動かす。

ウォルトが試験を落としたことを表現するには、ショックと羞恥心から目を大きく見開いてみせる。数字が出てくるときは必ず、指でその数字を示す。聴衆をさらに話に引き込むため、意図して動いているのだ。ジェスチャーで何か具体的なもの、たとえば脳を説明することもある。そうかと思えば、感情を掻き立てるために使うこともある。

ストーリーを語るとき、あなたはストーリーの一部となる。あなたの体が言葉を補強し、聴衆をさらに引き込んでいく。同時に、動くことで神経を落ち着かせることができる。ストーリーを語る準備をするときは、意図して使う動きをあらかじめ決めておこう。

「間《ま》」の効果

数年前、わたしは代理でフルートを吹くため、教会のホリデー・コンサートに参加した。礼拝は2回あり、どちらも同じプログラム、音楽、説教という内容だった。最初の礼拝で、牧師は生まれ育った故郷でのクリスマス・イブについて語った。「その日1日、期待で胸がいっぱいでした。まるで誰かの手がわざと時計の針を遅らせているのではないかと思うくらい、時間が遅々として進みません。家族のために、祖母が美味しいディナーを用意してくれました。そこには、温かく、口の中でとろけるようなバターロールが……」

説教はさらに続いたが、わたしは、わが家で過ごす祝日の食事風景の中に戻っていた。祝日の温もりと笑い声が響く部屋が脳裏に蘇る。丸テーブルを囲む、愛する人たち。テーブルの中央には、緑の葉とヒイラギと白くきらめくライトの丸い飾り物。風味の効いたマッシュポテト、クランベリーソース、ローストターキーの、豊かな香りが鼻孔をくすぐる。「温かく、口の中でとろけるようなバターロール」という言葉を聴いて、実際、そのバターロールをひと口食べた気分になった。バターがにじむ、弾力のある温かなパン生地が、実際感じられるようだった。

2回目の礼拝でも、牧師はまったく同じストーリーを同じ台本から読みあげた。ところがそのときの経験は、異なっていた。牧師は早口で、最初の礼拝のときのほぼ2倍のスピードで語ったのだ。今度は、じれったいほどゆっくり進む時間も、子どもとして祝日を待ちわびる期待感も、感じられなかった。バターロールの箇所も、まるでついでのように、あっという間に言及されておしまいだった。牧師の早口を聴きながら、こう思わずにはいられなかった。「口の中でとろける、温かなバターロールがないじゃないの！」言葉こそ同じでも、体験としてはまるで異なっていたのである。

何が違うのかといえば、語られ方だった。とりわけ、牧師の間の取り方だ。最初の礼拝のときは、語りのペースもリズムもゆったりしていた。文章を1つ語るごとに間を取り、その内容が聴衆の脳に浸透する時間を与えていた。文と文のあいだを刻むリズムに、祝日への期待が感じられた。ゆっくりと時を刻む時計に添えられた手。遅々として進まない時間。そうしたことが、家族でテーブルを囲んだときの光景を、わたしの脳裏に浮かび上がらせたのだ。口の中で、バターとともにとろける、美味で温かなロールパンを味わうことができたのだった。ところが2回目の礼拝のときは、間が入らなかった。ストーリーの違いは、言葉ではない。語られ方にあったのだ。

間を入れると、言葉を頭に浸透させる時間的な余裕ができる。また、パターンを中断させる効果もある。間を取ると、聴き手の脳が注意を引かれるのだ。そうなると、脳の内なる対話と仮定のスピードが落ちる。沈黙の瞬間は、言葉の浸透を促すのだ。聴衆は、脳が追いつくにつれ、感情と経験を受け止めていく。ストーリーテリングにおいて、間はもっとも有効なツールの1つといえるだろう。

すべての間が同じではない。短めの間は、文章の切れ目や場面の変わり目に用いるべきだ。長い間は、緊張を高めるため、そして要点、アイデア、意外な出来事のあとに用いる。短めの間は、1秒くらいのものだろう。長い間は、「ワン、ワン、サウザンド、ツー、ワン、サウザンド、スリー、ワン、サウザンド」と数える10～15秒くらいの時間か。

ウォルトの最終試験について語ったとき、「このビルの清掃を担当している女性の名前は？」という文章のあとで、わたしは長い間を入れた。それにより聴衆は、わたしの言葉を頭の中で処理し、こう考えたはずだ。**「わたしなら、その答えを知っていただろうか？」**それにウォルトが名前を知っていたかどうかが判明するまでのあいだ、緊張が高まっていく。

ストーリーを語ろうと思ったら、間を取り入れる箇所を明確にしておこう。脳にやさしいストーリーにするためにも、意味のある間を取り入れること。間を利用して、サスペンスを高めよう。間を入れることで、ストーリーで描写される五感と感情を、余裕を持って経験できるようになる。

ペースとピッチ

ペースとは、ストーリーの歩調のこと。ペースを変化させることで、聴衆の関心を保てるようになる。緊張を高めることも可能だ。ペースを速めると、これから何かが起きようとしている、と聴衆の脳にかすかなシグナルを送ることができる。ジョン・ウィリアムズが、映画『ジョーズ』の中で交互に奏でられる2音のペースを速めていったのと同じだ。

わたしは、意外な出来事や、聴衆の頭に浸透させたいアイデアを打ち立てていくにしたがい、ペースを速めるようにしている。どんどん早口になり、さらに調子を上げ、ピッチと抑揚を増していくのだ。

そのあと、間を入れる。

そして、待つ。

内容が聴衆の頭に染み込んでいく。

アイデアを共有できたと思ったら、ゆっくりのペースと低いピッチで再開するのだ。

ペースとピッチを変えれば、脳を怠けモードから蹴り出し、次に何が来るのかを考えさせることができる。どんなストーリーにも、エネルギーの流れというものがある。ペース、ピッチ、抑揚に変化をつけること、そして間を入れることが、そのエネルギーを高めたり、ゆっくり放出したりするのに役立つ。それらを組み合わせ、聴衆にストーリーの登場人物の1人になってもらうのだ。そうすると、よりインパクトのある形でアイデアを聴衆の頭に着地させることができる。

ストーリーを語る準備をしているとき、いつ、そしてどこでペースを変化させるのかを考えておこう。

アイデアを着地させるには、ペースと間をどう組み合わせればいいのか？　異なる感情を示すために、ピッチと抑揚をどう変化させるべきだろう？

会話をどう表現するか

複数の人が登場するストーリーには、往々にして会話がふくまれる。これはストーリーテラーという案内役にとって、なかなか厄介なことだ。聴衆を混乱させるような事態は避けたい。ストーリーテラーによって、会話を効果的に盛り込む方法はさまざまだ。安心して使えて、自分にとってごく自然に感じられるような方法を試してみよう。

登場人物によって声色を変える。これはかなり厄介であり、取り入れるにしても控え目に行う必要がある。人種や文化、もしくはジェンダーをおもしろおかしく真似るようなことは、絶対にしてはならない。声色やアクセントに無理が感じられたり不自然だったりしたら、聴衆はストーリーではなくあなたに意識を集中させてしまう。あなたが本来のアクセントで話していない場合は、とりわけそうなりやすい。そうなれば、聴衆の信頼を失ってしまう。だからストーリーの中で異なる登場人物が話している場面は、ペース、抑揚、さらには身体的な動きやジェスチャーをさまざま変えることで示すようにしよう。

動きを取り入れる。わたしは異なる声色を自然に保つことができない。そこで、異なる登場人物の会話を表現するときは、動きを用いることにしている。体の向きを変えるのだ。長い台詞の場合、そのたびに顔を反対方向に向けることで、異なる登場人物の発言であることを表現する。ただし会話の数が多いときは、台詞ごとに顔の向きを変えると不自然に映るかもしれない。聴衆をテニスの試合を見ている気分にさせてしまう。足を動かす必要はない。肩を動かして顔を異なる方向に向けることで、異なる人物であることを示そう。

はじまり、転換、そして終わりを頭に入れておく

言葉を逐一台本に起こすことで安心する人がいる。そうかと思えば、作るストーリーの鍵となるポイントをいくつか考えておくだけの人もいる。台本を作るにしても、ストーリーの概要を把握するだけにしても、開口一番の文と締めの文、そして転換点の文は、すべてきちんと頭に入れておこう。そうすれば、何が起きようとも、説得力のある開始と終結になり、転換もスムーズにいく。

わたしはストーリーを展開させるときは、台本に起こすことにしている。そのあと台本を下に置き、ストーリーを通じて鍵となるポイントを作る。わたしは、ストーリーをモノローグではなく、対話のように感じてもらいたいと思っている。ストーリーは、語るたびに違うものになることが多い。わたしはつねに、3つの文を書いた台本を用意している――開始、終結、そして転換点の文章だ。それによってストーリーが引き締まり、聴衆が筋を追いやすくなる。

その場で、何かを試してみたくなることもあるだろう――そういうときは、ぜひ試してみてほしい。ひらめきを信じるのだ。それが、ペースを速めることであれ、異なるジェスチャーを用いることであれ。わたしの場合、ステージ上で観客に聞こえる程度のささやき声に落とすことが、まさにそれだった。

TEDトークの最中、ちょうど「あなたの脳は考えをめぐらせているところです。**彼女はいったいどうするつもりなのか？**」というくだりに差しかかったとき、ふと、リハーサルでは一度もしなかったことを

してみたくなった。**彼女はいったいどうするつもりなのか？**という1文を、ステージ上で、観客に聞こえる程度のささやき声でいってみたのだ。あのとき気持ちを引き込まれた、とあとでコメントしてくれた聴衆がいた。ストーリーを語っている最中に、ふと何かをしてみたくなったら、実行あるのみ！ストーリーを準備するために、あなたはそれまであらゆる努力を重ねてきたはずだ。だからそんなときは、それをすばらしいストーリーにするために、直観がさらなる洞察を与えてくれたのだと考えよう。

スピーチ前の儀式

競技前に行う儀式を決めているアスリートは多い。バッターボックスに向かうとき、いつも決まった歌をうたう野球選手。サーブする前にボールを3回弾ませるテニスプレーヤー。ゴルファーは、ボールを打つ前に1回か2回、素振りすることが多い。そうした習慣は神経を落ち着かせ、パフォーマンスに向けて肉体を準備させる。あなたも、口を開いてストーリーを語る前に、何か自分なりの儀式を行うようにしてみよう。お気に入りの歌を聴くのもいいし、片隅でガッツポーズを決めるのでもいい。あるいはお気に入りの腕時計をはめるのでも。気持ちを落ち着かせるための儀式を、何か見つけてほしい。

いよいよストーリーを語るときが来たら、するべきことがあと2つある。

1つは、誰かに何かを見せびらかしたくてたまらない子どものエネルギーに合わせること。自分の寝室や製作したアート作品を見せるとき、子どもは興奮に打ち震えるものだ。それは、シェアし、つながる瞬間だ。ストーリーを語るときは、そのときのようなエネルギーと感情にアクセスしよう。アイデアを聴衆と共有する胸の高鳴りに、意識を集中させるのだ。

2つめは、こう自分にいい聞かせること――**会話しよう**。どの基調講演でも、わたしはステージに上がる直前、最後にそう念を押すことにしている。ストーリーを語る練習を1回しかしていないときだろうが、TEDトークのときのように50回はくり返したときだろうが、聴衆には新鮮で座談会的なストーリーに感じてもらいたい。お互い向かい合ってすわり、コーヒーでも飲んでいるような気分で、ストーリーを経験してもらいたいのだ。そうすればこちらも座談会的な口調になり、友人の前にいるときのようにリラックスし、ともに楽しむことができる。

実験とテストも、ストーリーテリング・プロセスの一環だ。ストーリーテリング・モデルの各ステップで、次の段階に進んでもいいと思えるくらいストーリーが進展しているかどうかを確認してほしい。まだ十分ではないと思ったら、1つか2つ前のステップに戻り、納得がいくまでストーリーを洗練させること。次章では、ここまでのプロセスを通過したストーリーが、聴衆の心に共鳴するかどうかを試す方法について考えよう。

まとめ

ストーリーの語り方

（巻末のチェックリストも参照のこと）

- ストーリーを語る際、「これからストーリーを語ります」と断ったりしない。いきなりストーリーに入る。
- ストーリーを意図的に補助するジェスチャーのライブラリを作る。前方向へのジェスチャーをふくめる。

- 間はストーリーの登場人物のようなもの。間を利用して、緊張を高めたり解いたりする。
- ペース、ピッチ、間をさまざま変化させることで、ストーリーのエネルギーを高めたり抑えたりする。
- 会話を用いるときは、ジェスチャーや動きで違う登場人物であることを示す。
- 最初と最後を説得力のあるものにするために、冒頭、終結、転換の文章はあらかじめ考えておく。
- 語っている最中、とっさに何かをしてみたくなったら――実行あるのみ！
- 語りはじめる前に気持ちを落ち着かせるための、あなたなりのストーリーテリング儀式を作る。
- 人に何かを見せびらかそうとするときの子どものエネルギーと興奮に合わせる。聴衆と会話するつもりで！

ジョン・カッシング

「エニシング・バット・フーティ」※のオーディオとポッドキャストのプレゼンター及びプロデューサー、グローバルTVの元ニュース・オペレーションズ主任

※訳注　フットボール以外のスポーツに関する報道を行うイギリスのメディア。

ロンドンのグローバルTVで、ニュース・オペレーションズ主任として英国王室を担当していたときのことを教えてください。

エリザベス女王の時代、英国王族が死亡した際に、それを英国中のグローバル・ラジオ局に伝える役目を担っていました。王族が亡くなった場合、1週間にわたって儀式や手続きが執り行われます。わたしはみんなから、その時期の報道をつつがなく進めるための知識を期待されていたのです。わたしが作成した宮殿の状況説明は、紙1枚というシンプルなものでした。頼りにしていたのは、わたし自身の経験、知識、そして多少の推測です。その責任は重く、昇進のたびにわたしについて回りました。

女王のストーリーは何年もかけて書かれたものですが、それでもまちがいがある可能性は大いに考えられました。そのストーリーがどう語られるかで、1国の経験に大きな影響を及ぼすであろうことは、容易に想像がつきます。それまでのジャーナリストは、王族の死や即位のストーリーを語る必要もないまま、全キャリアを歩んできたのです。わたしの肩には、その重圧がのしかかっていました。

もしわたしがミスを犯せば、キャリアに汚点を残してしまいます。そんなことになったら、がっかりです。それまで何年も、速報を伝えるために食事を早く切り上げたり、計画をキャンセルしたりという生活を送ってきたというのに。夜ベッドに入っても、今夜も電話で叩き起こされることになるのだろうか、と思ってばかりいたんですから。

そこで、他の人間もプロセスに引き込むことにしました。まだわたしが担当しているあいだなら、ミ

スを未然に防ぐために考えや行動をあれこれ検証できるはずだ、と考えて。ずっと、こんなことを念頭に置いていました。**このストーリーをどう語ろうか？　正しい口調で、ふさわしい敬意を伝えるには？　このストーリーの経験に影響を与えてしまうようなミスは、どうしたら未然に防げるだろう？**

焦点を合わせていたのは、あらゆるストーリーに共通する質問への答えです——聴衆の関心を引き、彼らに引き続き耳を傾けてもらうためにできることは？

わたしはエリザベス女王が亡くなる前にその職を離れたんですが、グローバル社のチームは、チャールズが王位を宣言され、女王の国葬が行われるまでの10日間にわたり、発表、追悼、継続的な報道をみごとにこなしてくれました。わたしのもとには、宮殿の状況説明、手続き、そして土台作りに対して、元同僚から感謝のメッセージが届いています。大きな意味のあることですよね。あれほどまでに大々的で長引く報道を、再び目にすることはないと思います。

ポッドキャストのホストとして、あなたのストーリーテリングはどう進化してきましたか？

わたしは現在、「エニシング・バット・フーティ」ポッドキャストの共同ホストをしています。オリンピックとパラリンピックの競技と、開催の合間の4年間に起きたことを基にしたストーリーを語っているんです。スポーツ選手のストーリーを語るのは、実に楽しいですね。何しろ、サインを求める子どもたちにインスピレーションを与える存在ですから。

ポッドキャストは時間的な余裕もありますし、特定の聴衆に向けて語ることができます。不特定多数を相手にアピールしなくていいとなれば、ストーリーテリングも楽になります。報道の世界にいたときのように、インタビューはテキパキと短く行うべきだと考えています。長すぎるインタビューは、聴き手のスイッチを切ってしまいますから。

報道ジャーナリストならネタを探すところでしょうが、われわれのポッドキャストは、考え抜かれた質問を用いることで、流れるような会話を生むことを第一に考えているんです。インタビューを重ねば重ねるほど、聴くのがうまくなります。わたしにとって、それがインタビュアーのポイントですね。そうしたインタビューは、型にはまったものになりがちです。「どんな気分ですか？　目標達成のために、何に目を向けていますか？」誰かがあなたに話をしているのには、必ず何らかの背景があるはずです。だから表面を掘り下げて、彼らのストーリーを引っ張り出すんです。そうやって、彼らとリスナーをつなげようとしています。

15 ストーリーへの反響は、どうしたらわかる？

ＴＥＤトークで、次のセンテンスを口にしたときのことだった――「彼女のスマホが手から落ちて、床で跳ね返り、エレベーターの箱と床の狭い隙間から、ひゅーっ！　と落ちていったんです」すると客席の２列目にいた人が、はっとしてこう叫んだ。「ウソ！」かなり大きな声だったので、会場の前方にいた人全員に聞こえたはずだ。わたしは笑いをかみ殺し、必死に澄まし顔を保って先を続けた。でも、心の中では狂喜乱舞していた。わたしのストーリーが効果を発揮し、聴衆が引き込まれたことがわかったからだ。

ストーリーが効果を発揮するかどうかはどうしたらわかるのか、とよく訊かれる。それは、わたしにもわからない。さまざまな聴衆で試してみて、そこから学ぶしかない。ストーリーをテストしてみることで、人に共鳴してもらえるものが見えてくる。なぜかすらすら語ることができずにいる箇所も、はっきりする。すべてに場所が与えられているかどうか、もしくは混乱を生じさせているものがないかどうかが、たちどころに把握できるのだ。

優れたストーリーの印

どのストーリーにも２つのバージョンがある――あなたが語るストーリーと、聴衆が受け取るストーリーだ。ストーリーを聴くと、人はそれぞれ自身の経験に基づいて解釈する。ストーリーをテストすることで、聴衆がそれをどう受け取るかがわかる。そこで、さらに有意義なストーリーにするためのアイデアがひらめくことも多い。

身体的な反応

わたしはたびたび企業や会合に呼ばれては、基調講演を行ってきた。大学にゲスト講師として招かれることもある。ゲスト講師として呼ばれはじめたころ、パデュー大学でストーリーテリングの講演を行った。学生たちがメモを取るのにラップトップを使っていたため、最初は、見渡す限り目に入るのは学生たちの頭のてっぺんだけだった。ところがストーリーを語りはじめたとたんに、100対もの目がわたしに釘づけになった。皆、前に身を乗り出し、まるでわたしが彼らにスタンガンを使ったとばかりに、その場に凍りついたのだ。ストーリーを語り終えると、学生たちは再びうつむき、すぐさま自分の考えをラップトップに打ち

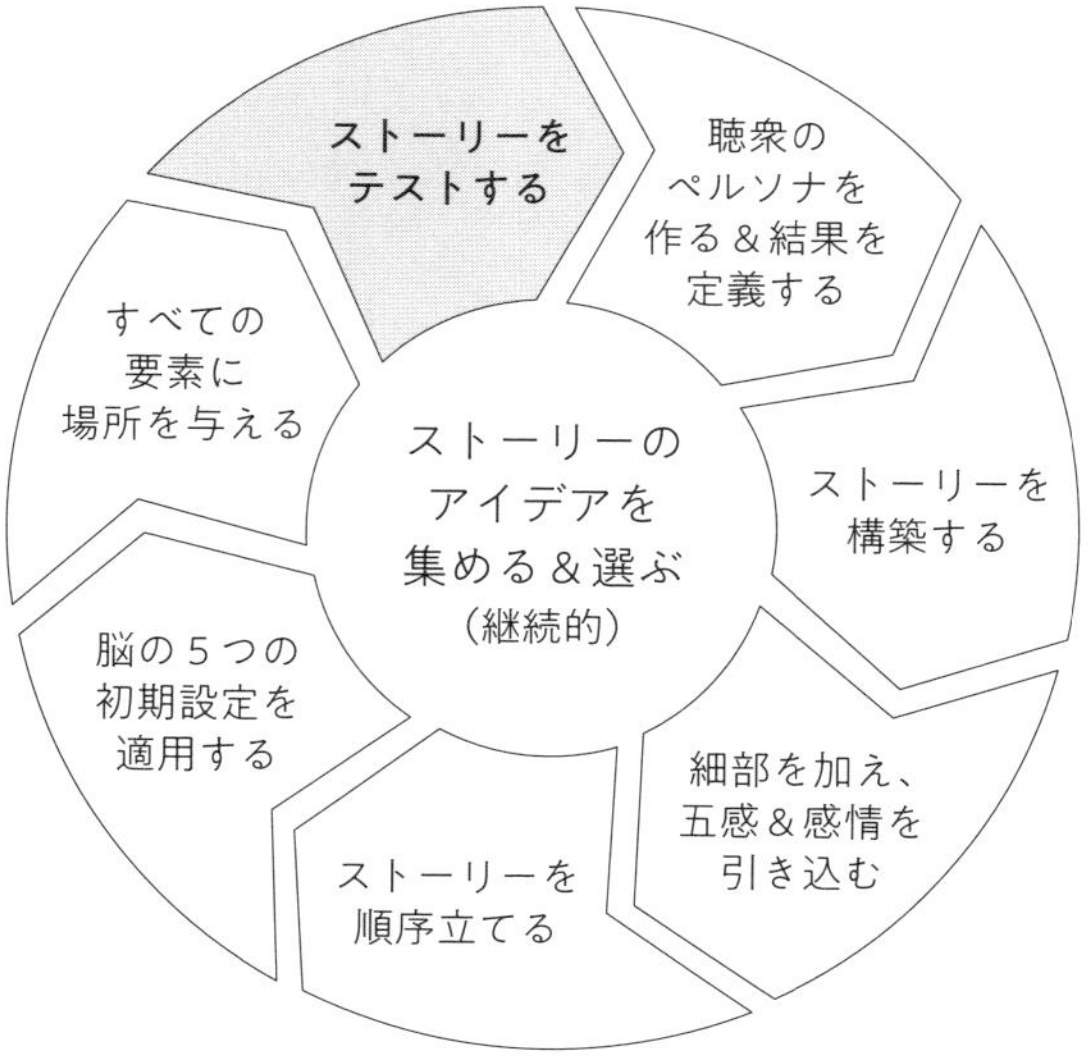

込みはじめた。そのときの講演では、全部で12種類のストーリーを語ったのだが、どのストーリーのときも、同じことが起きた。学生たちがキーを打ち込む手をぴたりと止め、顔を上げて、微動だにせずこちらに注目したのである。

ストーリーを語っている最中、聴衆の身体的な反応が目につくはずだ。聴衆が動きを止めて前のめりになるとか。ストーリーを語っているときは、そんな聴衆のようすに注目してみよう。彼らは何をしている？　あなたを見ている？　うなずいている？　ストーリーを聴きながら、どんな身体的反応を見せている？

聴衆が自分の方を見ていないからといって、思い悩むことはない。ストーリーが聴衆の思考を刺激し、過去の経験を思い出させることがよくあるのだ。聴衆が顔を上げ、思案するかのように横を向くことがあるかもしれない。そんなときは、しばしぼうっと思いにふけっている可能性がある――そうなれば、しめたもの！　まるっきり興味を失った聴衆の場合、ぽかんとした顔をしたり、猫背になってかがみ込んでしまったりすることが多い。あなたが聴衆の思考を引き出したときと、彼らが興味を完全に失ったときの違いに注目しよう。

パターンを破る

ある経営幹部チームのために、リーダーシップ・リトリート研修を企画、運営することになった。フォーチュン500にランクインするそのヘルスケア関連企業は、部門間の連携の悪さのせいで、仕事に行き詰まりが生じていた。彼らは何かといえば非難を口にするばかりで、なかなか相手を信頼したり、協調したりしようとしなかった。CEOのミゲルは、そんな彼らの仕事ぶりにいらだつどころの騒ぎではなかった。

彼は、リトリート研修をしたからといって、問題が浮き彫りになって解決できるとは思っていなかった。

ミゲルと顔を合わせてワークショップを企画しはじめたとき、即座に、わたしは自分が試されていることを察知した。リトリート研修や課題について話し合おうとするたびに、彼は質問を投げかけて横やりを入れてばかりいたのだ。はたしてあなたには問題を抱えた集団を扱い、むずかしい議論に持ち込むだけの技量があるのか、とばかりに。口を差し挟むたび、あなたは信用に値する人間なのか、とわたしに挑戦状を叩きつけていたようなものだった。

「チームの連中は、わたしが非現実的な収益目標を掲げている、と不満たらたらだ。収益目標を下げるべきだろうか?」と彼は尋ねた。

ミゲルは、目標値を下げるべきかどうかに関して、わたしのアドバイスなど必要としていなかった。わたしがチームのことを理解しているかどうかを見定めようとしていたのだ。わたしはすでにチームと長い時間を過ごしていたので、問題が収益目標ではなく、彼らの全体的な人間関係であることがわかっていた。そして、ミゲルには見えていないものがあることに気づいた──チームの力学における、彼の役割だ。

「あなたは、高校と大学で陸上競技をしていたんですよね?」とわたしはミゲルに尋ねた。

「ああ、4年のあいだに3回全国大会まで行ったよ」と彼は答えた。

「すごい! それぞれの大会ごとに、目標となるタイムを決めていたんですか?」

ミゲルが笑い声を上げた。「いや。それを決めるのはコーチで、わたしはその通りのタイムを叩き出せばよかっただけさ」

「練習のとき、コーチから訊かれませんでしたか? 体調はどうだ? よく眠れたか? どんな食事をしたか? あなたからの返事によって、コーチは練習メニューを微調整するよう助言してくれたのではないですか? あなたのために、コーチが適切なリカバリー・タイムを確保してくれたのでは? コーチは、あなたが目標を達成するのに手を貸してくれましたか？　それとも、あなたに目標を与えたあとは、それをどう達成するかはあなたに一任しましたか？」

ミゲルは口を閉ざし、わたしを見つめ、ゆっくりとうなずいた。

そこでわたしはこう続けた。「チームのコーチ役に本腰を入れてみてはどうでしょう？　収益目標はともかくとして。チームにとって何が必要なのか、あなたならメンバーに議論させることができるのでは？障害があるなら、あなたがそれを取り除くのに力を貸せるのではないですか？　あなたなら、彼らのパフォーマンスを微調整するよう、アドバイスできるのでは？　かつて陸上コーチがあなたにしてくれたように」

わたしはミゲルの過去の経験を用いることで、彼にとって納得のいくストーリーと彼を結びつけたのだ。それをパターン打破のきっかけとして用い、彼に胸襟を開いて話し合ってもらおうとしたのである。

ストーリーは、出口の見えない行動パターンや会話のループを断ち切ることができる。

ミゲルはわたしを試すのをやめて、こういった。「いいたいことはわかった。その通りだ。わたしはその役割を十分にこなしてこなかった。それを達成するために、今回のリトリート研修の機会をどう利用できるのか、話し合おう」

ストーリーはパターンを打ち破る。出口の見えない行動パターンや会話のループを断ち切ることができるのだ。別世界への扉を開いてくれる。議論やチームのエネルギーの流れを変えることができる。すると考えが広がり、新しいアイデアが受け入れられるようになる。ストーリーが人の態度を変えたときに注目し、それをパターン打破のきっかけとして意図的に利用しよう。

反応が返ってくる

「エレベーターに乗るときは、スマホを落とさないよう、ちゃんと握っておくようにします」

「わたしにとってのドティは、ビンセントです」

「マリアのスマホを救ったのは、どのブランドのスマホケースだったんですか？」


聴衆から、ストーリーの具体的な細部について反応が返ってきたときは、ストーリーに共鳴してもらえたときだ。ストーリーが気に入ったことを、しきりに伝えようとしてくれる。お気に入りの歌詞を口ずさむかのように。どの部分が印象的だったかを尋ねてみることでも、ストーリーに共鳴してもらえたかどうかがわかる。もし共鳴していなかったら、当たり障りのない言葉や漠然とした感想しか返ってこない。「気に入りました。よかったです」とか、「違いを感じました」とか。一方、ストーリーに共鳴したときは、どの部分が心に刺さったのか、とても具体的な感想が返ってくるはずだ。ストーリーをテストしたときは、「どこが印象的でしたか？」と尋ね、具体的な細部が返ってくるかどうか、耳を傾けよう。

あなたのストーリーの次は、こちらのストーリーを

人のストーリーを聴いたあとで、それと関連したストーリーを思い出し、相手に語り返したことはないだろうか？　あなたのストーリーに反応した人が、逆にストーリーをシェアしてくれたときは、２つのことを意味している。１つは、相手があなたのストーリーに共鳴したということ。あなたのストーリーが、

彼らがすでに持っている理解と結びつき、脳の5つの初期設定が活用された結果、関連する自身の経験が思い起こされたのだ。2つめは、その人がストーリーとつながったということ。人は、何らかのアイデア、人、状況、あるいは場面とつながるストーリーを、人と共有しようとするものだ。

人がお返しに自身のストーリーを語ってきたときは、言葉にせずとも、「あなたのことはわかりました、今度はあなたにわたしのことをわかってもらいたい」といっているようなものなのだ。あなたがストーリーを語ったあと、聴衆からどんなエピソードやストーリーが返ってくるかに注目しよう。こう尋ねるのだ。「わたしのストーリーのどこを聴いて、その話を思い出したんですか?」それに対する返答が、あなたのストーリーの何に価値があって、どこにいちばん共鳴してもらえたのかを理解する助けとなる。

支援の印が現れる

あるテクノロジー企業でストーリーテリングに関する基調講演を語り終えたとき、数人がわたしのもとに集まってきた。最初の人物がこういった。「先ほど、どうして動物保護団体に寄付せずにはいられなくなるのか、やっとわかりました。家のない動物を援助するよう頼まれたわけではありません。寄付を求められることすらありませんでした。先方は、ある犬に関するストーリーを語っただけなのに、わたしは気づいたら『寄付』ボタンを押していたんです」

ストーリーは聴き手を共感させ、語り手に対する信頼を生む。それが、金銭、時間、資源、あるいは気づきを通じた支援に姿を変えることは多い。聴衆の反応に注目してみよう。彼らは言葉で支援を表明しただろうか?　資金を約束した?　協力を申し出た?　さらなる情報を求められたり、ソーシャルメディアでフォローされたりした?　聴衆が他の人を説得しはじめた?　彼らがあなたのストーリーに共鳴したことを表す、支援の印を見つけよう。

考えが広がり、変化する

フォーチュン500にランクインするメディア企業のリーダーシップ・チームと、新たな文化戦略を定義するためのオフサイト会議に参加していたときのことだ。当時の戦略は直面している問題への対処にはならないというのに、彼らはその戦略を段階的に改良していくことばかりを提案していた。

そこでわたしは、ペニー・ファージング自転車の写真を彼らに見せることにした。それは1800年代末に生まれた自転車で、巨大な前輪と小さな後輪が大きな特徴だ。そのうえで自転車の進化のストーリーを語り、スピードを増すために前輪がどんどん大きく作られるようになったことを説明した。しかしある時点までくると、もはや前輪を大きくできなくなった。乗る人間の脚が長くなるわけではないので、それ以上自転車を速く走らせることができなくなったのだ。そこで、移動手段のための新しいデザインが必要になった――そこから、同サイズの前輪と後輪をチェーンでつなぐ、現在のデザインへと発展していったのだ。わたしはそのメタファーを、文化戦略と結びつけた。異なる結果を導き出すためには、そろそろデザインを新しくしなければならないのではないか、と。すると彼らの考えが変化した。当時の文化戦略の限界について話し合うようになり、新たなアプローチを定義することになったのだ。

優れたストーリーは、聴衆のアイデア形成に手を貸すことができる。考え方、理解の仕方、そして議論に、注目すべき変化を生むのだ。ストーリーを語ったあと、人々の会話に注意を払い、それまでとは違う意見交換が積極的に行われるようになったかどうかに注目しよう。

場の空気が変化する

ストーリーを作って語るためのメソッドは、話をするのが対面の場であろうが、バーチャルであろうが、変わらない。ただしそれをどう経験するかは、違ってくるかもしれない。対面で語る場合は、共有のエネルギーが生まれることがある。一方、ビデオやバーチャルの場合、エネルギーが同じだけの強烈さで発生することは多くない。また、相手と直接顔を合わせているときは、空間のエネルギーの変化を察知し、感情が高まることもある。共有したストーリーが、実に魅惑的に感じられることもある。感情移入し、神経が同調されることで、蓄積されたエネルギーが変化するのだ。対面でストーリーを語ったあとは、その場の空気が変化したかどうかに注目しよう。

感想を尋ねる

ストーリーを語ったあと、人と心を通わせることができたと思ったときはいつも、こう尋ねることにしている。「あなたにとって、何が印象に残りましたか?」その返答は人によってまちまちで、いつも聞くのが楽しくてたまらない。相手の経験を理解するために、具体的な質問をしよう。たとえば、「どう思った?」というタイプの質問では、学校から帰った子どもにその日はどうだったかと尋ねたときと同じ答えしか返ってこないだろう――「悪くなかった」。

具体性を探ろう。「どこがよかったと思いますか? 何が印象に残りましたか? ピンときたところは? 何が起きると期待しましたか? もっといいものにできるとすれば、どうしたらいいと思いますか? エネルギーが落ちた箇所は? ペースがゆっくりすぎると感じたところはありましたか? 混乱するような箇所は? 驚いたところは?」また、次のように話してみよう。「これはいまテスト段階の新しいストーリーなんです。次回語るときは、どこをどう変えるべきだと思いますか?」ストーリーが望みの結果をどの程度達成したのか、そしてどんな微調整が必要なのか、聴衆に感想を尋ねることで判断しよう。

ストーリーのエネルギーを測る

どのストーリーにも、全体を通じてエネルギーが引いたり流れたりしている。そうした変動はふつうのことであり、必要なことでもある。ずっとエネルギーが低いままのストーリーだと、聴衆の脳は怠けモードに入り、耳を貸さなくなってしまう。かといって、つねにハイレベルのエネルギーを保つストーリーは、聴衆を圧倒し、疲労困憊させてしまう。

ストーリーのエネルギーをグラフにしてみよう。横軸はストーリーの重要ポイントだ。縦軸はエネルギーの高さを表している。重要ポイント1つにつき、語ったときのエネルギーがどの程度だったかを示すようできている。前頁の表で、わたしがＴＥＤトークの冒頭で語ったマリ

高
中
低
マリアがスマホを落とした
マリアは人の誕生日や好きな映画を知っている
レイはマリアを見て嬉しそうだ
レイはマリアにスマホを取り戻すのは高くつくだろうと告げる
マリアがオフィスに向かう
レイがマリアにスマホを無料で取り戻せると告げる

アの話のエネルギー・レベルを示してみた。

ストーリーをテストするとき、このような横軸と縦軸を描いた白紙のグラフを、いろいろな人にわたしておこう。あなたがストーリーを語っているときのエネルギー・レベルを、そこに書き込んでもらうのだ。わたしは、まずは信頼している知人にこれを依頼している。そのあと、ターゲットとなる聴衆の中から選んでテストしてみる。そのグラフが、あとで彼らの経験と収穫について感想を訊く際にも役に立つ。

グラフには、バラエティに富んだ結果が描かれるのが理想的だ。あなたの期待した通りのところで頂点に達したり、落ち込んでいたりするだろうか？　ペース、抑揚、間に変化を付ける必要はある？　ストーリーの順序を変える必要は？　そこに意外な要素を加えたら、聴衆の経験が変わるだろうか？

テストすることで、ストーリーに正しい要素が盛り込まれているか、順序は適正かを確認しよう。聴衆の反応から洞察を得るのだ。あなたが語るストーリーすべてをテストする必要はない。しかし課題が大きければ大きいほど、ストーリーを丹念に練り、テストする時間も必要になる。

ストーリーをテストすると、ストーリーが道を誤った箇所に気づくことがある。誰にでも、ストーリーが期待した通りに響かなかった経験があるものだ。その原因が、ありがちなミスや見過ごされがちなパターンであることは多い。そうしたパターンと、それを避ける方法を、次章で学ぼう。

まとめ

ストーリーへの反響は、どうしたらわかる？

（巻末のチェックリストも参照のこと）

● ストーリーには2つのバージョンがある――あなたが意図したものと、聴衆が受け取るものだ。聴衆はあなたのストーリーを聴いて、自身の経験に基づいた独自の解釈を行う。

● ストーリーへの反響がわかるヒントは、いくつかある。

○ 聴衆が身体的に反応する――前のめりになる、ほほえむ、うなずく、声で反応することも。

○ ストーリーがパターン打破の役割をこなし、堂々めぐりの会話や人の態度を変える。

○ 聴衆があなたのストーリーの一部をあなたに語り返す。

○ 聴衆があなたに自分のストーリーを語り返す。

○ 聴衆に望む結果が達成されたり、行動につながったりする。

○ 会話が新たなアイデア、検討、考えへと広がる。

○ ストーリーを語る会場の空気が変わる。

● 聴衆に「どの箇所が印象に残りましたか？」といった具体的な質問を投げかける。そうすれば、「あなたのストーリーが気に入りました」という以上のフィードバックが得られるし、彼らが真に共鳴したものが明らかになる。

● どのストーリーにもエネルギーの減退と流れがある。それをグラフに描くことで、語り方に微調整が必要な箇所を見つける。ストーリーを展開させてテストするとき、グラフ化の練習を重ねる。

アンソニー・ウィリアムズ博士

医師、ミネソタ大学医学部医療技術センター（ＣＦＡＭ）アシスタント・ディレクター、内科・小児科レジデンシー・プログラムのアソシエイト・プログラム・ディレクター、ヘルス・パートナーズ登録内科小児科病院総合医

ミネソタ大学医学部のＣＦＡＭは、ストーリーテリングをどのように取り入れていますか？

われわれは医学の教育と実践の中で、好奇心と創造的表現を養いたいと思っています。アートと人間性は、科学と科学的理論から切り離せるものではありません。医師と、医師になる訓練を受けている者が医学を実践するなかで、打たれ強さを培うのに役立ってくれるんです。

物語性に富んだストーリーや感情たっぷりのストーリーが語られるとき、われわれは全員、その場にいます。そうやってコミュニティを作ることで、ストーリーテリングは燃え尽き症候群と孤独を跳ね飛ばしてくれるんです。われわれ医師の仕事は過酷です。医学生には辛いことですし、研修医以上に進めば過酷さは増す一方です。そうなると、つい、世の中から隔離されているように感じてしまうものなんです。

ですから、医学生と研修医にストーリーの語り方を教えています。「ストーリー・スラムズ」や「ヒポクラテス・カフェズ」といったイベントを通じて、コミュニティも作っています。希望を与え、独りではないと感じてもらうために。そうしたイベントでは、大量のティッシュを用意するんですよ。ハッピーなストーリーの中にも、悲喜こもごもの内容がありますから。

歴史的に医療業界というのは、人間の弱さ、もろさ、メンタルヘルス問題を認めてきませんでした。「ヘルスケア業界の人たちはヒーローだ」という美辞麗句の裏に隠れた、暗い一面ですね。善意が人から人間性を奪ってしまうんです。われわれ医師にも

家族があり、医療現場の外で生活を送っています。心が折れたり、トラウマを抱えたり、メンタルヘルス問題に苦しんだりもします。もしわれわれがそのことを黙して語らず、コミュニティの中でもストーリーを共有せずにいたら、燃え尽きたり、自ら命を断ったり、その他さまざまな問題を抱えてしまいます。

ストーリーを語ることにどうしても神経質になる人には、五感を刺激する「センサリー・グリッド」を書いてもらいます。つまり、幸せな状況、悲しい状況、あるいは感情的な状況について、考えてもらうのです。各グリッドにはきっかけとして質問事項が用意されています。「どんな景色が見える？　どんな音？　どんな匂い？　どんな味？　そこには誰がいた？」ストーリーを組み立てるのではなく、リストを書き出してもらうのです。

これは活動的でエネルギッシュなタイプの医学生には、ぴったりの方法です。リストを書き出したあとは、それを基に55ワードのストーリーを書いてもらいます。この作業はたいていの人に楽しんでもらえますし、最初は無理だと思っていた人も、ストーリーを組み立てられるようになります。

患者に共感を抱くために、ストーリーをどう活用していますか？

医学生と研修医には、こう教えています――あなたが担当医になったことを患者がどう感じて、あなたの勧めにしたがうかどうかを最終的に決めるのは、あなたがその情報をどうまとめるかにかかっている。

患者は、その人なりの語り方で自分の考えを伝えてきます。エンジニアなら、詳細にわたるデータと発病時期をリストアップするかもしれません。そんなときは、こちらも同じようにデータを並べて提案します――非常に論理的かつ直線的に。

多くの人が、病気のために叶わなかったことを口にします。ですからわたしは、こんなふうに提案することにしているんです。「この薬を服用してもらいたいのは、長生きして、孫娘さんが高校を卒業するのを見届けてもらいたいからなんです」――「糖尿病に効きますからこの薬を飲みましょう」というふうに勧めても、治療を続けようという気持ちを保つことはできません。

　患者が語るストーリーのタイプに応じて、提案の装いを変えるということですね。患者の受け入れ態勢の中には、一貫してストーリーが織り込まれています――患者の容態から論理的な治療提案に至る、すべてのことの中に。

16 ストーリーが道を誤るところは?

はじめて「フィアレスガール」(恐れを知らぬ少女。企業における女性管理職の比率向上といったメッセージをふくむ、米国ウォール・ストリートに設置された少女の銅像)を見たとき、わたしはニューヨーク市で開催されたハーフマラソンを走り終えたところだった。セントラルパークを横切ってタイムズスクエアを抜け、ウエストサイド・ハイウェイを下ってウォール・ストリート近くのフィニッシュラインを通過したのだ。メダルと水を受け取ったあと、クールダウンのために歩きはじめた。うつむいていたため、面と向かうまで、フィアレスガールに気づかなかった。

わたしは突っ立ったまま、ゆうに1分間は少女像を見つめていた。思いがけず、目に涙がこみ上げてきた。その少女像は、わたしの背丈より45センチほど低いはずなのだが、その姿勢のためか、もっと大きく見えた。自信、決意、そして力強さを混ぜ合わせたような表情をしている。わたしは隣にいた女性にスマートフォンを手渡し、写真を撮ってもらうことにした。両手を腰に当てて肩を怒らせ、あごをくいっと上げてにこりとしてみせる。少女のポーズをそっくり真似たのだ。少女に向かって無言で敬礼し、うなずきかけた。わたしたちに似ているところは1つもないけれど、その瞬間、わたしは彼女になっていた。マラソンのフィニッシュラインを超えたときに感じたものすべてを、彼女は象徴していた。

写真を撮ってくれた女性が、わたしと場所を替わった。彼女も同じように無言の敬礼をして、同じポーズを決めた。写真を撮るあいだ、彼女の頬と笑みの上を、涙がぽろぽろとこぼれ落ちていった。彼女にスマホを返そうと足を踏み出したとき、他にも少女像と写真を撮ろうと人々が集まっていることに気づいた。1人の父親が幼い娘に、女性がリーダーシップをとること、そして女性の声に耳を傾けることがいかに大切かについて話しているのが聞こえた。1人の妊婦が円を描くようにお腹をさすりながら、隣にいる女性に、娘もこの像が象徴するような自信と決意を持って育ってほしいと語っている。3世代にわたる家族の女性たちも、ポーズを決めて写真を撮っていた。祖母とおぼしき女性が孫娘に腕を回し、こういっていた。

「あなたのころは、時代も変わっているでしょうね」

その集団が発する全体的なエネルギーは、静かながらも胸に迫るものがあった。そこは観光スポットではない。訪れる誰もが心から望み、必要とする、聖地巡礼のようなものだ。少女像は、希望と、これまでとは違う未来に向けた誓いの象徴だった。多くの人が涙を拭い、知らないうちにこみ上げてきた感情に自分で驚いていた。この像が設置された当初の意図は、もはや関係なかった。少女像は、訪れる人それぞれにとって異なる、何百万ものストーリーを表していた。

フィアレスガールはもともと、希望の象徴として建てられたわけではなかった。悲劇的な過ちの結果といってもおかしくなかったのだ。投資信託会社のステート・ストリート・グローバル・アドバイザーズ社が、SHEというティッカー・シンボル（欧米などで金融商品取引所に上場する銘柄を識別するために付けられるコード）のもと、新しいファンドを売り出すことにした。彼らは、世間の話題をかっさらい、リーダーシップにおけるジェンダーの多様性に対する意識を高めたいと考えた。数か月かけて議論が重ねられたのち、1体の像を設置することになった。その足もとのプレートには、こう刻まれるのだ。**「リーダーシップにおける女性のパワーを知ろう。SHEは違いを生む」**

女性のエネルギーと、女性リーダーを呼びかける象徴となるよう意図された像だった。設置場所は、

「ウォール・ストリート・ブル」（巨大な雄牛の銅像）に挑む形で、その正面に決まった。数か月かけて作業が進められ、デザインが決まり、契約が交わされたのち、「ウォール・ストリート・カウ」の設置が認可されたのだった。そう、女性のリーダーシップ促進を象徴するためのもともとのデザインは、実物大の雌牛の銅像だったのだ。

　あとになって考えれば明らかに恥ずべきデザインではあるが、雄牛の真向かいに設置するのだから雌牛、と考えたのであろうことは、容易に察せられる。コンセプトとデザインに夢中になるあまり、聴衆とその意図をつい忘れてしまうというのは、なるほどありそうな話ではある。８か月たったところで、ようやく彼らも雌牛が女性の品位を落とすことに気づいた。ステート・ストリート・グローバル・アドバイザーズ社と広告宣伝チームがその過ちに気づいたとき、会議室に沈黙と気まずさが満ちたであろうことは、想像に難くない。そのあとチームは少女の像へと方向転換し、新しいデザインの製作に取りかかった。

　高さ１２５センチほどのフィアレスガール像が設置されたのは、２０１７年の国際女性デーの前夜だった。腰に両手を当てた少女が、スカートをさっと広げ、ポニーテイルを揺らしつつ、ウォール・ストリート・ブルをにらみつけている。挑戦的にあごをくいっと上げたその姿は、力と自信に満ちあふれている。毎日のように人々が列をなし、彼女のポーズと力強さを真似て写真を撮るようになった。この恐れを知らぬ少女は、象徴以上の存在なのだ。彼女の隣に立つ人それぞれが持つ、個人的なストーリーを代表している。人々がソーシャルメディアで写真をシェアするにつれ、行列は日々伸びていった。

ストーリーテリングは時間のかかるものではないけれど、多少の準備は必要。

ウォール・ストリート・ブルの正面に設置する許可は、もともと1週間の期限つきだった。ところがそれが1か月になり、さらに1年に延びた。最終的にウォール・ストリートの向かいに永久設置されるべく移設されることになった。フィアレスガールの人気は国境を越え、オーストラリア、ノルウェー、イギリスにレプリカが設置されるまでに至っている。ソーシャルメディアでストーリーがシェアされるたび、人気は高まっていった。ほんの12週間のあいだに、ツイッター（X）で46億回、インスタグラムでは7億4500万回もの閲覧回数を獲得している。

ウォール・ストリート・カウがコンセプトとして道を誤ったのと似たようなことは、ストーリーでもたびたび起きる――アイデアをまちがえる、聴衆をまちがえる、時期をまちがえる。そうなるとアイデアが期待通りに着地せず、肝心要の細部が取り残され、聴衆が混乱して頭を掻きむしることになる。ストーリーテリングは時間のかかるものではないけれど、多少の準備は必要だ。きちんとステップを踏めば、優れたストーリーを作ることができる。ステップを省略し、準備や計画を怠ると、退屈なストーリーになってしまう。もっとひどいことにもなりかねない。

ストーリーテリングにありがちなミス

ストーリーを語ることと、聴衆を引き込む優れたストーリーを語ることとのあいだには、大きな隔たりがある。ストーリーテリングのプロセスを省略してしまえば、ストーリーがつまずき、効果が弱まりかねない。もっともありがちなミスは、意識することと計画することで避けられるものだ。

ミスその1――ディナーの席でのおじになる

あなたが語りたいと思うストーリーを語るのではなく、聴衆が聴く必要のあるストーリーを語ること。

実はTEDトークでは、もう少しで違う話をするところだった。トークのためのアイデアはあったものの、皮肉なことに、わたしはそれに適したストーリーを見つけるのに四苦八苦していたのだ。話にふくめたいものが、あれこれありすぎた。それまで基調講演で語ってきたストーリーには、大きな反響があった。個人的な意味と、わたしにとってのよろこびがふくまれたストーリーだ。わたしの持っている中でも、もっとも求められるストーリーといえるだろう。

しかし、それらのストーリーのどれか1つを合わせようとするたび、アイデアが失われていくような気がした。まるで、カメラのレンズを覗いているのに、どうしても焦点を合わせることができずにいる気分なのだ。どうしてもしっくりいかないのだが、なぜそうなるのかは、自分でもわからなかった。

トークの準備には、1つのパターンがある。自分のアイデアを人にシェアするのだという思いに、胸を高鳴らせるところからスタートする。この段階は、モネの絵のようなもの。愛しさを覚え、少々ぼやけていて、アイデアを漠然と認識している。ところがいざアイデアを書き出してみると、疑問が浮かんでくる。

なぜか焦点が合わないことに気づくのだ。話は明瞭だろうか？　わたしは何か違うことを話している？　そもそも、アイデアをちゃんと築きあげている？　次は、トークそのものがいやでたまらなくなる時期の到来。どうやって話をまとめたらいいのか、わからなくなってしまうのだ。

そのあと、魔法がかかる。

この疑いの時期に、脳が焦点を定めるのだ。この段階に入ると、あなたは何を残して、何を切り捨てるのか、無慈悲に取り決めていけるようになる。わたしの場合、友人に「お気に入りを殺しなさい」といわれたとき、その段階に入った。サー・アーサー・キラー＝クーチが、１世紀以上前、作家に対して行ったアドバイスだ。

そのときのわたしは、それらのストーリーをトークの中に無理やり収めようとしていた。でもそれはわたしが語りたがっていたストーリーであり、聴衆をそのアイデアとつなげるために聴かせるべきストーリーではなかった。わたしは自分にばかり焦点を合わせ、聴衆に焦点を合わせていなかったのだ。それらのストーリーを捨てたら、すぐに何もかもが明瞭になった。あのエレベーターの話がアイデアに命を吹き込み、トークが違う方向へ発展していったのだった。

ときにわたしたちは、ストーリーを語るという行為にとらわれるあまり、聴衆のことを失念してしまう。人のコミュニケーションのほとんどは、情報を与え、影響を及ぼすこと、もしくはインスピレーションを与えることが目的だ。まずは聴衆からはじめ、彼らに望む結果を定義しておかないと、ストーリーが道を誤ってしまう。祝日にみんなでテーブルを囲んでいるとき、うんざりするような話を何度も何度もくり返すおじと同じようなものだ。おじはその話を自分のためにくり返しているのであって、あなたのためにしているのではない。

自分では大いに気に入っているストーリーを語りながらも、結局は失敗に終わってしまう人を見たことは？　あるいは、要点をつかめないストーリーや、意味をなさないストーリーを聴いたことは？　そうしたストーリーは、語る本人に焦点が合っていて、聴衆は忘れ去られている可能性が高い。

ストーリーを語る準備をするときは、まずは聴衆を念頭に置こう。それぞれの聴衆が、自身の理解と経験を通じてストーリーにフィルターをかけることになる。聴衆と、あなたが彼らに望む結果からはじめないと、あなたが語るストーリーのバージョンと、聴衆が理解するバージョンとの関係性が失われてしまうかもしれない。聴衆に基準を合わせること。聴衆の感情、信念、価値観、考え方にアクセスする。収穫となるアイデアを支えるようなストーリーを組み立てる。あなたが語りたいと思うストーリーをシェアするのではなく、聴衆が聴くべきストーリーを組み立てるのだ。

ミスその2――背骨のない骸骨

ストーリーの構造を無視してはいけない。

わたしがトッドと会ったのは、彼が起業のためにシリーズAラウンド（起業家にとって最初の本格的な資金調達の場）のピッチに立つ1か月前のことだった。はじめて顔を合わせたとき、まずは彼の売り込み文句を聞かせてもらうことにした。結果、それから5分間にわたって、彼の初期の顧客に関するエピソードを延々と聴かされることになった。なかなか話についていくことができず、具体的な収穫も提示されなかった。話に出てくる顧客の問題も、彼の製品がそれを解決した方法も、わたしには理解できなかった。彼の売り込み文句は、ややこしい細部が満載の頭の中身がそのまま吐き出されたようなものだった。わたしは、脳がゆっくりさまよいはじめ、遠ざかっていくのを感じた。

ストーリーの冒頭は、トッドの顧客につい同情するような内容でなければならない。彼らのいらだちを感じたかった。彼の製品ならさまざまな問題が解決できるという希望を感じさせてほしかった。顧客がその製品を利用することで得た大きな安堵感を、味わわせてほしかった。ところがそのときのわたしは、その製品を誰が、なぜ使うのか、よく理解できないまま放置されたのである。

トッドのストーリーは、文脈を生み、葛藤と緊張を示し、結果と収穫を提示すべき構造に欠けていた。脳が望みの結果へとすんなり導かれるような構造が必要だったのだ。構造が欠けたストーリーは、背骨のない骸骨のようなもの。バラバラになってしまう。形がなく、いかようにも解釈できる。構造は、聴衆を鍵となる細部へ導き、語り手の望みの結果に確実に落ち着かせるためのものなのだ。

ミスその3——無意味な細部がストーリーを失速させる

有意義な細部はストーリーに命を吹き込むが、無関係の情報を積み上げるのはやめてほしい。

わたしのストーリーテリング・ワークショップでは、誰かに進んでストーリーを1つ披露してもらうことにしている。誰が名乗り出ようが、どんなストーリーが語られようが、いつも同じパターンが浮上する。皆、自分にとっては意味があっても、聴衆には意味のない細部をたっぷり盛り込んだストーリーを語ろうとするのだ。具体的な日付、場所、出来事の発生順を思い出そうと立ち往生し、いつしかストーリーラインとプロットが失われてしまう。もっとひどいと、話題がずれていき、まるっきり異なる2つめのストーリーがはじまってしまうこともある。これは、本人にしてみれば実に生々しくて気にかかるものでも、他人にとっては何の意味もなさない夢について語るのと少し似ている。重要ではない細部を大量に注ぎ込めば、ストーリーが損なわれ、話についていくのがむずかしくなってしまう。

ストーリーと関係のない細部、もしくはストーリーを前進させない細部は、聴衆の脳に、聴かなくてもかまわないと許可を出すようなものだ。重要ではない細部をやたらに盛り込めば、重要な細部が占めるべき場所が奪われてしまう。有意義な細部こそが、五感を引き込み、緊張を生み、行動を促すものなのだ。細部がストーリーに命を吹き込み、聴衆に何かを感じさせ、ストーリーを記憶に刻みつける。細部は、多すぎず少なすぎずのバランスを保つようにする。また、それぞれに適した挿入場所がある。省いても何ら失われるものがない細部なら、カットしよう。聴衆があなたのストーリーに入り込めないようなら、試しに別の細部を盛り込んでみる。

ミスその4――早めが時間的にぴったりで、時間ぴったりでは遅すぎる

ストーリーを練り、練習を重ねるための時間を十分に取ること。

毎年5月になると、ロアンから電話がかかってくる。彼はある国際的な専門サービス企業のCEOで、わたしとはもう何年も一緒に仕事をしている。毎年6月に、ロアンは自社の最高幹部のリーダー１５００名を対面式のセッションの場に集め、新年度に向けて戦略とサービスの計画を練ることにしている。

ロアンとはじめて仕事をしたとき、彼は会社が新たな市場と顧客を開発するための新たな戦略と方針について発表する予定にしていた。彼のプレゼンテーションを考えるのは、なかなか大変そうだった。何が問題だったかといえば、ロアンがわたしに連絡してきたのが、彼がプレゼンする3日前だったことだ。

彼のプレゼンには構造と感情が欠けていた。アナリストによるデータとチャートが47ページにもわたっていたのだ。そのアプローチでリーダーたちの心をつかむには、ストーリーが必要だった。彼らには、チームが解決に当たる問題を目にし、顧客の安堵を実感してもらう必要がある。３日間というのは、ストーリー

を1つ特定し、プレゼンを構築し直し、それをテストし、ロアンに他のことはすべて置いて練習してもらうには、実にせわしない時間枠だった。わたしはロアンにスケジュールを空けてもらい、その3日間ずっとつき添って、準備を進めてもらった。2日目の半ばに、ロアンがいった。**「なるほど。あなたには、5月に連絡すべきだったんだね」**

たいていの人は、プレゼンに向けてスライドを準備するのに何時間もかける一方、何を語るかについて考えるのには5分しかかけない。優れたストーリーは、あっという間にできあがるものではない。反復と推敲を重ねてはじめて、優れたものになるのだ。だからストーリーを作成するための時間は、十分に取るようにしよう。最高のアイデアが出てくるのは、推敲を3回、4回、いや7回重ねたあとのことであって、最初から生まれるものではない。ストーリーを成功させるには、アイデアを考え、構造を練り、練習するだけの時間が必要だ。

ミスその5——感情が欠けたストーリーには入り込めない

聴衆は、感情が欠けたストーリーには入り込めない。

ジェイムの背後にあるスクリーンには、オフィスビルの後ろに沈む夕日の写真がいっぱいに映し出されていた。彼女は数日前の夜、帰宅する途中に車を停めてその美しい夕日をカメラに収めたのだと説明した。彼女にとってそれは、会社が経験してきた変化と成長、そして未来に待ち受ける機会すべてを象徴しているという。

彼女がそういって聴衆を見わたしても、皆、ぽかんとした顔で見つめ返すばかりだった。いま、ストーリーを語っているのに！　しかも写真つきで。なのに、どうしてそんな退屈そうな顔をするの？

彼女は聴衆を写真に引き込んでいなかった。夕日の色、空気の匂い、あるいはオフィスビルが蜃気楼のように見えたことを描写して、聴衆の五感を引き込むべきだったのだ。会社がくぐり抜けてきた数々の変化のおかげで、不満がやがて誇りに変わっていったこと、そうした変化や多様さが、夕日にふくまれるさまざまな色合いに反映されていることを、彼女は描写していなかった。彼女が並べたのは事実であり、語っていたのは感情を欠いた単調なストーリーだった。せめて2つか3つでもいいから、感情に訴える言葉を用いれば、聴衆と心をつなげることができたかもしれない。

ストーリーテリングは、原初的な人工的現実感を生む——実際には遭遇していないものを見せ、聴かせ、感じさせ、味わわせ、そして感情的に経験させる。五感と感情を引き込めずにいれば、つながりと理解を生む能力は妨げられる一方だ。最高のストーリーなら、聴き手を招き入れ、ストーリーを直に経験させることができる。たとえ、その状況に一度もはまったことがないとしても。

ミスその6——情報を伏せる

情報を差し控えることにエネルギーを費やしてはいけない。

ジョンは、わたしにとって執筆の指南役の1人だ。彼のアドバイスのおかげで、わたしは考えを広げ、見失っていたものに目を向けられるようになる。一度、彼にこういわれたことがある。「きみが書いた、ハロウィーン・コスチュームを題材にしたリーダーシップの記事だけれど、時間に追われて書いたことがわかるよ。もしきみにもっと時間があったら、あのムズムズするような衣裳を身につけたときの、実に不愉快な気分を実感させられたはずだから」

わたしは笑って、こう応じた。「急いで書いたわけじゃないの。フランスで作られた衣裳だという点を伏せておこうとしただけ！」

意図的に何かの情報を伏せておこうとして、本来ならば入れるべき細部と感情を入れ損ねることがあるのは、以前から自覚していた。リーダーたちも同じミスを犯しているのをよく見かける。情報の共有を避けたり、差し控えたりする行為は、共有すべき細部をごまかすことにつながってしまう。ストーリーを作るためのエネルギーが、情報を守る方に費やされてしまうのだ。その結果、生まれたストーリーは単調で、人を引き込むのが難しくなる。

それが顕著に表れるのは、ストーリーの登場人物だ。登場人物はストーリーの中で葛藤を生み、プロットを前進させる。聴き手には、彼らの苦闘、願望、不快感、よろこび、いらだちに、感情移入してもらいたい。他の登場人物に影響を与える存在でもある。登場人物は、周囲にいる実在の人物に基づいていることが多い。そのために、伏せておきたい情報もあるだろう。でも情報を控えてしまうと、登場人物への親近感とそのエネルギーが弱まってしまうのだ。

まずは、とりあえず何も気にせずにストーリーを作ってみよう。あとで入れ替えたり削除したりするにしても、最初は登場人物、描写、情報をすべて盛り込んでおく。何も差し控えることなく、ストーリーを組み立ててみよう。あらゆる細部に場所を与えるために、こう自問してほしい。「聴衆を引き込むために、細部を増やせる箇所は？」

ミスその7——テストをしない

ストーリーはテストすることで完璧なものになる。

あるとき、わたしはスペインの会議室に立ちつくしていた。部屋いっぱいに集まったマネジャーたちが、困惑した表情でこちらを見つめ返している。わたしはリーダーシップ・セッションを進めている最中で、数週間かけて考え抜いたメタファーを基に、ストーリーを語ったところだった。

スパゲッティを思い浮かべてみてください。それが、変化に直面したときの従業員の脳の状態です。ごちゃごちゃですよね。さて、次はワッフルを思い浮かべてみてください。四角いマスが整然と並んでいますね。一度につき、マス一つずつに焦点を合わせることができます。それが、リーダーとしてのあなた方の仕事です。従業員のために、スパゲッティではなくワッフルを作ってください。大事なものに焦点を合わせたら、あとは無視するよう、従業員の皆さんに手を貸してあげるのです。

このストーリーを語るうち、聴衆の心が離れていくのがひしひしと感じられた。一瞬、言葉の壁のせいだろうか、とも思った。しかしスパゲッティとワッフルの絵を見せたあとでも、彼らはあいかわらず困惑しているようだった。実は、わたしはそのストーリーを事前にテストしていなかった。結果、効果を発揮しないストーリーになっていたのだ。もっと推敲を重ねるべきだった。

1年後、わたしは同じ会議室に立っていた。聴衆の数は前回よりも多かった。わたしが進めていたのは、変化のナビゲート役に関するセッションだった。語るストーリーは前回と同じだが、今回は、あらかじめ準備して何度もテストをくり返した新しいバージョンを試してみることにした。

以前、変化に直面したリーダーたちに話をしたことがあります。いまのあなた方と同じ状況です。でも部屋を見わたしたとき、彼らがその気になっていないことがわかりました。従業員に手を貸したくないと

いうわけではなく、過去の変化が失敗に終わったことから来る敗北感のためでした。

そこでわたしは、そのグループに違うアプローチを取ることにして、こういいました。「スパゲッティを思い浮かべてみてください。ごちゃごちゃしていて整理をつけることができませんね。麺を1本すくい上げようにも、他にも9本がもつれてくっついてきてしまいます。1本すくい上げることができたとしても、食べているあいだにあなたのあごにぴしゃりと当たってしまいます。このごちゃごちゃのスパゲッティは、変化に直面したときの従業員の脳です。彼らは、考えを明瞭にして優先順位をつけるという難題を突きつけられているのです。ときには、変化にぴしゃりと叩かれてばかりいるように感じることもあるでしょう。

リーダーとしてのあなた方の仕事は、従業員のためにワッフルを作ることです。ワッフルには、きっちり整理されたマスが何列も並んでいます。その時々でその中の1つに焦点を合わせ、そこにシロップやバターを満たすことができます。他にもマスがあることはわかっていますが、準備が整うまでは、そちらに注意を払うことはありません。できることに焦点を合わせ、コントロールできないことは無視するよう、従業員に手を貸してください。雑音と混乱を取り除いて、その日にすべきことに焦点を合わせてもらうのです」

聴衆の中のイタリア人が立ち上がってこういったとき、手応えを感じました。「どんなに大変でも、スパゲッティではなくワッフルを作ります」

語り終えたとき、こんな声が上がった。「すばらしいストーリーだ！　なぜもっと早く語ってくれなかったんですか？」

ストーリーの要素は同じだ。ただ、テストをすることで、わたしはそれを優れたストーリーにする方法を学んでいた。聴衆にスパゲッティを巻き取ってもらい、ワッフルの匂いを感じてもらい、従業員のいらだちを実感してもらう必要があることに気づいたのだ。スパゲッティとワッフルのメタファーは、彼らをカオスの感覚と理路整然さへの切望につなげることに成功した。彼らの関心を引き留めておくために、ペースや間の取り方に変化をつけて語るコツもわかってきた。

あなたの頭の中にあるアイデアは、聴衆にシェアしても、期待通りに刺さってくれないことが多い。だから、ストーリーをテストする余裕を持つようにしよう。ストーリーの細部だけでなく、最大限のインパクトを与える語り方についても、フィードバックを基に洗練させていこう。

ストーリーが効果を発揮しなかったときの理由は、つねに共通している。プロセスに沿って進めなかったか、1つのステップを慌ただしく通過してしまったか。そんなときは、ストーリーを語りはじめた瞬間、道を誤ったことに気づく。ストーリーが効果を発揮しないのには、必ず何らかの理由があるのだ。

ぜひとも避けたい、もっとも重大なミスというものがある。聴衆に、あなたが意図的に操っていると感じさせることだ。あなたのストーリーを聴いた人たちが、操作の匂いを嗅ぎ取ったり、真実味がないと感じたりした瞬間、あなたは彼らを失うことになる。次章では、ストーリーテリングが操作的になるのはどんなときなのかについて探究していこう。

まとめ

ストーリーが道を誤るところは？

（巻末のチェックリストも参照のこと）

● ストーリーを語ることと、聴衆を引き込む優れたストーリーを語ることのあいだには、大きな隔たりがある。ストーリーを語るだけでは十分ではないのだ。聴衆とつながり、あなたが望む結果を達成できるかどうかは、ストーリーの語り方にかかっている。

● ストーリーテリングでありがちなミスは——

○ 聴衆が聴く必要のあるストーリーではなく、あなたが語りたいストーリーを語ってしまう。

○ ストーリー構造を緻密に計画しない——聴衆が話の筋を追いにくくなる。

○ ストーリーや聴衆とは関係のない細部を盛り込んでしまう。

○ ストーリーを展開、修正、練習するための時間を十分に取っていない。

○ どんな感情や五感ともつながることのできない、単調なストーリーを語る。

○ ストーリーに盛り込みたいことではなく、伏せておきたいことに焦点を合わせてしまう。

○ ストーリーをテストしない。

17 ストーリーが人を操るときは？

こんな質問をよく耳にする。「ストーリーを語ることで、人を操ることにはなりませんか？」邪な人によって作られたストーリーは、操作的になるか？　もちろん。データで人を操ることは可能か？　もちろん。ストーリーやデータは、どんな目的にでも合わせて作ることができる。とはいえ、あなたはストーリーやデータを用いてコミュニケーションを図るたびに、人を操っているわけではない。コミュニケーションを連続する1本の線にたとえれば、片方の端には情報の共有があって、反対側の端には操作がある。その中間点のどこかに、影響と説得が位置している。

コミュニケーションをとるとき、人にはそれぞれ望みの結果というものがある——社交的な場でストーリーを語っているときですら。聴き手に持ち帰ってもらいたいと思う収穫が、つねにあるのだ。つまり人は、情報やデータをシェアしたり、ストーリーを語ったりすることで、相手に何かを伝え、影響を与え、行動を促そうとするものなのである。

だからこそストーリーテリングのプロセスは、まず聴衆と望みの結果から手をつけるのだ。望みの結果を決めれば、意図を設定できるようになる。シェアする情報と、その情報と聴衆を結びつける方法が、そのメッセージが人に影響を与えるものなのか、はたまた人を操ろうとするものなのかを決定づける。

影響を与えることと、操ることとの違い

映画の予告編を見て、こう思ったことはないだろうか――この映画、ぜひ観たい。あるいは、5キロ走に向けてトレーニングをする友人が、専用のアプリをダウンロードしているのを見たことは？　食事する場所を見つけるために、レストランのレビューをチェックしたことは？　こうしたことはいずれも、影響を与えることの例となる――誰かがあなたの考えと意思決定に影響を与えたということ。影響されるというのは、他者からの情報に基づいて何らかの選択をすることだ。

会社員時代、新しい仕事をはじめたばかりのころ、イングリッドがわたしのデスクにつかつかとやって来た。彼女は中古車のセールスにありがちな的外れの熱意をもって、わたしのためにすばらしい機会がある、と大げさに語りはじめた。チームのためにリトリート研修を企画してみないか、というのだ。彼女の一世一代の演技を前に、わたしは静かにすわっていた。この仕事を受ければあなたはキャリアを築くことができるうえ、社内に顔を売ることができる、と彼女は話を大いに盛り、わたしの説得を試みた。

実をいえば、そのリトリート研修を企画したい人など皆無で、彼女は新顔になら押しつけられると考えていたのだ。わたしとしては、その責任を負うことに何ら問題はなかったのだが、彼女の腹に一物のある操作的なアプローチには、我慢ならなかった。彼女はわたしのキャリアや社内での知名度のことなど、気にもかけていなかった――自分はその仕事から手を引きたい、というだけのことなのだ。手の込んだ不誠実な話をこしらえた彼女は、ただちにわたしの〝絶対に信じてはいけない人リスト〟に加えられることになった。

影響は、選択肢を伴う。一方、操作は、情報、選択、認識、さらには権力すらコントロールしようとい

うもくろみを伴うことが多い。人に操られているときは、何かが隠蔽されていると考えていい。提示される情報は、狡猾に計算されたもの、もしくはねつ造されたものだ。そこに信憑性はない。人に影響を与えようというよりも、結果をコントロールしようという意図が見え隠れしている。人に操られていることを鋭く察知する人は多い。人を操ろうとする人の近くにいると、見せかけの魅力、偽情報の存在、心理的コントロール、不安につけ込もうとする空気、ときには身体的な不快感を覚えるものなのだ。

ストーリーテリングが終わって宣伝活動がはじまるのはどこ？

人の説得を試みるストーリーでは、目標に定めた結果への視点がシェアされる。一方、宣伝活動は、結果をコントロールしようと人を誤った方向に導いたり、情報を省いたり、あるいは操作したりするものだ。

文脈が大切

チャリティ活動では、個人のストーリーを語り、彼らの苦境に対する感情に訴えることが多い。そうしたストーリーには胸をつかまれるし、感情が引き込まれる。わたしは、アメリカ動物虐待防止協会（ＡＳＰＣＡ）のＣＭを見ていられない。バックに悲しげなバラードが流れるなか、目を感染症にやられて震える子猫や、檻に入れられた栄養失調の子犬は、とても見るに忍びない。そうしたＣＭは、感情と不快感に強く訴えかけながらも、その意図は明白だ——人々の意識を向上させ、動物虐待を防止して動物たちに温かな家庭を見つけるための資金を調達すること。

一方、人を操ろうとしているときは、情報、意図、もしくは文脈に透明性がない。ソーシャルメディアは、影響にも操作にもなりうるいい例だ。食事、旅、健康、あるいは書籍について、ソーシャルメディアの投稿を基に選択することはある。と同時に、念入りに構築されて編集された画像によって、操られることもある。そんな場所も人も実在しないのに、実際の場所や人物を見ている気にさせられるのだ。

共感を求めることと操作することは違う

巧みに語られたストーリーは、聴き手を共感させ、登場人物に感情移入させる。たとえあなたが外集団に分類されるとしても、彼らや、彼らが直面する状況に対して、理解を深めることができる。そんなふうに聴衆の感情を引き込むストーリーを語るのは、人を操ることとは違う。そもそも、目的は感情を引き込むことにある。人を操ろうとするときは、特定の結果につなげるために情報を意図的に加えたり、差し控えたりするものだ。

あなたが強く信じていることを、何か思い浮かべてみてほしい――たとえば、地球温暖化とか。それに反する意見を突きつけられれば、あなたは自然と懐疑的になり、その情報についてしきりに脳みそを絞ろうとするはずだ。**彼らは、しっかり考え抜いた意見を口にしているのだろうか？　彼らのこと、そしてその情報は、信じられるのだろうか？　隠された意図が何かあるのでは？**　そんなふうに考えて気持ちが高ぶれば高ぶるほど、心の抵抗が強まっていく。

ただ、異なる信念とデータに基づく意見を口にするからといって、その人が誰かを操ろうとしているとは限らない。情報の受け取り方には、信頼が大きな役割を演じている。思い出してほしい、オキシトシンが、誰かを信頼しろという静かなシグナルを送ってくることを。人は信頼できる人の近くにいる方が快適であり、彼らには往々にして心を開くものだ。しかし強引さや保身を感じ取ると、オキシトシンの生成が抑制されてしまう。聴衆は、煽られれば煽られるほど、語り手を信頼しなくなるのだ。

異なる視点を受け入れてもらえるようなストーリーを語るのに、これぞという処方箋が1つあるわけではない。トピックが熱を帯びれば帯びるほど、1つのストーリーですべての仕事をこなすのはむずかしくなる。共感、信頼、そして互いへの理解を築きあげるには、複数のストーリーと時間をかけた会話が必要になることもある。

ストーリーは、突破口と共通の理解、会話のきっかけ、そして視点を招き入れる場所を作りあげる。たとえ互いに意見が一致しない場合でも。肝心なのは、ストーリーの意図と望みの結果を明確に伝えることだ。聴衆は人を操ろうとするストーリーを敏感に察知することをお忘れなく。ひょっとしたら操られているのかもしれない、と聴衆が感じたら最後、信頼は失われてしまう。

ストーリーテラーとしてのあなたの責任は？

意図を持って導こう。 ストーリーを語るうえでのあなたの意図と視点を明確にする。センシティブなトピックや、多様な信念を伴うストーリーの場合は、とりわけそれを意識する。ストーリーの終わりには、あなたがそのストーリーを語る理由と、聴衆に何を知り、考え、行動し、感じてほしいと思っているのかが、明らかになっていなければならない。ストーリーは、他の人たちの視点を知るためのスタート地点となる。

データを伴うストーリーを語るときは、透明性を高め、データの範囲を説明しよう。予想される質問、反論、そしてさらに探究すべきことについて、きちんと取り組んでおく。ポジティブな絵だけを描くのではなく、むずかしい部分についても描写する。ストーリーを対話につなげよう。

仕事をともにしたある人事チームは、データのダッシュボードを四半期ごとに見直すことにしていた。まずはデータ内の個人のストーリーをいくつか語ることでデータに意味を持たせ、そのあと視野を広げて会社レベルの大規模データについて議論するのだ。彼らの意図は明確だ――思慮に富む議論をサポートするために、データの理解に基準を合わせる。もし数人分の個人ストーリーをシェアするに留め、より視野を広げた議論に発展させずにいたら、彼らのアプローチは操作的だと見なされたかもしれない。ストーリーと大規模データを議論と組み合わせることにより、彼らはニュアンスに富む充実した会話を交わすことができたのだ。それ以外の方法を取っていたら、そうはならなかっただろう。

感情を操ろうとしてはいけない。一度あるイベントで、人を泣かせるストーリーを作ってくれと頼まれたことがある。その依頼に泣きたくなったのは、わたしの方だ。人を泣かせるストーリーなんて、作れるだろうか？　もちろん、誰にでも作ることはできる。だからといって、作るべきだとは思わない。感情移入できるストーリーに反応して自然と涙がこみ上げてくるのと、意図的なストーリーで泣かされるのは、同じことではない。ストーリーテリングにおいて、感情移入が鍵となるのは当然のことだ。しかしそれは、あくまでも語り手の望みの結果を達成するためである。

聴衆をおとなとして扱い、誠実に接する。あらゆる場がストーリーを必要とするわけではない。方針、指示、あるいは意思決定を美化するためにストーリーテリングを使うのはやめよう。とりわけ、相手の特典もしくは利益に関することには使わないように。もし相手の意に反するようなことを依頼するときは、単刀直入にそう告げよう。彼らの利益になると思う理由を、あれこれ並べ立てたりしないように。そんなことをすれば、操作的で不誠実だと思われてしまう。よくても、怪訝な顔をされてしまう。もっとありがちなのは、信頼が損なわれることだ。

ストーリーは共通の理解を生む。アイデア、視点、選択、データのための文脈を提供してくれる。ストーリーをスタート地点として、情報の共通理解を生み出そう。そのあと、異なる視点をシェアするよう呼びかけるのだ。

ストーリーテリング・モデルは、聴衆からの信頼を高めるストーリーを作るためにある。あなたの意図を明確にし、あなたが望む結果の透明性を高めよう。そうすれば、自然と聴衆に信頼されるようになる。

ストーリーテリングには、数多くのステップが関わっている。ストーリーを見つけて巧みに仕上げることから、それを語る方法に至るまで。ストーリーで自身をさらけ出すことになるので、当然ながら、つい心許なさを覚えてしまう。次章では、そうした心のもろさをコントロールし、受け入れる方法について見ていこう。

まとめ

ストーリーが人を操るときは？

- 望みの結果を達成するためにストーリーを語ることと、相手を誤った方向に導くために手を加えた話をすることは、違う。
- 人への影響は選択肢を伴う。人の操作はコントロールを伴う。情報、選択、認識、そして権力が歪められることが多い。
●ストーリーでは文脈が大切。ストーリーの意図は透明性が高い。宣伝活動すなわち操作されたメッセージは、自分たちの話を支持させるためにその意図が歪められる。
●感情に訴え、共感を呼ぶストーリーは、その意図が明確である限り、人を操るものにはならない。
●人々をおとなとして扱うべき場で、見た目を美しく整えるためにストーリーを持ち出さないように。方針、指示、あるいは要望をストーリーで偽装させてはならない。

18 心のもろさとストーリーテリング

いざスピーチしようというときになって、ひとことも思い出せない、という夢を見たことはあるだろうか？　必死になって思い出そうにも、頭の中は何も描かれていないキャンバスのごとく真っ白なのだ。

わたしは実際、ＴＥＤのステージで頭が真っ白になったことがある。夢ではない。ところが、最悪の事態でありながらも、不思議なことに、思いがけずすばらしい体験になった。現在ＴＥＤ・ｃｏｍで公開されているトークに登壇する、数年ほど前のことだ。わたしは、ＴＥＤが企業のために開発中だったマスター・クラスというアプリのβテスト（アプリ開発最終段階で行われる実地試験）を行っているところだった。テスト参加者はニューヨーク市にあるＴＥＤ本社に招かれ、意見を述べることになっていた。

そのイベントの1週間前、わたしは3名いたβテスト参加者の1人として、聴衆を前にＴＥＤのステージで話をすべく選ばれたのだ。ＴＥＤトークのほとんどは、6か月以上前から練習が重ねられる。ところがそのときのわたしには、準備に1週間しか与えられなかった。だから、ありとあらゆる場所でトークの練習をした。車の中で、裏庭で、同僚の前で、ジムで、ニューヨーク公共図書館の中ですら。

トーク当日、登壇時間を待つあいだ、緊張が高まってきた。周囲では会話が弾んでいたが、わたしの頭にあったのは、ステージに上がることだけだった。恐怖を感じていたわけではない。基調講演なら定期的に行っていた。でも今回は、レベルが違う。何しろ、ＴＥＤのステージなのだ！　名前を呼ばれたあと、わたしは赤い丸で印がつけられた位置に立った。オープニングのストーリーに聴衆が笑い声を上げてくれたので、落ち着いて話に入ることができた。

それが起きたのは、トークが最後の4分の1に入ろうかというときだった。いきなり頭が真っ白になったのだ。パニックは起こさなかった。しかし2秒が5秒に、そして10秒になっても、いうべき言葉がまったく浮かんでこない。まさかこんなことになるとは。

TEDトークでは、スピーカーのためにモニターにこっそりスピーチ内容を表示するようなことはしていない。聴衆はこちらをひたと見つめ、わたしが話を再開するのを辛抱強く待っていた。わたしに思い出せたのは、頭が真っ白になったときの即興的な対処法だけだった。脳を刺激するために、誰かの目を見つめること。2列目に友人がすわっていた。彼女の目をのぞき込んでみるが……効果なし。次に右の方を向き、見知らぬ人の目をのぞき込んでみるが……効果なし。この時点で、30秒が過ぎていた。聴衆がわたしを心配して落ち着きを失いつつあるのが感じられた。

そのとき、頭が真っ白になったときの2番目の対処法を思い出した。床に倒れ込むのだ。わたしは足もとの赤いカーペットを見下ろし、ここで失神を装うべきだろうか、と考えた。と、客席から勇気づけの拍手が起きた。するとわたしの脳が目を覚まし、こう告げたのだ。「ダメ、まだ終わっていない!」わたしはようやく次の文章を思い出し、しっかりと最後まで話し続けることができた。

その日は朝から、ステージに上がるのを心待ちにしていた。ところがそのときは、ステージを下りるときが来るのをいまかと待ちわびていた! 台詞をど忘れしたために、トーク全体を台無しにした気分だった。肝心なのは聴衆のために1つのアイデアを打ち立てることだというのに、それができなかったのだから。

TED社のステファニーが近づいてきて、こう声をかけてくれた。「すばらしいトークだったわ」お世辞としか思えなかったので、わたしは天を仰いだ。彼女はさらに続けた。「ほんとうよ。みごとに立ち直ったじゃないの。他にもど忘れする人はいるけれど、あなたはおみごとだった」

1週間後、リンクトインの画面をスクロールしていると、当日のイベントに参加した人の投稿が目に入った。面識のない人だった。彼の投稿には、わたしのトークからの引用がふくまれていた。驚いた。あのトークを終えたとき、大失敗だったと確信していたのだから。ところが1週間後、赤の他人がわたしの言葉を引用していた。結局のところ、わたしは1つのアイデアを打ち立てることができたのだ。

2か月後、わたしはTED本社に戻って、そのときとはまた別のワークショップで意見を述べることになった。その場にわたしのトークを聴いていた人がいて、わたしの話から別の言葉を引用してきた。この数か月間、わたしのアイデアを利用していたのだという。

数時間後、TEDオフィスを見学してまわっている最中に、ガイドがいった。「ここでトークを編集しているんですよ」

「待って、トークって、よく編集されるんですか?」とわたしは尋ねた。

「ええ、もちろん。いつも編集しています」と彼女は答えた。「同じ箇所をくり返してしまう人がよくいますからね。いおうとしていたことをど忘れてしてしまう人も。なかにはいったんステージを下りて、どこまで話したかを確認したあと、再開する人もいます。わたしたちは人間ですから、たいしたことじゃありません。時間と流れを考慮して、動画を編集すればすむ話です」

そのときになって、トークのあとでステファニーにいわれたことの意味が飲み込めた――わたしは実際、他の人たちよりも立ち直りが早かったのだ。TEDのステージで頭が真っ白になる人は、しょっちゅういるらしい。わたしたちが目にするのは編集された動画なので、そのことを知らないだけ。

わたしはあのトークは失敗だったと自分にいい聞かせていたのだが、そんなことはなかったのだ。たしかに、ど忘れはした。それでも、聴衆は応援してくれた。彼らはあれを失敗とは見なさなかった。むしろ、あなたが誠実な人間だとわかった、と告げてくれたようなものだ。彼らはわたしに成功してほしいと思っていた。ど忘れしたせいで、打ち立てようとしていたアイデアが失なわれることはなかった。逆に、役立ったのだ。

ステージでど忘れしたことは、それだけの見返りがある教訓となった。聴衆が味方について、応援してくれているのがわかったのだから。心のもろさを露呈する場面は、何より大きな反応を得ることができる。成功は、完璧であることではない。誠実さを示す場面を通じて人とつながることこそが、成功なのだ。

2年後、パデュー大学に招かれてＴＥＤｘ（ＴＥＤから公式にライセンスを受けて世界各国で行われているイベント）トークを行ったときのアプローチは異なっていた。準備に数か月をかけることができたのだ。そのときのわたしの目標は、聴衆に向けたアイデアを打ち立てる過程を楽しむことだった。ど忘れしたり、まちがえたりしたってかまわない。それはもう経験ずみだし、結局、たいしたことにはならなかった！　そんなときは自身のもろさを受け入れ、誠実でいればいいと学んでいた。トークを終えたとき、わたしは数秒ほどステージ上に立ちつくした。数年前にステージで頭が真っ白になっていなかったら、こんな充足感を味わうことはできなかっただろう。

心のもろさをうまく切り抜ける

ストーリーテリングは、心のもろさを露呈するものだ。こればかりはどうにもならない。自身のコンフォートゾーンの外でコミュニケーションを図ることが多いのだから。スライドやデータを見ながら話すときより、より個人的なものに感じてしまう──まるで、他人の判断を仰ごうと自分自身をさらけ出しているかのように。自分もしくは自分がシェアしようとしているアイデアは聴衆に気に入ってもらえないかもしれない、と不安に思うのは、ごく自然なこと。脳が心拍数を上げ、コルチゾールとアドレナリンを放出することで、あなたはいまからリスキーなことをしようとしている、というシグナルを送りつけているのだ。そうなると、周囲のあらゆることにいちいち敏感に反応してしまうようになる。

スタンフォード大学の神経科学の教授アンドリュー・ヒューバーマン博士は、人が大きな恐怖を感じたときの身体的な反応と、興奮したときの身体的な反応を、同列に論じている。違いは、その文脈と、自身が感情に当てはめる意味だという。つまり不安に思うか興奮を覚えるかは、考え方1つにかかっているということだ。だから間近に迫ったトークやプレゼンテーションが気になりはじめたら、考え方を変えてみよう。自分は聴衆のために最高のアイデアとストーリーを作りあげる機会を得た、という興奮に切り替えてしまうのだ。

落胆させたところで、別に気にもならない人は誰？

エドとわたしは、彼がいままさにスピーチを披露することになる、大入り満員の会場に立っていた。エドは、とある英国企業の人材開発部長だ。彼とは数週間ほどともに作業し、この瞬間のために準備を重ねてきた。彼は襟、ベルト、髪をしきりにいじり回していた──不安が、全身からにじみ出ている。わたしがどんな気分かと尋ねると、彼はこう答えた。「みんなにわたしのストーリーやプレゼンが気に入ってもらえないんじゃないかと思うと、恐ろしくて」

「エド、もしわたしをご自宅でのディナーに招待してくれるとしたら、どんな料理を出してくれる？」とわたしは尋ねてみた。

「簡単だよ。ハンバーガーとマッシュポテトだ」と彼は答えた。

「オーケー。じゃあ、この部屋にいる人全員が、あなたのハンバーガーとマッシュポテトを気に入る確率は、どれくらいだと思う？」

「全員というのは、ありそうにないな」

「そうよね。なかにはベジタリアンもいるかもしれないし。しょっぱすぎると感じる人もいるでしょう。逆に、塩気が足りないと思う人もいるかもしれない。そうなったら、あなた、気分を害するかしら？」

「いや、人の好みはそれぞれだからね。別に気を悪くしたりはしないよ」

「でしょ！　その考え方を、いまの状況にも当てはめて。あなたの話を気に入ってくれる人に向けて、最高のトークを披露することだけに意識を集中すればいいの」

あなたはどんな人にも好かれるわけではないだろうし、それはストーリーにしても同じだ。あなたのことを好きではない人も、あなたのすることが気に入らない人も、すでにこの世には存在するはず。それでいい！　あなたはここまで、誠実に生きてきた。あなたの話を大いに気に入って、あなたから話を聴きたがっている人もいるのだ。好みと興味は人それぞれ。あなたがストーリーを全員にとって有意義で好感度の高いものにしようとしたら、結局、誰にとっても魅力的ではないものになってしまう。

人とやりとりをしたり、ストーリーを語ったりするとき、自分にこう問いかけることで解放感を得よう。

落胆させたところで、別に気にもならない人は誰？　あなたのストーリーは、あらゆる人のためのものではない。だからそれを気に入ってくれない人に焦点を合わせるのはやめよう。どうしたら共鳴してもらえるだろう、とあれこれ手を尽くすこともできるかもしれない。でもそんなのはエネルギーの無駄づかいだ。彼らが、あなたがターゲットとする聴衆でない場合は、なおさら。

ストーリーテリングのプロセスで、ストーリーそのものより聴衆を先に持ってくるのには、そうした理由もある。語りかける相手に焦点を合わせ、その人にとって魅力的なストーリーになるようにするのだ。ペルソナとあなたの望みの結果を定義すれば、あなたの聴衆がどんな人たちかがはっきりする。それに、あなたのメッセージの送り先ではない人たちの騒音を、シャットアウトできる。たとえ彼らも同じ聴衆に紛れていたとしても。

異端者に焦点を合わせない

ストーリーを準備しながら、聴衆の中にいる懐疑主義者や異端者につい焦点を合わせようとすることがあるかもしれない。そういう人たちの声は、えてしていちばん大きかったりするので、そうなるのも無理からぬことではある。でもあなたの目標は、聴衆の中の異端者やはみ出し者にストーリーを語ることではない。多数派に焦点を合わせよう。

異端者には、意見を変えてもらうための異なるストーリーとフォローアップの会話が必要となることが多い。その場合、より多くの聴衆がメッセージに好反応したところを見せたあとの方が、ずっとやりやすくなる。きっと彼らはこう思うはず。**自分には何か見えていないものがあったのか？　自分は違うふうに考えたのだけれど。**そして、会話への扉が開かれる。あなたの目標が懐疑主義者とコミュニケーションを図ることだけなら、別の機会を設けよう。

大失敗に終わるストーリー

ストーリーを語る努力をしたものの失敗に終わった、ということもいずれ経験するだろう。それは誰の身にも起きることであり、それもプロセスの一部なのだ。ストーリーテリングのプロセスに沿って進め、すばらしいストーリーを語ったとしても、やはり失敗することはある。そのときの聴衆が疲れていたり、お腹を空かせていたり、個人的な苦境に立たされていたりする場合もあるのだから。部屋が暑すぎるとか、寒すぎるとか。音響システムやマイクが壊れていたりとか。あなたにコントロールできるのは、どう準備するかであって、それぞれのストーリーが聴衆の頭にどう着地するかではない。

失敗に終わったときは心穏やかにはいられないものだが、そうした不愉快な気持ちになるのは、たいていあなただけだ。聴衆は、完璧さなど期待していない。あなたのストーリーに共鳴しないとき、聴衆はこう考えている。**わたしとは関係のない話だ**、とか、**あんまり好きな話じゃないな**、とか。そして、軽く受け流す。ここでの秘訣は、あなたも同じように受け流すことだ。

コメディアンがジョークを口にしても、受けないときはある。彼らはそれを認め、さっさと先に進む。ときには自虐ネタにしてしまうことすらある。とにかく、くよくよしたりはしない。午後7時のショーでは大受けしたジョークも、午後10時のショーでは受けないかもしれない。だからといって、そのジョークが失敗だということにはならない。その場面には合っていなかったというだけのことだ。あるいは、聴衆がお腹を空かせていたとか。気に入らないジョークが1つあったからといって、コメディを楽しむ気持ちが萎むことはない。受けなかったジョークは、忘れ去られるのみ。心に響いたジョークだけが、記憶に残る。ストーリーもそれと同じだ。

すべてのストーリーが、あなたが思い描いていたほどみごとに人の心に刺さるわけではない。1つのストーリーが失敗に終わったら、それを認め、先に進もう。どこが悪かったのかは、たいていわかるものだ。修正すべき点を学んだら、その経験にはこだわらないようにしよう。

もろさという名の日焼け

心のもろさには物理的な側面がある。日焼けのようなものだ。太陽の下で1日過ごしたら、そのあと数時間は肌が熱を発し、ひりひりする。動くたびに敏感な肌を服の生地がこするので、あなたはそのたびに身をすくめては、太陽の下で肌をさらしてしまったことを痛感する。

ストーリーを語るときのあなたは、全身からもろさを発しているようなものだ。頭の中でストーリーを再生しているときですら、思わず身をすくめてしまうかもしれない。自分という人間を前面に押し出すため、人目にさらされている気分になるからだ。あなたのストーリーが大成功を収めようが、悲惨な大失敗に終わろうが、その経験は変わらない。それが起きるのはたいてい、神経化学物質が通常レベルに戻るためにバランスを取ろうとしているときなのだ。

ストーリーを語るときのあなたは、全身からもろさを発している。

そうした場面では、自分で思うほどには人はあなたのことを考えていないものだ。ＴＥＤのステージではじめて頭が真っ白になったときのわたしは、「彼女はステージでど忘れした！」と書かれた顔写真つきのビルボード看板が掲げられているような気分になった。ところが2か月後、当日の参加者はわたしがど忘れしたことなど覚えてもいなかった。でも、わたしが打ち立てたアイデアは覚えていてくれた。

そんなときは、自分にいい聞かせる言葉に気をつけよう。頭の中で大げさな話を作りあげたりしないように。優れたストーリーテラーへの道のりには、効果を発揮しないストーリーを語る経験がつきものだ。大切なのは、効果を発揮するストーリーをどう見つけるかである。

心のもろさを受け入れる

人がもろさに好印象を抱くのは、それが誠実さの表れであり、自分にも身に覚えがあり、そしてわたしたちが人間だからである。もろさなくして、優れたストーリーは生まれない。それに、何かを暴露したりプライベートな情報を口にしたりせずとも、人はもろくなりうる。

聴衆は、あなたのもろさに反応してくれる。ストーリーを語ることに四苦八苦するリーダーと仕事をするたび、わたしは彼らのためにストーリーを語るちょっとした機会を見つけることにしている。というのも、好むと好まざるとに関わらず、いくら考えたところでもろさを克服することなどできないからだ。唯一の対策は、ストーリーを語ること。動機は行動することで生まれるものであり、行動のきっかけを待っていてもしかたがない。それまで苦しんでいたリーダーたちも、いったん聴衆の反応を経験すると、今度はみずから進んでストーリーを語るようになる。そして次の機会には、さらに積極的に心のもろさを受け入れようとする。

動機は行動することで生まれるものであり、行動のきっかけを待っていてもしかたがない。

周囲にストーリーを語る人がいないと、自分でもわざわざストーリーを語る気にはならないかもしれない。とりわけ、職場では。しかしそんなときはみずからロールモデルとなり、ストーリーテリングがコミュニケーション、理解、そして話し合いを異なる方向に導くものであることを示そう。ストーリーを効果的に語ってみせることで、社内のコミュニケーション文化を発展させるのだ。たとえ他の人たちが、人に一方的に話しかけたり、データを記載した55枚に及ぶスライドをシェアしたりすることが標準だと考えていようとも。ストーリーテリングの影響力について言葉で語るのではなく、示すのだ。

あなたの口から語られたことはない

わたしがストーリーテリング・ワークショップを開くときは、たいてい最初に同じ活動を持ってくる――「幸せを絵に描いてみてください。あなたにとっての幸せが何なのかはともかく、絵にしてみてください」。参加者はこのシンプルな指示を受け、さっそく描きはじめる。そしてお互いに描いた作品を見せ合うと、その多くが同じテーマを選んでいることがわかる。家族、休暇、趣味。ただし描き方は、それぞれユニークだ。この手法を用いるのは、かつて誰かによって語られたストーリーでも、あなたの口から語られたことはない、という点を強調するため。ストーリーテリングは個人的なものであり、あなた独自の視点で、あなただけにしか語れないものにすべきだ。人は、同じものとくり返し接したところで、そこからは何も学ばない――違いから学ぶのである。あなたのストーリーは、過去に語った人とは違う視点を提供することができる。

一度ストーリーを語ると、語る機会がさらに与えられる

ストーリーテリングのハードルは高く、ストーリーを語る機会があるとしても1回きりだ、と感じるかもしれない。でも、ストーリーを1回語って終わり、というパターンはまずない。一度ストーリーを語ると、聴衆のためにさらにストーリーを語らせてもらえるようになるものなのだ。それに1つのストーリーだけであなたの望む結果がすべて得られることなど、そうはない。聴衆には、また違ったストーリーが必要になるかもしれないのだ。

たとえば製品とサービスを販売する会社は、多種多様な聴衆が経験するさまざまな問題を描写するためのストーリーを、複数語る必要がある。多様なストーリーを通じて、苦境や困難、そしてそれを解決する方法に取り組むのだ。そうした具体的なストーリーが、「彼女が持っているものをわたしも持ちたい」という気持ちを、顧客の心に生むことになる。顧客に影響を与え、彼らに行動を促すにはストーリーを1つ語ればすむ、というパターンなどめったにない。特定のストーリーを特定の聴衆に用いてはじめて、あなたが望む結果につなげられるようになるのだ。

聴衆はあなたに声援を送っている

聴衆はあなたの成功を願っている。たとえそのストーリーが、あなたが期待していたレベルに達しなかったとしても、聴衆は背を向けたりはしない。彼らが望むのは誠実さと親近感であり、完璧さではないのだから。

ストーリーを語るときににじみ出る心のもろさは、ストーリーテラーだけのものではない。その一部は、聴衆のものでもあるのだ。彼らは、あなたのストーリーを通じて何かを感じたい、と心を開いている。彼

らにそれを感じさせられるかどうかは、あなたにかかっている。彼らのエネルギーを足場にしよう。ペルソナを利用して、聴衆の中の個々の人間に、直接語りかけるのだ。五感を引き込む。緊張を高めたり解いたりすることで、没入感を生む。聴衆の好奇心を活用する。アイデアで彼らを引っ張り込む。この押しと引きのエネルギーの完璧なバランスを作りあげれば、ストーリーの最後には、両者ともにそれまでとは違った場所に到達しているはずだ。

もっとも重要なのは、自分自身に語るストーリー

11歳のとき、わたしはバージニア州で家族休暇を過ごすことになり、途中、ウィリアムズバーグのブッシュガーデン遊園地に立ち寄った。そこには「ビッグ・バッド・ウルフ」という新しいジェットコースターがあった。シートがレール上の車両の中ではなく、レールの下に宙づりになっているタイプで、結果、シートの下で脚をブラブラさせることになる。それに乗る勇気をかき集めるのに、数分かかった。いまでも、ジェットコースターに乗るとなると、不安と興奮の狭間をうろつくはめになる。そのときは、わたしの体内計測器の針が完全に不安の目盛りに振れていた。わたしは指が白くなるほど、ハンドルを強く握りしめた。

ジェットコースターがガチャガチャと音を立てながら、ゆっくりと上昇していった。タイマーがカチカチと秒を刻むかのように。心臓が喉の奥で激しく脈打ちはじめた。最初の頂点に到達し、そこで停止しているほんの短い瞬間、こう思った。**わたしったら、何をしているの？** コースターがすっと前進したかと思うと、わたしは宙に浮いていた。恐怖と期待が笑い声に変わる。そのあと最後まで、わたしの体内計測器は興奮の目盛りに大きく振れたままだった。最後にがくんと急停止したとき、考えていたのはこれだけ

だ――**もう一度乗ろう。**

ストーリーを語るのは、ジェットコースターに乗る勇気をかき集めるのと少し似ている。不安を感じながらも、一方で期待がふくらんでくるのだ。語り終え、好反応を目にすると、またすぐにくり返してみたくなる。そこが最高のスタート地点となる。心のもろさは、ストーリーを語らない理由にはならない――むしろ、ストーリーを語る理由になる。聴衆の共感と信頼感とともに変化するエネルギーを感じよう。それがどれほど楽しいものか、肌で感じてほしい。

聴衆があなたと共有する中でもっとも貴重なものは、彼らの注目だ。彼らにただ情報を投げつけるだけで、それを無駄にしてはならない。ストーリーを通じて、情報、影響、あるいはインスピレーションを与えることで、彼らの注目を尊重しよう。心のもろさを受け入れよう。精一杯、自分らしくいるのだ。そうすれば聴衆は、あなたのストーリーにポジティブに反応するだけでなく、もっと語ってほしいといってくれるはずだ。

ストーリーを語るとき、わたしもいまだに心許なさを感じてしまう。あなたもきっとそうなる。だからそれを避けるのではなく、これはもっと積極的に取り組めというシグナルだと考えよう。ストーリーを語ることに対する反応と経験は、必ずそれだけの価値がある。怖くなったり、不安になったり、心許なさを覚えたり、あるいはドキドキしたりしても、ストーリーを語ろう。あなたの個人的な計測器が、いっきに興奮の目盛りに振れることを信じるのだ。あなたのストーリーを聴く必要のある人がいることを忘れないでほしい。

あなたが語る中でいちばん重要なのは、あなた自身に語るストーリーだ。心許ないからストーリーを語るのはやめておこう、とはじめてもいないのに自分にいい聞かせてはならない。そのストーリーは、まだあなたの口から語られてはいない――ジェットコースターのように激しく揺れ動く世の中において、あなたにはユニークで興味深い視点があるのだから、ぜひそれを共有すべきである。

まとめ

心のもろさとストーリーテリング

(巻末のチェックリストも参照のこと)

- ストーリーを準備するときは、こう自問しよう。**落胆させてもかまわない人は誰?** あなたのストーリーはあらゆる人のためのものではない。誰のためのストーリーか、そして、誰とはつながらなくてもかまわないのかをしっかり決めることで、心を解放しよう。
- ストーリーが失敗に終わるときは必ず来る。もしそうならなければ、まだ十分にストーリーを語っていないということだ。ストーリーが失敗に終わったときは、それを認めてそこから学び、前に進もう。
- 心のもろさは、日焼けにも似た物理的側面を持つ。ストーリーを語ったあと、神経化学物質のレベルが安定状態に戻るときの違いに注目する。それを意識し、あらかじめ心構えをしておく。その間、自分に対して語る言葉に注意すること。
- あなたと同じくらい、あなたのことを考えている人はいない。
- 以前も語られたことのあるストーリーでも、あなたの口から語られたわけではない。聴衆は、あなたの視点で語られるストーリーを聴きたがっている。

● 聴衆はあなたを応援している。あなたにすばらしいストーリーを語ってもらい、それに感動したいと思っている。
● 体を動かす。とりわけ前方向の動きは、ドーパミンの放出を促すことになる。エネルギーをかき回すためにも、そうした動きをストーリーに取り入れよう。
● いくら考えたところで、心のもろさを克服することはできないし、動機が行動を生むことはない。行動が、ストーリーを語る動機を生むのだ。
● あなたが語るもっとも重要なストーリーは、あなた自身に語りかけるストーリーだ。

PART

5

収穫——アイデアを着地させる

The Takeaway
Landing The Idea

数年前、わたしはサンフランシスコ郊外のビーチで午後を過ごしていた。それはどんよりとした日で、サングラスよりも上着が必要なくらいだった。そのためか、わたしはビーチを独り占めしていた。大きな流木に腰を下ろし、砂に当たる波の音に耳を傾けた。まるで、シンバルの満足げな音のようだ。上着をはためかせるほどの風を受けながら、水平線を見わたした。灰色の空が、白波を立てて渦を巻く暗い海面と接している。その日の太平洋は、荒くれた海という、評判通りの姿を見せていた。

ふと、黒いウェットスーツに身を包んだサーファーが、波を目指して沖に向かう姿に気づいた。彼はボードを岸に向け、すぐに波を捉えようとした。サーフボードに立ったことなど一度もないわたしでも、彼の動きのすべてがまちがっていることはわかった。パドリングのタイミングが遅すぎる。ボードの上に立ったときも、バランスを取ろうとあたふたするばかりだ。結局、彼は波を捉えきれずにくるりと体を右に向け、頭から海に落下した。

彼はボードに戻ると、うつ伏せになり、再びパドリングを開始して波を目指した。そのあと3回くり返しても、結果は同じだった。タイミングが悪くて、完璧な波を捉えることができないのだ。

そのサーファーと口をきいたわけではないけれど、失敗をくり返すごとに、彼の心の声が聞こえてくるようだった。

漕げ、漕げ、漕げ！

いまだ、立て！

肩を落とせ。

腰を落として、右を向く！

わたしは、何度も波が押しよせるなか、必死に立とうとする彼の姿をながめていた。何度挑戦しても、結果は同じだった――サーファーは頭から海に落下、サーフボードが宙でらせんを描き、海水がじょうご状のしぶきを上げ、やがて彼の上に降り注ぐのだ。

7回挑戦したあと、彼は波を捉えるのをやめて、ワンステップごとの動きの練習を開始した。まずは、パドリングで波を捉えるタイミング。次は、タイミングよくボードに立つ練習。そして、バランスの習得。教わってきたことを頭の中のチェックリストに沿って練習しているのが、見ていてわかった。あらゆる動きに、必死に取り組んでいる。練習をくり返すうちに上達してはいったが、それでもまだ波を捉えることはできなかった。

1時間後、彼はボードの上に腰を下ろし、ボードの両脇から両脚を冷たい大理石のような海水に下ろした。疲れた肩を落として背中を丸め、荒い息づかいをしている。サーフボード上で、ぐったりとうなだれて見える。波のうねりを受けてボードが上下するなか、彼は鼻をつまみ、顔から海水を払った。今日はもうこれくらいにしておこうか、と自問する心の声が聞こえてくる。でも心の声は、こう告げたようだ。**もう一度だけ、チャンスを。**

今度は、何もかもが違っていた。彼はすべてのステップを習得したかのように、よどみなく動いた。体からこわばりと緊張が抜けていた。タイミングよくパドリングを開始する。立ち上がるタイミングも完璧だ。彼の動きから、ボードの操作から、力が抜けていた。今度は右を向くことなく、巧みに左を向いた。完璧な波を捉え、それに乗って水際まで戻ってくる。ボードが砂に当たると、彼はそれを抱え上げ、顔に大きな笑みを浮かべて車に運んでいった。

彼は、各ステップを自分なりに応用する方法を見つけたのだ。ボードに抗うのではなく、ボードとともに動く。学んだことを総動員し、本能に身を委ねる。完璧な波に無理に乗ろうとするのではなく、あらゆる要素を総動員して波を捉えたのだ。

そのサーファーが完璧な波を探していたのと同じように、あなたも、語るたびに完璧なストーリーを探しているのだ。どんなストーリーであれ、聴衆を収穫とつなげて、アイデアを着地させる。それこそが、ストーリーを完璧にすること——聴衆に情報、影響、あるいはインスピレーションを与えて、彼らを望みの結果へと導くことだ。

ストーリーテリング・モデルは、それぞれの聴衆に向けた完璧なストーリーを見つけて語るためのステップをたどるようにできている。脳の5つの初期設定が、聴衆の没入感に手を貸してくれる。聴衆に、あなたのストーリーの中のウォルトとマリアになってもらおう。そうすれば、聴衆はあなたが感じてほしいと願う感情と結びつくことができる。ストーリーテリングはサーフィン同様、複合的なスキルだ。回数を重ねれば重ねるほど、上達する。そのプロセスとステップを習得した暁には、完璧なストーリーを語るための、あなたなりの確固たるスタイルが見つかっているだろう。

あなたも、学べば優れたストーリーテラーになれる。ストーリーテリング・モデルと脳の5つの初期設定のステップにしたがい、それぞれの聴衆に向けて各ピースをまとめあげよう。人が他者に与えることができるもっとも貴重なものは、注目だ。優れたストーリーは、聴衆に情報、影響、あるいはインスピレーションを与えるアイデアを慎重に組み立てることで、その注目を尊重する。

ストーリーを語るのに、完璧なアイデア、状況、あるいは招待の機会を待つ必要はない。必要なのは、試しにやってみることだけだ。ストーリーはつながりを生み、扉を開き、人々を変えることができる。どこかにいる誰かが、あなたのストーリーを必要としている。いまは、あなたがまだ彼らに語っていないというだけのこと。

完璧なストーリーが生まれるのを待つのはやめよう。あなたがすでに持っているストーリーを引っ張り出し、それを完璧なものにするのだ。

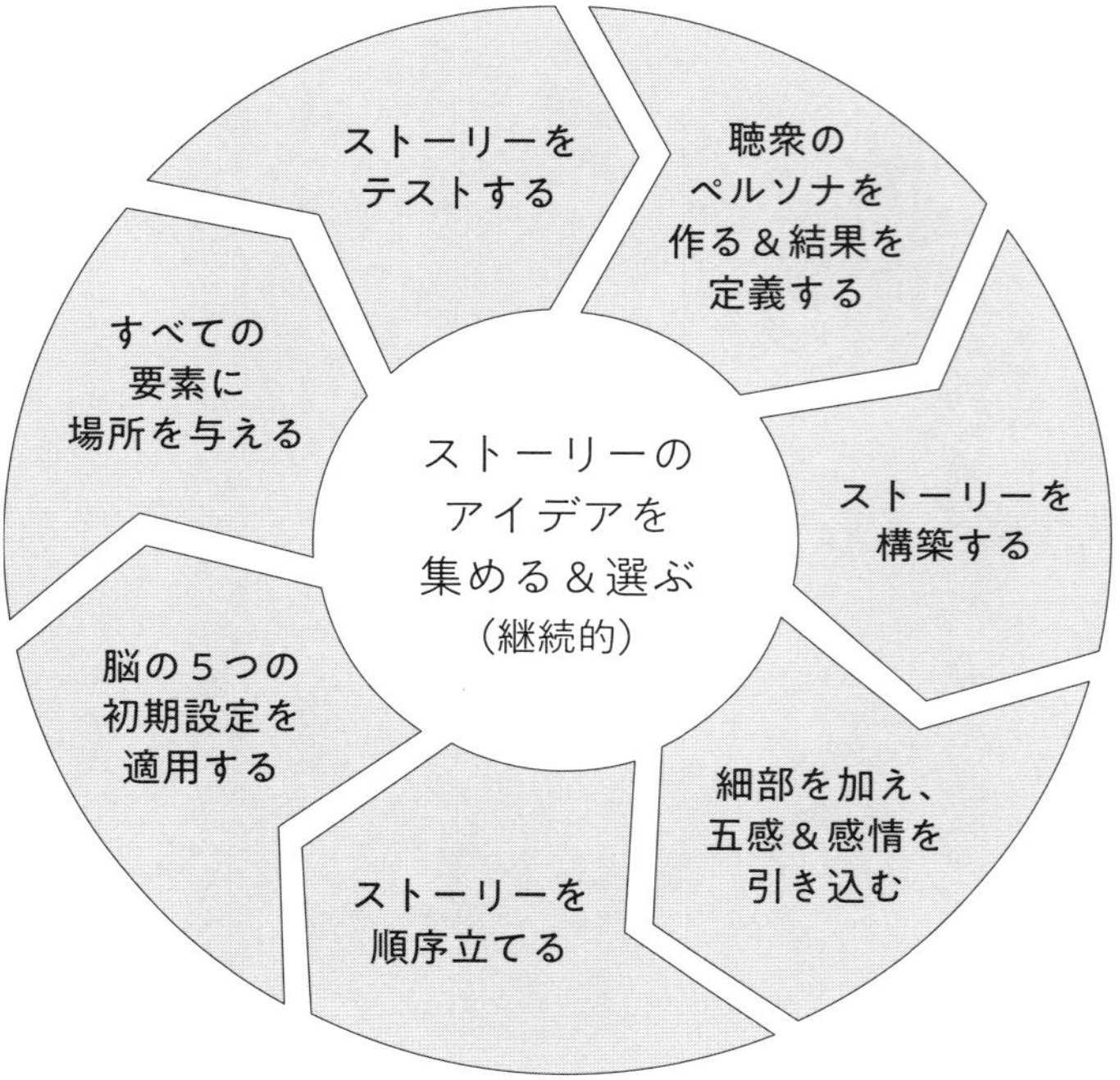
ストーリーの
アイデアを
集める＆選ぶ
（継続的）
聴衆の
ペルソナを
作る＆結果を
定義する
ストーリーを
構築する
細部を加え、
五感＆感情を
引き込む
ストーリーを
順序立てる
脳の5つの
初期設定を
適用する
すべての
要素に
場所を与える
ストーリーを
テストする

ストーリーテリングのアプローチを決めるチェックリスト

● ストーリーのための最高のアイデアを見つける方法

- □ 自分への質問を何か1つ考えたら、散歩に出かける。
- □ 誰かにインタビューする。
- □ 人と会話する機会を探す。
- □ 顧客からの感謝の言葉、もしくはフィードバックを深掘りする。
- □ 顧客や依頼人から頻繁に問われる内容を見直す。
- □ 写真を見る（携帯電話に保存されたもの、ネット検索したもの、ウェブサイトの写真素材）。
- □ ネット検索する。
- □ いろいろ体験しに出かけてみる（美術館、映画、舞台鑑賞）。
- □ 雑誌記事、書籍、ポッドキャストを参考にする。
- □「女神」とおしゃべりする。
- □ その他

■ ストーリーのアイデアを保存しておく場所は？

- □ ノート
- □ オンライン・ツールやアプリ

□スプレッドシート
□付箋
□その他

■ストーリーを構築したら――
□それについて誰かと話し合う?
□アウトラインから手をつける?
□それをすべて書き出す?
□要点を箇条書きにする?
□声に出して録音する?
□ストーリーを支えるために視覚的な補助資料を用いる?

ストーリーテリングへの取っかかりチェックリスト

●個人的な経験から探す
□人生における決定的な出来事は?
□そのときは愉快に思えなくとも、いまとなれば笑い飛ばせる状況は?
□可能だとしたら、過去のどんな行動を変えたいと思う?

- □休暇中の冒険から学んだことは？
- □子どものころに飼っていたペットは？
- □あなたの隠れた才能は？
- □いちばん好きだった先生は？
- □はじめて行ったコンサートは？　はじめての車は？　はじめてのデートは？
- □車を壊してしまったことは？　そこから学んだことは？
- □自宅が火事になったら、何を持ち出す？
- □いままで受けた中で、最高のアドバイスは？
- □あなたが習得したスキルもしくは才能は？
- □あなたの家にはどんな伝統があった？
- □捨てるべきなのに捨てられずにいるものは？
- □友人もしくは家族に次の質問をしてみよう。
  - ●わたしのいちばん好きなところは？
  - ●わたしはどんな子どもだった？
  - ●わたしはどんな仕事に就くと思っていた？

■仕事上の経験から探す

- □はじめての仕事は？
- □教訓を学んだミスや失敗は？

☐これまで経験した中で、手こずらされたチーム、もしくはプロジェクトは？

☐何かを失うかもしれないと恐ろしくなったのは、どんな変化があったとき？　逆に何かを手に入れられるかもしれないと感じたときは？

☐これまでに出会った最高のリーダー、もしくは最低のリーダーは？

☐**これがあるから、この仕事にやりがいを感じる！**と思う場面は？

☐自分のしていることが理解できないと思ったことは？

☐何かをやり直したいと思ったことは？

☐若いころの自分に会えたら、何を話す？

☐あなたがいちばん誇れることは？

☐いままで受けた中で、最高のアドバイスは？

■顧客、依頼人、ステークホルダー

☐顧客が直面している問題は？　彼らはどんな不満を口にしているか？

☐顧客が将来的に目指しているもの、やりたがっていること、手に入れたがっているものは？

☐顧客のためにあなたが解決した難問は？

☐顧客は、あなたの製品もしくは解決法のどこが気に入っているのか？　その理由は？

☐顧客はあなたのことを、どう思っているのか？

☐オンラインで検索したら、顧客のどんな課題が見つかるだろう？（サーチエンジン、写真素材サイト、ソーシャルメディア）

□あなたの製品もしくは解決法が進化したことで、何を学んだのか？
□あなたの顧客が知るべき7つの原則、もしくはアイデアは？
□あなたが特定の製品あるいはサービスを売り出した理由は？

■「女神」を見つける

□あなたの理想的な顧客となるための条件は？
□彼らが取り組みに苦労する課題は？
□あなたは彼らをどう支援してきた？　その過程において、彼らが気づいたことは？
□彼らが成功した分野は？
□彼らにとって簡単なことは？
□成長のために彼らが目を向けている場所は？
□彼らが強く抱く願望は？

■世の中で注意を引かれたもの

□感動した映画や芸術作品で、お気に入りのものは？　その理由は？
□いつまでも聴いていられる音楽は？（アーティストでも、曲でも、ジャンルでも）
□1日中しゃべっていられる話題は？
□訪れるのが大好きな屋外の場所は？
□気になる製品や会社の起源を聞いたことは？

□お気に入りの美術館は？
□印象に残った記事やポッドキャストは？　その理由は？
□お気に入りの街や場所は？　その理由は？
□お気に入りの本は？
□忘れられないスピーチ、もしくはスピーカーの話を聴いたことは？

■時間の経過も大きなヒント

□あなたの職場には、長年にわたってさまざまな会合やイベントで使われてきた会議室や建物はある？
□数々の経験をともにしてきたぬいぐるみ、毛布、幸運のお守り、服はある？
□一族のあいだで受け継がれてきたものは？
□日常生活の中で、時間の経過とともに進化してきたものは？（たとえばダイヤル式の電話からコードレス電話、そして携帯電話への進化など）
□聴衆がこれまでの人生で目撃してきた、さまざまな世界的出来事は？
□さまざまな経験を物語るようなものは？　たとえばわたしのハイキングブーツは25年もので、さまざまなハイキング先や訪問した国、そして人生の出来事について、多くのストーリーを語ってくれる。

■弔辞

□あなたは故人のどんなところを称賛している？
□故人が、「いかにもその人らしい」ことをしたのはいつ？
□故人のどんなところが好き？
□故人のいちばん愉快なエピソードは？
□故人と一緒に1日やり直せるとしたら、どんな日になると思う？
□故人の知られざるストーリーは？
□故人がこだわっていたことは？――たとえば料理を皿に盛り合わせるとき、料理同士が触れ合わないようにするなど。
□故人と知り合ったきっかけは？
□あなたが故人と共有した祝日、休暇、経験は？
□故人の愉快な奇癖は？　たとえば、写真を撮ると必ずフレームに指が入り込んでいるなど。

■結婚式の乾杯の挨拶

□新郎新婦と知り合ったのはいつ？
□新郎新婦のどちらか片方との、あるいは両方との、最初の思い出は？
□2人が一緒になる運命にあることをあなたが知ったのはいつ？
□カップルとしての、いかにも彼らしいエピソードは？
□招待客の大半が知りそうにない、彼らの婚約の裏話は？

□2人がカップルとして成長する姿は、あなたの目にはどう映っていた？
□新郎新婦からあなたが学んだことは？
□乾杯に際して、「愛」とか「幸せ」といった、特定のテーマはある？ もしあるなら、そのテーマを象徴するような2人のストーリーは？

就職面接

●面接の準備

□面接官について、あなたが知っていることは？
□面接官には、あなたの何を知ってもらいたいのか？
□その役割に自分が適していると思う理由は？（内集団）
□その役割もしくは組織に、あなただからこそ貢献できるものは？（外集団）
□面接官は、あなたをどんな人間だと仮定しているのだろう？

■「……のときの話をしてください」タイプの質問例

□同僚もしくはチーム内で対立が起きたときのことを教えてください。
□ミスを犯したときのことを教えてください。
□あなたがリーダーとして手腕を発揮したときの例を1つ教えてください。
□顧客との合意を修正せざるをえなくなった事例を1つ教えてください。
□自分1人で考える必要に迫られたことはありますか？

- [ ] あなたが解決した問題を1つ教えてください。
- [ ] 苦境に陥ったとき、どう対処してきましたか？

就職面接で使えるストーリーの4構造

■ **苦境もしくは葛藤**――あなたが取り組んだ問題、もしくは葛藤は？　何が課題だった？　なぜそれが厄介もしくは難解だったのか？　何も手を打たなかったら、どうなっていた？

■ **結果**――あなたが取った行動は？

■ **結末**――あなたの取った行動の結末は？

■ **学び**――あなたがそこから学んだことは？

ストーリーテリングのチェックリスト

■ **聴衆のペルソナを決める**

- [ ] 彼らがあなたの聴衆になるべく集まった理由は？
- [ ] 彼らの共通点は？
- [ ] 平均年齢は？
- [ ] 学歴は？
- [ ] 役割もしくは専門は？

- □暮らす地域は？
- □趣味は？
- □典型的な1日は？

■ **ストーリーを語る機会に**

- □そのストーリーを聴いた聴衆に、新たに何を知り、考え、行い、感じてもらいたいのか？
- □聴衆とともに探究しようとするアイデアや疑問は？
- □聴衆に経験してもらいたいのは、落ち着かない気分？　あこがれ？　それともよろこび？
- □そのストーリーで落胆させてもかまわないと思う、あなたのターゲット外の聴衆は？

■ **そのストーリーを語るうえでの目標は？**

- □楽しませる。
- □情報を提供する、もしくは教育する。
- □考えに挑む、もしくは考えを広げる。
- □影響やインスピレーションや動機を与える。

■ **語るべきストーリーのアイデアを選ぶ**

- □聴衆に、新たに知り、考え、行い、感じてもらえるようなアイデアはどれか？
- □そのアイデアは落ち着きを失わせるようなものか？（見ずにはいられないものに目を向けさせる）、

もしくはよろこびやあこがれを抱かせるものか（目指したい、行いたい、所有したいもの）

□そのアイデアは、聴衆に所属意識を感じさせるのか、もしくは立場の違いを感じさせるのか？

□２つのアイデアを組み合わせることはできるか？　あるいは１つのアイデアを未来と比較することができるか？

□そのアイデアを異なる視点から語ると、何か変わるだろうか？

□あなたが語りたくてうずうずするようなアイデアはあるだろうか？

■**ストーリーの４構造——それぞれの項目につき、文章を１つ書き出す**

□**文脈は？**　何が起きていて、それに聴衆が関心を抱く理由は？

□**葛藤は？**　何かが起きているのはどんな場面？　ストーリーの燃料となるのは？

□**結果は？**　行動の結果は？

□**収穫は？**　全体的なテーマとメッセージは？

■**親近感を覚える登場人物にする**

□主要な登場人物の名前は？

□聴衆に彼らの年齢や身体的特徴を知らせる重要性は？

□登場人物の性格について、聴衆に知らせるべきものは？

□その登場人物がストーリーにふくまれている理由は？

□登場人物が直面する葛藤は？　それは、環境や行動や願望に起因する彼ら自身の葛藤？　それとも他者との葛藤？
□ストーリーを通じて、その葛藤はどう解消されるのか？
□登場人物のストーリーを通じた感情は？　葛藤を通じて、その感情は変化する？
□ストーリーの中で、登場人物はどう進化する？　彼らは最後にはどう変わっている？

■細部と五感

□ストーリーの時間と舞台の設定は？
□聴衆がすでに知っていることと細部を、どう結びつけられる？
□取り入れることのできるメタファーや比較対象はある？
□少なくとも3つふくまれるべき細部は、どんなものか？　たとえば単なるアイスではなく、チョコレートチップアイスを食べる、にするなど。
□ストーリー内の出来事を見せ、聴かせ、感じさせ、味わわせ、その匂いを感じさせることの中から、少なくとも2つの感覚を引き込む。
□登場人物が感じていることを表現する。

■そのストーリーに最適の流れは？

□**直線的**――はじまり、中間、終わりの順序で語るストーリー。
□**フラッシュバック**――直線的ストーリーを一時中断し、時間をさかのぼって文脈を設定するフラッシュバックを共有してから、再び先に進む。

□**循環型**――始点が終点でもある。（そこに〝葛藤〟がくることが多い）
□**終わりからスタート**――終点からはじまったあと、文脈と葛藤が明らかになる。
□**パラレル・ストーリー**――人、プロット・ポイント、もしくはテーマが共通する複数のストーリー。
□**視点を変える**――さまざまな登場人物の視点で語るストーリー。
□**比較、対比させ、「もし～だったら……」**――ビジョンもしくは戦略のセッション。
□あなたのストーリーを語るのに最適な視点は？
□聴衆を惹きつけるストーリーのはじめ方は？
●質問からはじめる。
●ストーリーのテーマからはじめる。
●いきなり葛藤に入る。
●意外性を用いる。
●好奇心に訴える。

■脳の５つの初期決定を活用する

□**緊張を高めて解放する**――意外なフレーズ、詳細、出来事、流れを用いることで、脳が怠けたり、仮定したりするのを最小限に留める。
□**五感**――少なくとも2つの感覚を引き込む。
□**細部**――具体的な細部を少なくとも3つふくめる。
□**感情**――登場人物の感情を表現する。

☐ **ファイルのライブラリ**――細部と出来事を、聴衆がすでに知っていることと結びつける。

☐ **感情移入できる登場人物**――たとえ同意できなくとも、登場人物の行動を理解することができるか？　彼らはどんな変化を経験しているのか？

☐ **よろこび／苦痛**――あなたのストーリーは、意図して聴衆に不快感、もしくはインスピレーションを与えるものか？

☐ **内集団／外集団**――あなたのストーリーは、何かの集団もしくはアイデアに対して、所属意識を覚えさせるものか――あるいは逆に立場の違いを感じさせるものか？

☐ **簡潔な言葉**――簡にして要を得た収穫にできるか？

■すべての要素に場所を与え、ストーリーをテストする

☐ それはストーリーを前進させる？

☐ それは五感を引き込む？

☐ それを削除したら、何かが失われる？

☐ それが混乱を生むことはないか？

☐ 明確化する必要のある箇所は？

☐ 加える、もしくは削除すべきものは？

☐ ありふれたいいまわしや細部を、もっと具体的な言葉や細部に置き替えられないか？

☐ ストーリーのエネルギーが高まる箇所は？

☐ エネルギーがぐっと下がる箇所は？

□ストーリーを語る順序を変えたら、エネルギーの流れに影響するだろうか？

■ストーリーを語る準備

□冒頭の文章は？
□転換点の文章は？
□締めくくりの文章は？
□冒頭の文章で使えるジェスチャーは？
□感情の喚起に使えるジェスチャーは？
□リズムや抑揚を高めたり抑えたりする箇所は？
□アイデアを頭に浸透させるために、キーポイントとなる箇所のどこに間を入れる？
□その他、ストーリー内のどこで間を利用する？
□どの箇所でエネルギーが高まってほしい？
□ほんの一瞬、エネルギーを下げる予定の箇所は？
□心構え

●聴衆のためにアイデアを打ち立てることに焦点を合わせる。
●人に何かを見せびらかそうとする子どもの興奮に合わせる。
●自分にこういい聞かせる。「会話する」

データを伴うストーリーテリングのチェックリスト

●データを伴うストーリー

□考え方を変化させ、探究に心を開かせ、より深い理解につなげる。

□新たな聴衆やステークホルダーと、過去について、現状について、そして未来の焦点について、共通の理解を得る。

□重要な意思決定や節目が近づいたとき。

□データから得られる洞察を伝える（トレンド、外れ値、意外な結果、将来の予測）。

□データのスケールを示す。

■あなたが解決しようとする問題は？

□（データを集める前に把握しておくのが理想的）あなたがデータを基に取り組み、探究し、意思を決定しようとしている問題は？　質問に答えることでまとめよう。

■どんな意思決定が必要とされるのか？

□一度限りの意思決定——**何が起きている？**

□トレンドの継続的なモニタリングと、外れ値の割り出し——**なぜこういうことが起きているのか？**

□先を見越した予測的な戦略、あるいは情報に基づく戦略——**将来、何が起きるだろう？　次にわ**

れわれが考えるべきことは？

■聴衆を定義する

□プロブレム・ステートメントの現時点での理解は？
□データを基に、聴衆に知り、考え、感じ、行ってもらいたいものが1つあるとしたら、それは何？
□障害となりうるものは？

■データに関するあなたの提案は？

□データを分析してあなたが学んだことは？
□データが提供する洞察は？
□データの中で知る必要のあることは？
□データの中で驚くようなこと、意外なことは？
□あなたの提案は？
□あなたが伝えているのは、意思決定、それとも議論？
□あなたのプロブレム・ステートメントと異なる場合、議論や意思決定に向けて具体的な質問事項を決める。

■最小単位のデータを明らかにする

□あなたのプロブレム・ステートメントと提案を伝えるに当たり、聴衆にシェアできる最小単位のデータは？

□そのデータの中で――

●聴衆が直面する問題は？

●聴衆が経験するマイナス点は？

●何か対策が取られた場合、もしくは取られなかった場合は？

■データのためのストーリーを見つける

□**データに関するストーリーを語る**――最小単位のデータのストーリーを語る（人、チーム、プロジェクト等）。

□**パラレル・ストーリーを語る**――聴衆に新たに知り、考え、行い、感じてもらいたい収穫に合ったアイデアは？　全体的なテーマと、あなたが聴衆に望む結果とつなげることのできるストーリーは？

■データ・ストーリーを組み立てる

□**文脈は？**――解決のためにあなたが設定したプロブレム・ステートメントは？

□**葛藤は？**――データから見えてくるものは？　意外なもの、驚くようなものは？

□**結果は？**――影響は？　データがそのプロブレム・ステートメントにどのような情報を提供する？

□**収穫は？**――提案は？　何も手を打たなかったら、どうなる？

■データの視覚化

□スライド1枚もしくは1ページごとに、1つの考えを表示する。
□ストーリーを語るに当たり、表やグラフに頼らないこと。そこからアイデアを引き出すのだ。解説画像を利用する。
□見出しを用いて、ストーリーと洞察を導く。補助的な内容は、参照できるよう添付資料にする。

謝辞

ストーリーテリングとTEDトークのファンの皆さん、ありがとう。これは、広める価値のあるアイデアを手にしているとき、どんなことが起きうるのかを解説した本です。いま現在の、そして未来のストーリーテラーの皆さん、あなた方がご自身のストーリーを発見し、それを完璧なものにするのを楽しみにしています。

この本を実現に導いてくれたマット・バーガーとアンドレア・フレック＝ニズビットに感謝を捧げます。編集作業に当たってくれたエイミー・カー、ストーリーテリングを身近なものにするためのビジョンを洗練させてくれたオースティン・ロスにも。早い段階からアイデアと熱意を差し出してくれたジェフ・クレインマン、ありがとう。本書の価値をすぐに察知して応援してくれたうえに、いつもわたしを元気にしてくれるロジャー・フリートにも、心からの感謝を捧げます。

本書が読者の手に届くまでに、大勢の人たちがそれぞれの役割を担ってくれました。パデュー大学におけるTEDxへの招待から、本書の企画案のサポート、ストーリー情報、インタビューの手配、原稿の下読みに至るまでの各段階で。次の方々に感謝の言葉を贈ります。ロティ・バログン、ウォルト・ベッティンガー、モーラグ・ドイグ、リンジー・エバーツ、サマンサ・ハートレー、ナンシー・ハント、ケリー・ラフニッツェガー、キャシー・レオナード、アルベルト・ロペス・デ・ビニャスプレ、リチャード・マクラガン、ケイラ・ナルベン、ケイティ・リン・シアーズ、メーガン・プリンス、パデュー大学TEDxチーム、マリア・ロジャーズ、ローラ・グレース・シアーズ、ペトラ・シュルツ、ジェフ・テッツ、クリスティン・ビージー、そしてエリン・ウィリス。書くことに対するわたしの愛を育んでくれたエレン・シンガーにも、感謝を。

ストーリーの種を与えてくれた顧客の皆さんそれぞれにも、深く感謝しています。そして数々の疑問や議論で、本書で取り上げた数多くのポイントをひらめかせてくれたニューズレター「ブレイン・フード」のコミュニティにも感謝しています。

1冊の本が生まれる遥か前から、親切にもストーリーテリングに関する話を聞かせてくれた皆さんにも、深くお礼を申し上げます――クリス・ブローガン、ヘザー・デビッドソン、ローラ・エリオット、ジョシュ・フレミング、チェルシー・ハーダウェイ、レベッカ・ケーゲル、キャシー・クロッツ＝ゲスト、ショーン・マレー、キャスリーン・オコナー、パム・シャーマン、ケイトリン・ウィーバー、そしてサマンサ・ザリーニ。

短いインタビューの中で知恵をシェアしてくれたストーリーテラーの皆さんにも、心からの感謝を捧げます――ウィル・チャクロス、ジョン・カッシング、ドリュー・ダドリー、ペギー・フォーゲルマン、セリーナ・ホワン、サラ・オースティン・ジェネス、ミシェル・ザッター、エバン・スコルニック、ステファニー・スタッキー、ゲーリー・ウェア、コルビー・ウェブ、アンソニー・ウィリアムズ、ボフタ・イマム、ポール・ザック、、マヌーシュ・ゾモロディ。

キャスリーン・オコナー、本の執筆プロセスをシェアしてくれて、わたしにも書くよう背中を押してくれて、ありがとう。ジョン・ウィズダム、こうなることをどういうわけか見越しつつ、知恵と刺激を惜しみなくシェアしてくれて、ありがとう。エレン・グンドラッハ、あのときのソフトクリームと、この一連の出来事のきっかけを作ってくれて、ありがとう。ダレン・レイモンド、原稿を何度も読み直してくれて、適切なときに適切な言葉をいつも教えてくれて、ありがとう。シェリ・シャノン、試し読みと完璧な後押しとサポート、そして励ましをありがとう。サラ・レイ、パイロット版にイエスといってくれて、わたしの背中を押してくれて、ありがとう——誰がこうなるって予想した？　スーザン・ハロウ、本書を実現するうえでとても重要な役割を担ってくれたことに、永遠の感謝を。

おば、おじ、そして従姉妹たちへ——何年にもわたって、わたしに考えやストーリーを吹き込んでくれたすばらしいひとときに感謝しています。義理の家族へ——ストーリーと好奇心に満ちあふれたあなた方の家族に温かく迎え入れてくれて、ありがとう。

クリス、デイブ、ディーン、マディソン、わたしたちには生涯にわたるストーリーがあるわね。幸いなことに、わたしは記憶力がいいの。ともにしたすべての経験、愛情、笑い、冒険に感謝しています。それ以上のことにも、感謝！

両親へ——読むこと、書くこと、そしてストーリーを語ることへの愛をわたしの中に育んでくれて、ありがとう。完璧なストーリーをつくる材料すべてをわたしに与えてくれたのは、あなたたちです。ここに到達するまでのあらゆるステップで、愛と励ましを与えてくれたことに感謝しています。

ロン、本書のアートワークを創作してくれて、そしてわたしのとりとめのない質問に辛抱強くつき合ってくれて、ありがとう。あなたの愛と無償のサポート、そして激励に感謝しています。それに、わたしがオスカー・マイヤーのウィーナーモービルを見に行くわよといったとき、「どうして？」ではなく、「いつ？」と応じてくれたことも、ほんとうにありがとう。

16　ストーリーが道を誤るところは？

- Gabriella Paiella, "Instead of a Fearless Girl, We Could Have Had a Fearless Cow," *The Cut*, June 7, 2017, https://www.thecut.com/2017/06/fearless-girl-statue-wall-street-was-almost-a-cow-statue.html.
- Linda Massarella, " 'Fearless Girl' was originally supposed to be a bronze cow," *New York Post*, June 7, 2017, https://nypost.com/2017/06/07/fearless-girl-was-originally-supposed-to-be-a-bronze-cow/.
- Karen Eber, "Make Waffles, Not Spaghetti," January 2018, https://www.kareneber.com/blog/wafflesnotspaghetti.

17　ストーリーが人を操るときは？

- Ruchi Sinha, "Are you being influenced or manipulated?" *Harvard Business Review* Ascend, January 26, 2022, https://hbr.org/2022/01/are-you-being-influenced-or-manipulated.
- Stephanie Strom, "Ad Featuring Singer Broves Bonanza for the A.S.P.C.A.," *New York Times*, December 25, 2008, https://www.nytimes.com/2008/12/26/us/26charity.html.

18　心のもろさとストーリーテリング

- TED MasterClass, https://masterclass.ted.com/.
- Matt Abrahams and Andrew Huberman, "Hacking Your Speaking Anxiety: How Lessons from Neuroscience Can Help You Communicate Confidently," Stanford Graduate School of Business, May 14, 2021, https://www.gsb.stanford.edu/insights/hacking-your-speaking-anxiety-how-lessons-neuroscience-can-help-you-communicate.

- Malorie Cunningham, "The making of 'La La Land': Why it's important to modern cinema," ABC News, February 21, 2017, https://abcnews.go.com/Entertainment/making-la-la-land-important-modern-cinema/story?id=45112391.
- "Culture Eats Strategy for Breakfast," Quote Investigator.com, May 23, 2017, https://quoteinvestigator.com/2017/05/23/culture-eats/.
- Peggy Fogelman, 著者とのインタビュー , July 22, 2022.

13 データを伴うストーリーテリング

- Terry Reith, "Passengers angry and frustrated as cruises ship renovations ruin vacation," Canadian Broadcasting Corporation, April 3, 2018, https://www.cbc.ca/news/canada/edmonton/norwegian-cruise-passengers-angry-1.4603237.
- Enjoli Francis and Matt German, " *'Bucket list' cruise ruined by construction work, Norwegian Sun passengers say*," ABC News, April 6, 2018, https://abcnews.go.com/US/bucket-list-cruise-ruined-construction-work-norwegian-sun/story?id=54295211.
- Adam Piore, "This Is How Our Brain Makes Decisions," *Discover Magazine*, June 12, 2017, https://www.discovermagazine.com/mind/this-is-how-our-brains-make-decisions.
- Serena Huang, Ph.D., 著者とのインタビュー , August 17, 2020, June 25, 2022.

PART 4 結果 ―― 優れたストーリーを語る

14 ストーリーの語り方

- Brandon Stanton, Humans of New York, https://www.humansofnewyork.com/.
- Lindsey D. Salay, Nao Ishiko, Andrew D. Huberman, "A midline thalamic circuit determines reactions to visual threat," *Nature* 557, no. 183–189 (May 2018), https://www.nature.com/articles/s41586-018-0078-2.
- John Cushing, 著者とのインタビュー , June 3, 2020, July 18, 2020.

15 ストーリーへの反響は、どうしたらわかる？

- Dr. Anthony Williams, 著者とのインタビュー , August 1, 2022.

- Kenn Adams, "Back to the Story Spine," *Aerogramme Writer's Studio*, June 5, 2013, https://www.aerogrammestudio.com/2013/06/05/back-to-the-story-spine/.
- *Star Wars, Episode IV -A New Hope*, directed by George Lucas (1977; San Francisco:Lucasfilm Ltd.), film.（映画『スター・ウォーズ　エピソード 4　新たなる希望』）
- Manoush Zomorodi, 著者とのインタビュー , July 6, 2022.

9　重要な細部を加える

- Kainaz Amaria, Jen Kirby, and Jennifer Williams, "The Devastating Notre Dame Cathedral Fire, in 19 Photos," *Vox*, April 15, 2019, https://www.vox.com/world/2019/4/15/18311852/notre-dame-cathedral-fire-spire-collapse-photos-pictures-paris-france.
- Will Csaklos, 著者とのインタビュー , June 21, 2022.

10　五感を引き込む

- *Jaws*, directed by Steven Spielberg (1975; Universal City, CA: Universal Pictures), film. Spielberg, directed by Susan Lacy, aired 2017 on HBO Max,（映画『ジョーズ』） https://www.hbomax.com/feature/urn:hbo:feature:GWZc7Pgn3NcJ7wgEAAAAJ.
- Esther Havens and Taylor Walling, "Meet Jean Bosco," Charity: Water, https://archive.charitywater.org/stories/meet-jean-bosco/.
- Susan Richard, "Shelter Pooch Turned Poster Dog: Say Hello to Dan," CBS New York, August 22, 2015, https://www.cbsnews.com/newyork/news/shelter-pooch-turned-poster-dog-say-hello-to-dan/.
- Colby Webb, 著者とのインタビュー , May 29, 2020, June 14, 2022.

11　ストーリーを順序立てる

- *Good Will Hunting*, directed by Gus Van Sant, written by Ben Affleck and Matt Damon (1997; Los Angeles: Miramax), film.（映画『グッド・ウィル・ハンティング　旅立ち』）
- Rives, "The Museum of Four in The Morning," TED Talk , filmed 2014, https://www.ted.com/talks/rives_the_museum_of_four_in_the_morning.
- Evan Skolnick, 著者とのインタビュー , June 14, 2022.

12　すべての要素を大切に扱う

- *La La Land*, directed by Damien Chazelle (2016; Santa Monica; Lionsgate), film.（映画『ラ・ラ・ランド』）

- Paul J. Zak, "How to Run a Con," *Psychology Today*, November 13, 2009, https://www.psychologytoday.com/us/blog/the-moral-molecule/200811/how-run-con.
- Dr. Paul Zak, 著者とのインタビュー , June 1, 2022.

PART 2 文脈――ストーリーのアイデアを見つける

4 アイデアを無限に集めるツールキットを作る

- Marcus E. Raichle and Mark A. Mintun, "Brain Work and Brain Imaging," *Annual Review of Neuroscience* 29, no. 449–476 (July 2006), https://www.annualreviews.org/doi/abs/10.1146/annurev.neuro.29.051605.112819.
- "Peek Under the Hood," Oscar Mayer, https://omwienermobile.com/peekunderthehood .html.
- Gary Ware, 著者とのインタビュー , June 10, 2022.

5 聴衆からはじめる

- Bofta Yimam, 著者とのインタビュー , June 28, 2021, August 9, 2022.

6 アイデアを選ぶ

- Roger Fisher and William Ury, *Getting to Yes: Negotiating Agreement Without Giving In*, (New York: Penguin Publishing Group, 2011), 邦訳『ハーバード流交渉術』（岩瀬大輔訳、三笠書房、2011年）。
- "2020 Custodians Are Key Winner", Tennant, July 29, 2020, https://www.tennantco.com/en_ca/blog/2020/07/2020-custodians-are-key-winner.html.
- Stephanie Stuckey, 著者とのインタビュー , August 15, 2022.

7 個人的なストーリーを語るべき？

- Drew Dudley, "Everyday Leadership" TEDxToronto, filmed 2010, https://www.ted.com/talks/drew_dudley_everyday_leadership.
- Drew Dudley, 著者とのインタビュー , May 27, 2022.

PART 3 葛藤――ストーリーを構築する

8 ストーリーの概要を決める

- "Writing 101: What is The Hero's Journey?" Masterclass, September 3, 2021, https://www.masterclass.com/articles/writing-101-what-is-the-heros-journey.

- Marcus E. Raichle and Mark A. Mintun, "Brain Work and Brain Imaging," *Annual Review of Neuroscience* 29, no. 449–476 (July 2006), https://www.annualreviews.org/doi/abs/10.1146/annurev.neuro.29.051605.112819.
- Gardiner Morse, "Decisions and Desire," *Harvard Business Review*, January 2006, https://hbr.org/2006/01/decisions-and-desire.
- Chun Siong Soon et al, "Unconscious determinants of free decisions in the human brain," *Nature Neuroscience*, April 13th, 2008, https://www.nature.com/articles/nn.2112.
- Max-Planck-Gesellschaft,"Decision-making May Be Surprisingly Unconscious Activity," *Science Daily*, April 15, 2008, https://www.sciencedaily.com/releases/2008/04/080414145705.htm.
- A R Damasio, "The somatic marker hypothesis and possible functions of the prefrontal cortex," *Philosophical Transactions of the Royal Society of London* 29,no. 351 (October 1996), https://pubmed.ncbi.nlm.nih.gov/8941953/.
- Jason Pontin, "The Importance of Feelings," *MIT Technology Review*, June 17, 2014, https://www.technologyreview.com/2014/06/17/172310/the-importance-of-feelings/.
- Adam Piore, "This Is How Our Brain Makes Decisions," *Discover Magazine*, June 12, 2017, https://www.discovermagazine.com/mind/this-is-how-our-brains-make-decisions.
- Rae Ann Fera, "The 'Story Button' in Your Brain: Neuroscience Study Sheds Light on Brand/ Human Love," *Fast Company*, March 12, 2014, https://www.fastcompany.com/3027563/the-story-button-in-your-brain-neuroscience-study-sheds-light-on-brand-human-love.
- Paul Zak, Ph.D., "Why Inspiring Stories Make Us React: The Neuroscience of Narrative," *Cerebrum: National Library of Medicine* (February 2015), https://www.ncbi.nlm.nih.gov/pmc/articles/PMC4445577/.
- Joe Lazauskas, "This Tiny Neurotracker Could Change the Way Brands Measure Engagement," *Fast Company*, March 10, 2018, https://www.fastcompany.com /40542354/this-tiny-neurotracker-could-change-the-way-brands-measure-engagement.
- Jeff Beer, "Exclusive: Your brain is lying to you about Super Bowl ads. This neuroscientist can prove it," *Fast Company*, February 1, 2019, https://www.fastcompany.com/90300169/your-brain-is-lying-to-you-about-super-bowl-ads-this-neuroscientist-can-prove-it.
- Immersion, https://www.getimmersion.com/v4/why-it-works.

- Paul J. Zak, “The Neuroscience of Trust,” *Harvard Business Review*, January–February 2017, https://hbr.org/2017/01/the-neuroscience-of-trust.
- Jonny Thomson, “Why are some people more curious than others?” *Big Think*, December 31, 2021, https://bigthink.com/neuropsych/curiosity-in-humans/.
- Olivia Guy-Evans,“Broca’s Area Function and Location,” *Simple Psychology*, June 28, 2021, https://www.simplypsychology.org/broca-area.html.
- Jaap M. J. Murre and Joeri Dros, “Replication and Analysis of Ebbinghaus’ Forgetting Curve,” *Plos One Journal*, July 6, 2015, https://doi.org/10.1371/journal.pone.0120644.
- *JAWS*, directed by Steven Spielberg (1975; Universal City, CA: Universal Pictures),film. （映画『ジョーズ』）
- John Lennon, “Imagine,” *Imagine*, Apple Records, 1971.
- Greg J. Stephens, Lauren J. Silbert, and Uri Hasson, “Speaker-listener neural coupling underlies successful communication,” *Proceedings of the National Academy of Sciences of the United States of America* 107, no. 32 (July 2010), https://www.pnas.org/doi/10.1073/pnas.1008662107.
- Pauline Pérez et al, “Conscious processing of narrative stimuli synchronizes heart rate between individuals,” *Cell Reports* 36, no. 11 (September 2021), https://www.cell.com/cell-reports/fulltext/S2211-1247(21)01139-6?_returnURL.
- Michelle Satter, 著者とのインタビュー, July 7, 2022.

3　望みの結果を引き出す

- “Budweiser: Puppy Love,” directed by Jake Scott, aired January–February 2014, https://www.imdb.com/title/tt8290392/.
- Paul Zak, Ph.D., “Why Inspiring Stories Make Us React: The Neuroscience of Narrative,” *Cerebrum: National Library of Medicine* (February 2015), https://www.ncbi.nlm.nih.gov/pmc/articles/PMC4445577/.
- Paul J. Zak, “How Stories Change the Brain,” *Greater Good Magazine*, December 17, 2013, https://greatergood.berkeley.edu/article/item/how_stories_change_brain.
- Paul Zak, “Trust, morality—and oxytocin?” TED Global, filmed July 2011, https://www.ted.com/talks/paul_zak_trust_morality_and_oxytocin?language=en.
- Antonio Damasio, *Descartes' Error: Emotion, Reason, and the Human Brain* (New York: Vintage Books, 2006), 邦訳『デカルトの誤り 情動、理性、人間の脳』（田中三彦訳、筑摩書房、2010年）。
- Ferris Jabr, “Why Your Brain Needs Downtime,” *Scientific American*, October 15, 2013, https://www.scientificamerican.com/article/mental-downtime/.

- Dr. Lisa Feldman Barrett, "How emotions trick your brain," *BBC Science Focus*, May 2018, https://www.sciencefocus.com/the-human-body/how-emotions-trick-your-brain-2/.
- Dr. Lisa Feldman Barrett, "That Is Not How Your Brain Works," *Nautilus*, December 18, 2021, https://nautil.us/that-is-not-how-your-brain-works-2-13339/.
- Stephanie A. Sarkis, Ph.D., "Why We Hate Not Finishing What We Start : . . . and a possible route to greater satisfaction," *Psychology Today*, March 31, 2014, https://www.psychologytoday.com/us/blog/here-there-and-everywhere/201403/why-we-hate-not-finishing-what-we-start.
- Dr. Lisa Feldman Barrett, "There's more than one way to carve up a human brain," *BBC Science Focus*, January 22, 2022, https://www.sciencefocus.com/the-human-body/brain-regions/.
- Pragya Agarwal, "What Neuroimaging Can Tell Us about Our Unconscious Biases," *Scientific American*, April 12, 2020, https://blogs.scientificamerican.com/observations/what-neuroimaging-can-tell-us-about-our-unconscious-biases/.
- Roger E. Bohn and James Short, "How Much Information? 2009 Report on American Consumers," University of California, San Diego, January, 2009, https://www.researchgate.net/publication/242562463_How_Much_Information_2009_Report_on_American_Consumers.
- Kayt Sukel, "Beyond Emotion: Understanding the Amygdala's Role in Memory," Dana Foundation, March 13, 2018, https://dana.org/article/beyond-emotion-understanding-the-amygdalas-role-in-memory/.
- Ashley Hamer, "Here's Why Smells Trigger Vivid Memories," *Discovery*, August 1,2019, https://www.discovery.com/science/Why-Smells-Trigger-Such-Vivid-Memories.
- Doug Ramsey, "*UC San Diego Experts Calculate How Much Information Americans Consume*," December 9, 2009, http://calit2.net/newsroom/release.php?id=1630.
- Linda C. Lin, Yang Qu, Eva H. Telzer, "Intergroup social influence on emotional processing in the brain," *Proceedings of the National Academy of Sciences of the United States of America* 115, no. 42, (October 2018), https://www.ncbi.nlm.nih.gov/pmc/articles/PMC6196546/.
- Jessica Martino, Jennifer Pegg, and Elizabeth Pegg Frates, MD, "The Connection Prescription: Using the Power of Social Interactions and the Deep Desire for Connectedness to Empower Health and Wellness," *American Journal of Lifestyle Medicine* 11, no. 6 (October 2015), https://www.ncbi.nlm.nih.gov/pmc/articles/PMC6125010/.

参考文献

イントロダクション　クレヨンは食べちゃダメ

- Karen Eber, “How your brain responds to stories–and why they're crucial for leaders,” PurdueU TEDx Talk, February 2020, https://www.ted.com/talks/karen_eber_how_your_brain_responds_to_stories_and_why_they_re_crucial_for_leaders.
- Adam Bryant, “Walt Bettinger of Charles Schwab: You've Got to Open Up to Move Up,” *New York Times*, February 4, 2016, https://www.nytimes.com/2016/02/07/business/walt-bettinger-of-charles-schwab-youve-got-to-open-up-to-move-up.html.

PART 1　ストーリーテリングの技を活用する

1　ストーリーテリングが助け船に

- Kathy Caprino, “Former NASA Director Shares Leadership Lessons from Catastrophic Spaceflight Disasters,” *Forbes*, November 10, 2017, https://www.forbes.com/sites/kathycaprino/2017/11/10/%EF%BB%BFformer-nasa-director-shares-leadership-lessons-from-catastrophic-spaceflight-disasters/?sh=3f4ce8a56f1c.
- Paul J. Zak, “Why Your Brain Loves Good Storytelling,” *Harvard Business Review*, October 28, 2014, https://hbr.org/2014/10/why-your-brain-loves-good-storytelling.

  “What We Know Now: How Psychological Science Has Changed Over a Quarter Century,” Association for Psychological Science, October 31, 2013, https://www.psychologicalscience.org/observer/what-we-know-now-how-psychological-science-has-changed-over-a-quarter-century.
- Jerome Bruner, *Actual Minds, Possible Worlds* (Boston: Harvard University Press, 1987), 邦訳『可能世界の心理』（田中一彦訳、みすず書房、1998年）。
- Sarah Austin Jenness, 著者とのインタビュー , August 16, 2022.

2　ストーリーを語るとき、何が起きている？

- Marcus E. Raichle and Debra A. Gusnard, “Appraising the brain's energy budget,” *Proceedings of the National Academy of Sciences of the United States of America* 99, no. 16 (August 2002), https://www.ncbi.nlm.nih.gov/pmc/articles/PMC124895/.

著者紹介

カレン・エバー（Karen Eber）

リーダーシップコンサルタント、基調講演者、TED のスピーカー。エバー・リーダーシップ・グループの CEO、そしてチーフ・ストーリーテラーとして、ストーリーを用いてリーダー、チーム、企業文化を育むことで、フォーチュン 500 企業を支援している。

コンサルティング会社 BIG 4、フェイスブック（メタ）、ゼネラル・エレクトリック、クラフト・ハインツ、マイクロソフト、ケイト・スペード、スチュワート・ワイツマン、MIT、ロンドン・スクール・オブ・ビジネス、スタンフォード大学等を顧客に持つ。優れた人材開発者に対し授与されるアメリカン・トレーニング・アンド・デベロップメント賞を 4 回受賞し、ファスト・カンパニー誌をはじめ、さまざまな出版物に寄稿している。

キャリアは 20 年以上に及び、特にゼネラル・エレクトリックとデロイトにおいて、企業文化、研修、リーダーシップ開発を率いてきた。現在、ジョージア州アトランタ在住で、フルートとピッコロを演奏し、いまこの瞬間を楽しむ《カルペ・ディエム》ランニングに出かけ、スパゲッティよりワッフルを好む。

カレン・エバーについてさらに知りたい場合は

https://www.kareneber.com

カレン・エバーを基調講演者として招く場合は

https://www.kareneber.com/speaking

ストーリーテリング・ワークショップや企業コーチングについて知りたい場合は

info@kareneber.com　または

https://kareneber.com/storytelling

カレン発行のニューズレター「ブレイン・フード」への登録

https://www.kareneber.com/brain-food

訳者紹介

大野晶子（おおの あきこ）

東京都出身。成城大学文芸学部芸術学科卒。英米文学翻訳家。翻訳学校フェロー・アカデミーにて翻訳を学び、1994 年に翻訳家デビュー。エンターテインメント、ノンフィクション、ロマンス等の出版翻訳を手がけ、2024 年現在、70 作以上の翻訳作品あり。主な訳書に『海賊共和国史 ―― 1696-1721 年』（コリン・ウッダード著、パンローリング）、『イヴの七人の娘たち』『アダムの運命の息子たち』（共にブライアン・サイクス著、河出書房新社）がある。

信頼と共感を生む語り方のメソッド
パーフェクト・ストーリー

2024年12月10日　初版第1刷発行

著　者──カレン・エバー ©2023 Karen Eber
翻　訳──大野 晶子 ©2024 Akiko Oono
発行者──張 士洛
発行所──日本能率協会マネジメントセンター
〒103-6009 東京都中央区日本橋2-7-1　東京日本橋タワー
TEL 03(6362)4339(編集)／03(6362)4558(販売)
FAX 03(3272)8127(編集・販売)
https://www.jmam.co.jp/

装　　丁────山之口正和＋齋藤友貴（OKIKATA）
本文デザイン・DTP──株式会社森の印刷屋
印 刷 所────広研印刷株式会社
製 本 所────株式会社三森製本所

ISBN978-4-8005-9275-0 C2034
落丁・乱丁はおとりかえします。
PRINTED IN JAPAN